KB130782

인생을 운에 맡기지 마라

HOW TO DECIDE

후회를 줄이고 성공 확률을 높이는 선택의 기술

인생을 운에 맡기지 마라

애니 듀크 지음

신유희 옮김

C
청림출판

한 그루의 나무가 모여 푸른 숲을 이루듯이
청림의 책들은 삶을 풍요롭게 합니다.

HOW TO DECIDE

최고의 결정 vs. 최악의 결정

지난 한 해, 당신이 한 최고의 의사결정은 무엇이었는가? 깊이 생각하지 말고 제일 먼저 떠오르는 것을 적어보자.

그렇다면 지난 한 해, 최악의 의사결정은 무엇이었는가? 마찬가지로 제일 먼저 떠오르는 것을 적어보자.

최고의 결정은 좋은 결과를 가져왔는가? (하나만 고르시오.)

　　　　　　　　　　□ 그렇다　　　□ 아니다

최악의 결정은 나쁜 결과를 가져왔는가? (하나만 고르시오.)

　　　　　　　　　　□ 그렇다　　　□ 아니다

　위 질문을 받은 사람은 대부분 둘 다 '그렇다'라고 대답한다. 또한 어떤 결정이었는지 설명하라는 질문에도, 결정을 내리기까지의 과정보다는 그로 인한 결과를 주로 적는다.

　지금까지 수백 명에게 동일한 질문을 던졌지만 돌아오는 답변은 늘 이와 같았다. 최고의 결정이 무엇이었냐는 질문에 사람들은 하나같이 가장 좋은 성과를 낸 결정을 이야기했고, 최악의 결정이 무엇이었냐고 물으면 가장 나쁜 결과를 가져온 결정을 말했다.

　이 문제는 조금 후에 다시 다루도록 하겠다.

나는 더 이상
운에 의지하지 않기로 했다

우리는 매일 크든 작든 수천 가지 결정을 내린다. 직장을 선택하는 것처럼 인생을 좌우할 만큼 영향력이 큰 결정부터, 아침 식사 메뉴를 고르는 것처럼 크게 중요하지 않은 결정까지 그 종류도 다양하다. 무엇이든 간에 결정을 내릴 때에는, 적절한 의사결정 과정을 마련해서 결정의 질을 높이고, 어떤 결정이 더 중요하고 덜 중요한지 분류할 수 있어야 한다.

그렇다면 제대로 된 의사결정 과정을 마련하는 것이 그토록 중요한 이유는 무엇인가? 인생의 방향을 결정하는 요소에는 크게 두 가지가 있다. 하나는 '운'이고 나머지 하나는 '의사결정의 질'이다. 그리고 그중 내가 직접 통제할 수 있는 것은 한 가지뿐이다.

운은 이미 정의 그 자체에 내가 어찌할 수 없다는 의미가 내포돼 있다. 언제 어디서 태어날지, 직장 상사가 오늘은 어떤 기분으로 출근

인생의 방향에
영향을 미치는
두 가지 요소 중,
내가 직접 통제할 수
있는 것은
의사결정의 질뿐이다.

할지, 수많은 입학사정관 중 누가 내 입학원서를 평가할지 등은 모두 내 능력 밖의 일이다.

그러나 의사결정의 질은 내가 통제할 수 있고 개선할 수도 있다. 더 나은 의사결정을 내림으로써 좋은 결과를 얻을 확률 또한 높일 수 있다.

이처럼 인생의 질을 결정하는 요소 중에서 내가 통제할 수 있는 것은 의사결정뿐이므로 그 과정의 개선이 중요하다는 견해에는 달리 논쟁의 여지가 없으리라 생각한다.

그러나 이처럼 질 좋은 의사결정의 중요성이 꽤나 명확한데도, 제대로 된 의사결정 과정이 무엇인지 분명하게 말할 수 있는 사람이 거의 없다는 사실은 매우 놀랍다.

좋은 의사결정 과정이란 과연 무엇인가? 이는 내가 성인이 된 이후, 처음에는 인지과학 분야의 박사과정 학생으로서, 그다음에는 프로 포커 선수로서 언제나 고민해야 했던 문제다. 운이 단기적인 결과에 너무나도 명백하고 상당한 영향을 미치는 포커 경기라는 환경에서 나는 계속해서 중대한 결정을 빠르게 내려야만 했다. 이후 지난 18년간은 의사결정 전략을 다루는 컨설턴트로서 여러 경영진과 팀과 직원들이 더 나은 의사결정을 내릴 수 있도록 돕는 일을 하며 같은 고민에 빠질 수밖에 없었다. (부모로서 아이 넷을 건강하고 행복하게 키우고자 노력하는 과정에도 똑같은 고민이 필요했음은 말할 필요도 없다.)

이처럼 여러 입장을 겪으며 나는 대부분의 사람이 좋은 의사결정을 내리려면 어떻게 해야 하는지를 잘 알지 못한다는 사실을 경험했다.

이러한 어려움은 초보 포커 선수나 대학교 신입생, 회사 신입사원에게만 국한되지 않았다. CEO, CFO 등의 최고경영진을 비롯해 그야말로 하루 종일 의사결정을 내려야 하는 사람조차도 질 좋은 의사결정 과정이 무엇인지 묻는 질문에 두루뭉술한 답변을 내놨다. "결국에는 그냥 제 직감을 따릅니다." "임원회의에서 만장일치로 결정하는 것이 가장 이상적이긴 하죠." "여러 대안을 놓고 장단점 목록을 만들어서 비교해요."

생각해보면 그다지 놀라운 일은 아니다. 초중고 12년에 걸친 교육과정을 아무리 뒤져봐도 비판적 사고를 독려하는 막연한 지침 외에 구체적으로 의사결정 내리는 법을 가르치는 시간은 전혀 찾아볼 수 없다. 질 좋은 의사결정을 내리는 법을 배우고 싶다 한들 적어도 대학교 이상의 교육기관에나 가야 이를 주제로 한 강의를 들을 수 있고, 그나마도 선택과목에 해당하니 특별히 관심을 갖지 않는 한 딱히 생각해볼 일이 없는 것이다.

상황이 이러니 질 좋은 의사결정이 무엇인지에 대한 공통적인 접근이 불가능할 수밖에. 심지어 의사결정을 주제로 이야기할 때 필요한 공통 언어조차 제대로 갖춰져 있지 않은 실정이다.

좋은 의사결정이 무엇인지 분명하게 알지 못함으로써 초래되는 결과는 매우 절망적일 수 있다. 어쨌든 인생의 목표달성 여부를 결정하는 요소 중에서 내가 통제할 수 있는, 가장 중요하고도 유일한 요소가 바로 의사결정이기 때문이다. 그것이 내가 이 책을 쓴 이유다.

이 책은 어떻게 하면 더 나은 의사결정을 내릴 수 있을지 직접 고민하고 실천해볼 수 있는 틀과 도구를 제시한다.

그렇다면 좋은 의사결정 도구란 무엇인가?

도구란, 특정 기능을 수행할 때 사용하는 장치 또는 기구를 가리킨다. 망치는 못을 박을 때 쓰는 도구이며, 드라이버는 나사를 돌릴 때 쓰는 도구다. 목적에 맞는 도구를 올바르게 사용하면 간단하고도 세련되게 일을 수행할 수 있다.

● 좋은 도구는 신뢰성이 있고 반복해서 사용할 수 있다. 즉 동일한 도구를 동일한 방법으로 사용하면 언제나 동일한 결과를 기대할 수 있다.

● 다른 사람에게 도구의 올바른 사용법을 가르칠 수 있고, 따라서 그 역시 동일한 목적으로 동일한 도구를 신뢰하며 사용할 수 있다.

● 도구를 사용한 후에는 내 사용법이 적절했는지 돌이켜 살펴볼 수 있고, 나뿐 아니라 다른 사람들도 보고 검토할 수 있다.

인생을 운에 맡기지 마라

이렇게 보면 최고경영자들이 사용한다고 답변한 도구 가운데도 일부는 꽤 부실하다는 사실을 알 수 있다.

직감은, 그 사람이 그동안 얼마나 많은 내공을 쌓았고 얼마나 눈부신 성공을 거뒀는지와 상관없이 의사결정 도구로 볼 수 없다.

직감을 따르면 절대 좋은 의사결정을 내릴 수 없다는 뜻은 아니다. 그럴 수도 있다. 그러나 행여 직감에 따라 좋은 의사결정을 내렸다고 해도, 그것이 고장 난 시계가 하루에 두 번 맞는 것과 같은 우연이었는지, 아니면 정말로 내 직감이 뛰어난 의사결정 능력을 지녔는지는 알 수 없다. 직감은 그 작동원리를 정확히 이해할 수 없을 만큼 복잡하고 섬세한 장치이기 때문이다.

직감에 따라 결정한 이후 돌이켜 볼 수 있는 것은 오직 그 결정이 가져온 결과의 질뿐이다. 내 직감이 어떤 과정을 거쳐 그런 결정에 도달했는지 신빙성 있게 검토하기란 불가능하다. 직감이 어떻게 작동했는지도 자세히 알 수 없다. 또한 내 직감은 나만의 고유한 것이다. 다른 사람에게 내 직감을 사용해서 의사결정을 내릴 수 있도록 '가르쳐줄' 수 없다. 자신이 매번 동일한 방법으로 직감을 사용하고 있는지조차 확신할 수 없다.

쉽게 말해서 직감은 의사결정 도구의 기본 요건조차 충족하지 못한다.

한편 도구는 맞지만 올바른 도구로 볼 수는 없는 것도 있다. 장단점 목록이 그 예다. 이 책을 읽다 보면 알게 되겠지만 장단점 목록은 객관적으로 가장 좋은 의사결정에 가까워지고자 할 때 특별히 효율적인 의사결정 도구는 아니다. 의사결정 도구로 장단점 목록을 활용한다면 이는 작은 못을 박을 때 쓰는 망치로 아스팔트를 부수려고 하는 것과 같다.

차차 살펴보겠지만 훌륭한 의사결정 도구는 인지 편향^{cognitive} bias(과잉확신^{overconfidence} 편향, 사후확신^{hindsight} 편향, 확증^{confirmation} 편향 등)이 의사결정에 미치는 영향을 줄여줘야 하는데 장단점 목록은 오히려 이러한 편향을 증폭시키는 경향을 보인다.

이상적인 의사결정 도구란?

의사결정이란 본질적으로 미래예측이다.

의사결정의 목표는 내가 이루고자 하는 바를 가장 잘 달성할 수 있는 선택지를 고르는 것이다. (좋은 선택지가 전혀 없을 때에는 손해를 최소화할 수 있는 길을 고르는 것이 목표다.)

하나의 의사결정으로 인해 일어날 수 있는 결과가 딱 한 가지만 존재하는 경우는 흔치 않다. 대개 미래는 얼마든지 다양하게 전개될 수 있다. 가령 출근길을 결정할 때에도 그로 인해 일어날 수 있는 결과는 다양하다. 내가 선택한 길이 막힐 수도 뻥 뚫릴 수도 있고, 갑자기 타이어에 펑크가 날 수도 있고, 속도위반으로 경찰에게 걸려 평소보다 늦을 수도 있다.

이처럼 미래에는 너무나도 여러 가지 가능성이 포함돼 있기 때문

인생을 운에 맡기지 마라

에 결국 뛰어난 의사결정 능력이란 주어진 여러 선택지 중 어느 하나를 골랐을 때 무슨 일이 어떻게 벌어질지 정확하게 예측하는 능력에 달려 있다고 볼 수 있다.

이렇게 생각하면 가장 이상적인 의사결정 도구는 바로 미래를 볼 수 있는 수정구슬일 것이다. 수정구슬이 있으면 세계를 완벽하게 이해할 수 있고, 내게 어떤 선택지가 있는지도 빠짐없이 알 수 있으며, 미래를 내다볼 수 있으니 각각의 선택지가 어떤 결과를 가져올지도 정확하게 예측하고 확신할 수 있을 것이다.

쉽게 미래를 알려주겠다고 약속하는 역술가들은 언제나 존재해왔다. 그러나 안타깝게도 진짜 미래를 보여주는 수정구슬은 소설 속에나 존재한다. 심지어 ≪오즈의 마법사≫에 등장하는 수정구슬은 소설에서조차 속임수였다. 그러나 질 좋은 의사결정 과정과 함께 강력하고 적절한 도구를 갖추면, 역술가가 약속하는 듯 미래를 내다보는 일에 한층 더 가까워질 수 있을 뿐만 아니라 인생이 전개되는 방향에 스스로 상당한 영향을 미칠 수 있게 될 것이다.

물론 아무리 최고의 의사결정 과정과 도구라도 수정구슬처럼 선명하고 확실하게 미래를 보여주지는 않는다. 하지만 그렇다고 해서 의사결정 과정을 개선하려는 노력이 무의미하지는 않다.

만약 지금보다 더 나은 의사결정 과정을 통해 자신의 지식과 신념의 정확도를 높이고, 주어진 선택지를 비교하는 방식을 개선하고, 각각의 신택으로 벌어질 일의 가능성을 예측하는 능력을 더 갈고닦을 어떤 의사결정의 좋고 나쁨을 평가하려면 그 결정에 영향을 미친 정보와 신념의 질이 얼마나 좋았는지, 가능한 대안에는 어떤 것들이 있었는지, 각각의 선택으로 일어날 수 있는 결과를 얼마나 잘 검토했는지를 살펴봐야 한다.

수 있다면, 한번 노력해볼 만하지 않겠는가.

더 나은 의사결정을 위한 로드맵

더 나은 의사결정을 내리려면 어떻게 해야 할까? 우선 직관적으로 과거의 결정이 어떤 결과를 가져왔는지 돌이켜 보고 거기서 교훈을 얻는 것이 가장 효율적이리라는 생각을 떠올릴 수 있다. 과거의 경험을 통해 의사결정 능력 개선하기, 이 책은 여기에서부터 시작한다.

먼저 1~3장에서는 지난 경험에서 배우려는 노력을 왜곡하고 과거 의사결정의 질을 잘못 평가하게 만드는 훼방꾼이 무엇인지를 살펴본다. 교훈을 얻는 과정에서 범하기 쉬운 오류를 확인하고 경험이 주는 교훈을 좀 더 효율적으로 이해할 수 있는 도구를 몇 가지 배울 것이다.

결과는 무엇으로 결정되는가? 모든 결과 가운데 일부는 내 선택으로, 일부는 운으로 결정된다. 결과에 작용한 운과 의사결정 기술의 균형을 이해하면 자신의 지식과 신념에 피드백을 얻어 더 나은 의사결정자로 발전할 수 있다. 그러나 지난 의사결정을 검토할 수 있는 견고한 틀이 없으면 과거의 경험에서 제대로 된 교훈을 얻을 수 없다.

인생을 운에 맡기지 마라

1~3장에서 과거의 의사결정을 올바르게 이해하는 방법을 살펴봤다면 4장부터는 앞으로의 의사결정으로 화제를 돌려서, 질 좋은 의사결정 과정은 과연 어떤 모습인지, 그리고 그러한 의사결정 과정을 수행할 때 유용하게 쓸 수 있는 도구 세트에는 무엇이 있는지를 배운다. 사람들은 각자 자신이 지닌 지식과 정보와 신념을 토대로 미래를 예측하고 그에 따라 의사결정을 내린다. 따라서 지식과 신념의 질을 높일 수 있는 방법을 알면 불확실한 미래를 좀 더 정확하게 예측해서 더욱 훌륭한 의사결정을 내릴 수 있다. 그리고 이는 수정구슬에 버금가는 힘을 발휘할 것이다.

　　당연한 이야기지만 질 좋은 의사결정 과정과 이를 수행할 수 있는 도구 세트를 제대로 갖추려면, 미래를 완벽하게 보여주는 상상 속 유리조각을 들여다볼 때보다 훨씬 많은 시간과 노력이 필요하다. 그러나 일단 한번 시간을 들여 마련해놓으면 앞으로 의사결정을 내릴 때마다 대단히 긍정적인 효과를 얻을 수 있을 것이다.

　　그렇다고 해서 의사결정을 내릴 때마다 쓸 수 있는 도구를 매번 최대한 많이 동원해야 하는 것은 아니다.

　　나사가 따로 딸려 온 화장대를 조립하려는데 집에 드라이버가 없으면 사러 나가는 대신 그냥 망치를 쓸 수도 있다. 때로는 망치로도 원하는 결과를 얻을 수 있고 심지어 시간까지 절약할 수 있다. 그러나 제대로 된 도구를 써야 하는 상황에서도 망치를 쓰다가는 화장대가 망가지거나, 여기저기 거칠게 마감이 돼 사용하기에 위험한 화장대가 완성될 수도 있다.

문제는 의사결정의 질을 다소 희생해도 무방한 경우가 언제인지 구분하는 능력이 부족할 때 생긴다. 그러므로 망치로도 충분한 상황인지, 아니면 귀찮더라도 드라이버를 사러 나가야 하는 상황인지를 판단하는 능력을 개발할 필요가 있다.

이에 7장에서는 의사결정 과정을 좀 더 간소화해서 시간과 노력을 아낄지, 아니면 처음부터 끝까지 정석대로 진행해 결정할지를 고민할 수 있는 심적 모형mental model을 소개한다. 이 내용을 책의 끝부분에서 다루는 이유는, 언제 어떻게 지름길을 이용할지를 알려면 먼저 제대로 된 의사결정 과정부터 완벽하게 이해하고 있어야 하기 때문이다.

이처럼 상황에 따라 적절한 길을 구분하는 것 또한 좋은 의사결정 과정의 일부분이다.

마지막 장에서는 의사결정 과정에서 맞닥뜨릴 수 있는 장애물을 효율적으로 파악하는 방법과 다른 사람들의 지식과 정보를 좀 더 잘 활용할 수 있는 도구를 제공한다. 다른 사람에게 피드백을 받는 법, 팀 단위 의사결정(특히 집단사고)이 가져올 수 있는 위험을 피하는 법 등을 소개한다.

이 책을 활용하는 방법

이 책은 다양한 연습문제, 사고실험, 예시를 통해 각각의 장에서 제시하는 틀과 의사결정 도구, 그리고 심적 모형을 스스로 강화해볼 수 있도록 구성돼 있다.

따라서 펜을 들고 직접 고민해보고 자신의 경험과 생각을 쓰면서 읽으면 가장 큰 효과를 얻을 수 있을 것이다. 그러나 반드시 그렇게 해야 하는 건 아니다. 그냥 눈으로 책을 읽어나가기만 해도 여전히 많은 것을 배울 수 있다. 어떤 방식을 택하든, 언제든 필요할 때마다 펼쳐보고 참고할 수 있도록 여러 연습문제, 도구, 정의, 표, 기록 양식, 평가지, 장별 요약, 체크리스트를 제시해놓았다. 그러므로 한 번 읽고 넘어가기보다는 복사, 재사용, 공유, 재검토해서 충분히 활용하기 바란다.

이 책은 첫 장부터 순서대로 읽어나가는 것이 가장 효과적이다. 책의 앞쪽에서 다룬 개념을 토대로 다음 내용이 이어질 때가 많기 때문이다. 그러나 각각의 장은 그 부분만 읽어도 충분히 이해할 수 있도록 짜여 있으므로, 만약 유난히 관심 가는 장이 있어서 거기서부터 읽고 싶다면 그렇게 해도 상관없다.

거인의 어깨 위에서

이 책은 심리학, 경제학, 그 밖의 많은 분야에서 의사결정 및 행동 연구에 평생을 바친 여러 훌륭한 사상가와 과학자의 생각과 개념을 종합하고 해석해 실생활에 적용할 수 있는 형태로 다듬은 것이다. 만약 당신이 이 책을 읽고 좀 더 나은 의사결정자가 됐다면 그것은 뉴턴을 비롯한 수많은 학자가 지금까지 쌓아온 업적 덕분임에 틀림없다.

본문, 장별 자료 출처, 감사의 글, 참고자료 곳곳에 이 책을 쓰면서 도움을 받은 과학자와 학자의 업적을 언급해뒀다. 만약 특정 개념이나 자료에 흥미를 느꼈다면 책의 뒷부분에 실린 '참고자료 및 더 읽을거리'를 살펴보면 본문에서보다 좀 더 상세하고 깊이 있는 내용을 확인할 수 있을 것이다.

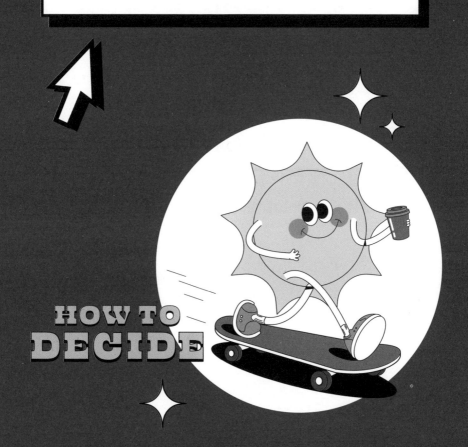

1장

결과로 판단하면 안 되는 이유

: 주의! 백미러로 보는 결과는 실제보다 커 보일 수 있다

HOW TO DECIDE

이 책에 등장하는 연습문제는 모두, 평소 자신이 의사결정과 관련된 정보를 어떻게 처리해왔는지 이해하기 위해 제시됐다. 따라서 답을 적을 때에는 '정답'을 맞추려고 고심하기보다 그냥 직감적으로 제일 먼저 떠오르는 생각을 적는 것이 중요하다. 정답이나 오답이 있는 문제가 아니라 자신이 어떤 방식으로 생각하는지를 확인하기 위한 것이기 때문이다.

❶

이직

❶ 다니던 직장을 그만두고 새로운 회사로 이직했다.

새 직장은 아주 훌륭했다! 동료들과도 잘 어울렸고, 직위도 만족스러웠으며, 1년 후에는 승진까지 했다.

▒ 직장을 그만두고 새로운 곳으로 이직한 것은 좋은 결정이었는가? (하나만 고르시오.)

☐ 그렇다   ☐ 아니다

❷ 다니던 직장을 그만두고 새로운 회사로 이직했다.

새 직장은 최악이었다. 출근만 하면 우울했고 1년 후에는 해고까지 당했다.

░ 기존 직장을 그만두고 새로운 곳으로 이직한 것은 좋은 결정이었는가? (하나만 고르시오.)

☐ 그렇다　　☐ 아니다

장담하건대 당신은 직감적으로 첫 번째 사례의 이직은 좋은 결정이었고 두 번째 사례의 이직은 나쁜 결정이었다고 느꼈을 것이다. 이직한 결과 새로운 직장이 나와 잘 맞는다면 기존 직장을 그만둔 것이 좋은 결정이었다고 느끼지 않겠는가? 반대로 이직한 결과가 나쁘다면 그것은 당연히 나쁜 결정이었던 것 아닐까?

사실 두 가지 사례 모두, 이직을 결정하는 과정에서 활용된 의사결정 방식에 대해서는 의미 있는 정보가 전혀 주어지지 않았다. 제공된 정보는 단 두 가지뿐이었다. (1) 최종 결정에 대한 간략한(그리고 동일한) 설명, 그리고 (2) 그 결정으로 인한 결과.

즉 사람들은 의사결정 과정에 대한 정보가 없어도 그로 인해 벌어진 결과만 알면 그것이 좋은 결정이었는지 나쁜 결정이었는지를 알 수 있다고 느낀다.

이처럼 의사결정의 결과가 의사결정 과정의 질을 판단하는 데에 중요한 근거가 된다는 생각이 얼마나 강력한지, 앞서 본 사례처럼 의사결정에 대한 설명이 완전히 일치하는 조건(다니던 직장을 그만두고 새로운 회사로 이직했다)에서조차도 결과의 질에 따라 의사결정에 대한 평가가 달라질 정도다. 이러한 현상은 언제 어디에서나 나타난다.

주식을 샀다. 주가가 네 배 올랐다. 좋은 결정이었다고 느낀다. 주식을 샀다. 휴지 조각이 됐다. 바보 같은 결정이었다고 느낀다.

새로운 고객을 유치하기 위해 6개월간 지극정성을 들였다. 마침내 그들은 최대 거래처가 됐다. 시간을 요긴하게 활용한 좋은 결정이었다고 느낀다. 고객 유치를 위해 6개월간 애썼으나 거래는 끝끝내 성사되지 않았다. 시간을 낭비한 나쁜 결정이었다고 느낀다.

집을 샀다. 5년 후 1.5배 오른 가격으로 팔았다. 훌륭한 결정! 5년 후 집을 팔아야 하는데 집값이 반 토막이 났다. 최악의 결정!

크로스핏 운동을 시작했다. 두 달 만에 살이 빠지고 근육량이 증가했다면 좋은 결정! 시작한 지 이틀 만에 어깨가 탈구됐다면 나쁜 결정!

이처럼 우리 생활 전반에서 '결과'라는 꼬리가 '의사결정'이라는 몸통 전체를 좌우하는 것을 쉽게 관찰할 수 있다. 이러한 경향을 나는 '결과로 판단하기resulting'라고 부른다.

결과로 판단하는 사람들은 결과의 좋고 나쁨을 기준으로 의사결정의 질을 평가한다. (심리학자들은 이를 '결과 편향outcome bias'이라고 부르지만 나는 좀 더 직관적인 표현인 '결과로 판단하기'라는 말을 선호한다.)

　　　　　　　　　　　　　　　　　인생을 운에 맡기지 마라

어떠한 결정이 좋은 선택인지 나쁜 선택인지는 명확하게 '알기 어렵지만' 일단 상황이 종료된 후에는 그 결과의 좋고 나쁨을 쉽게 알 수 있기 때문에 사람들은 이처럼 '결과로 판단하기'라는 간편한 방법을 사용한다.

'결과로 판단하기'는 의사결정의 질을 평가하는 복잡한 과정을 단순하게 만들어준다. 문제는? 단순한 것이 항상 최선은 아니라는 것이다.

물론 의사결정의 질과 결과의 질은 어느 정도 관련이 있다. 그러나 적어도 일반적으로 사람들이 마주하는 의사결정 상황에서는 그 상관관계가 완전하지 않으며, 특히 의사결정 기회가 단 한 번뿐일 때는 더더욱 그렇다. 둘 사이의 상관관계가 완전해지려면 아주 오랜 시간이 걸리기 때문이다.

한 가지 예(직장을 그만뒀고 그 결과는 끔찍했다)만 봐도 나쁜 결과(또는 좋은 결과)가 실제로 의사결정의 질 때문에 일어났다고 단정 짓기는 어렵다. 좋은 의사결정이 좋은 결과를 가져올 때도 있지만, 좋은 의사결정을 내리고도 나쁜 결과를 얻을 수 있기 때문이다.

빨간불을 무시한 채 달리고도 아무 문제 없이 사거리를 통과할 수 있다. 반

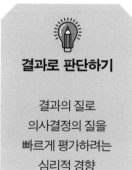

결과로 판단하기

결과의 질로
의사결정의 질을
빠르게 평가하려는
심리적 경향

면 신호를 잘 지키고도 사고를 당할 수 있다. 이처럼 결과 하나만 놓고 돌이켜서 의사결정의 질을 판단하면 잘못된 결론에 도달할 수 있다. 결과만 놓고 보면 빨간불에 달리는 것이 좋은 의사결정이었다는 결론이 나오기 때문이다.

전보다 더 나은 의사결정을 내리고 싶다면 경험을 통해 배우는 과정이 반드시 필요하다. 경험은 미래의 의사결정을 더 훌륭하게 다듬어주는 교훈을 담고 있기 때문이다. 반면, 결과의 좋고 나쁨을 기준으로 의사결정의 질을 판단하면 오히려 잘못된 교훈을 얻게 된다.

❷
결과가 드리운 그림자

엄밀히 말하면 첫 번째 연습문제에서는 의사결정의 질을 제대로 판단할 수 있는 정보가 충분히 주어지지 않았다. 어쩌면 당신의 뇌는 마치 착시현상을 볼 때처럼, 달리 판단할 근거가 없기 때문에 그저 비어 있는 정보를 추측해 메웠을지도 모른다. 물론 그렇다고 해서 제대로 된 정보가 없을 때는 '결과로 판단하기'를 활용해도 좋다는 뜻은 아니다. 결과만으로 미루어 짐작해 빈 공간을 메우기보다 그냥 빈 채로 내버려둘 때 오히려 더 많은 교훈을 얻을 수 있다.

그런데 혹시 '결과로 판단하기'는 정보가 별로 없는 상황에서만 한정적으로 나타나는 경향 아닐까? 필요한 정보가 채워진 조건에서는 이 같은 경향이 사라질 수도 있지 않을까? 그렇다면 또 다른 연습 문제를 풀어보자.

❶ 새로 산 전기차가 마음에 쏙 들었다. 이 분야의 선도자로 널리 인정받고 있는 천재 기술자가 제조한 멋진 자동차였다. 직접 차를 몰아본 경험을 토대로 그 회사의 주식을 구매했다.

2년 후, 회사의 주가가 치솟아서 구매한 가격보다 20배가 올랐다. ▦ 전기차 회사에 투자하기로 한 의사결정의 질을 0에서 5까지의 숫자로 평가해보라. 0은 최악의 결정, 5는 최고의 결정을 뜻한다.

최악의 결정　　0　　1　　2　　3　　4　　5　　최고의 결정

그렇게 평가한 이유를 써라.

❷ 새로 산 전기차가 마음에 쏙 들었다. 이 분야의 선도자로 널리 인정받고 있는 천재 기술자가 제조한 멋진 자동차였다. 직접 차를 몰아본 경험을 토대로 그 회사의 주식을 구매했다.

2년 후, 회사가 부도나서 투자금을 전부 잃었다.

▦ 전기차 회사에 투자하기로 한 의사결정의 질을 0에서 5까지의 숫자로 평가해보라. 0은 최악의 결정, 5는 최고의 결정을 뜻한다.

최악의 결정   0   1   2   3   4   5   최고의 결정

그렇게 평가한 이유를 써라.

_____

_____

_____

_____

위 질문을 받은 대부분의 사람은 결과의 좋고 나쁨에 따라 주식을 구매한 이유를 각기 다른 시각으로 해석한다.

전기차 회사에 투자해서 주식으로 돈을 벌었다면, 투자 결정의 이유를 좀 더 긍정적인 시각에서 바라본다. "어떤 제품을 직접 사용해 봤다면 그 경험이 중요한 판단 근거가 되는 게 당연하지!" 어쨌든 직

인생을 운에 맡기지 마라

접 사용해본 소비자 입장에서 그 전기차가 만족스러웠다면 다른 사람들도 그럴 확률이 높다. 게다가 그 차를 개발한 천재 기술자는 유능하기로 정평이 나 있으니 그가 설립한 회사에 투자한 것은 아주 합리적이고 타당한 결정이었다.

그러나 똑같은 조건인데, 회사가 망해서 투자금을 몽땅 잃었다면 전혀 다른 해석이 등장한다. 개인적인 경험을 토대로 한 주식 구매가 아끼는 충분히 논리적으로 보였지만, 이번에는 주식 투자를 결정할 때 살펴야 할 주요사항들을 생략해도 될 만큼 결정적인 근거는 되지 못하는 것이다. 현재 그 회사가 이익을 내고 있는가? 그게 아니라면 앞으로의 가능성은 어떠한가? 부채는 얼마나 되는가? 손익분기점을 넘을 때까지 버틸 만큼 자금력을 갖췄는가? 수요가 늘면 그에 맞춰서 생산량을 늘릴 정도의 생산능력이 있는가? 어쩌면 그 회사의 전기차 소비자가 제품에 만족했던 이유는 차 한 대를 팔 때마다 회사가 적자를 보고 있었기 때문일지도 모른다! 이처럼 많은 것을 알아보고 따졌어야 합리적인 결정이었다는 생각이 들기 시작한다.

이런 경향은 주식 투자 결정 이외의 상황에서도 두루 나타난다.

좀 더 수평적인 기업문화에서 일하고 싶어서 다니던 직장을 그만두고 장래가 유망한 스타트업으로 이직했다. 그 회사는 제2의 구글로 성장했다. 훌륭한 결정! 좀 더 수평적인 기업문화에서 일하고 싶어서 다니던 직장을 그만두고 장래가 유망한 스타트업으로 이직했다. 1년 후 회사가 망했다. 6개월간 직장을 구하지 못해서 그동안 모아둔 돈을 털어 생활해야 했다. 어리석은 결정!

고등학생 때 만난 여자 친구와 같은 학교를 다니고 싶다는 이유로 대학교를 선택했다. 우수한 성적으로 학교를 졸업한 후 여자 친구와 결혼했고 좋은 직장에 취업했다. 그 대학교를 선택한 것은 현명한 결정이었던 것 같다.

고등학생 때 만난 여자 친구와 같은 학교에 다니고 싶다는 이유로 대학교를 선택했다. 그러나 6개월 만에 여자 친구와 헤어졌다. 전공을 바꾸려고 했으나 그 학교에는 내가 원하는 전공이 없었다. 학교가 있는 도시마저 싫어졌다. 결국 1년 후 다른 학교로 편입했다. 그 대학교를 선택한 것은 최악의 결정이었던 것 같다.

이 모든 사례에서 볼 수 있듯, 우리는 똑같은 의사결정 과정을 두고도 결과의 질에 따라 각기 다른 시각으로 의사결정의 질을 판단하는 경향이 있다. 결과의 질이 의사결정 과정의 내용을 해석하는 데 영향을 미치기 때문이다.

이것이 바로 '결과로 판단하기'가 가진 영향력이다.

결과가 형편없을 때, 사람들은 의사결정 과정이 부실했음을 시사하는 세부사항에 집중하기 쉽다. 너무나도 뻔히 드러나 보이는 의사결정 과정의 문제점을 보면서 사람들은 자신이 의사결정의 질을 합리적으로 판단하고 있다고 생각한다.

인생을 운에 맡기지 마라

그러나 결과가 달라지면 그 결과에 맞는 평가를 내리기 위해 의사결정 과정에 대한 정보를 무시하거나 재해석한다.

이처럼 결과의 질은 의사결정의 질을 평가하는 능력에 그림자를 드리운다.

결과

의사결정의 질

사람들은 결과의 질과 의사결정의 질이 합치하기를 원한다. 우리가 사는 세상이 좀 더 예측 가능하게 돌아가기를 바란다. 이러한 마음 때문에 똑같은 의사결정을 내려도 그로 인해 벌어지는 결과는 다를 수 있다는 사실을 애써 외면한다.

경험은 최고의 선생이지만, 사람들은

실제 현실로 일어나는 결과는 하나지만, 일어날 수도 있었을 결과는 그보다 훨씬 많다.

결과의 질과 의사결정 질 사이의 상관관계를 지나치게 긴밀하게 이해한다. 그러다 보면 어떤 의사결정이 좋았는지 나빴는지를 판단하기 위해 과거의 경험을 활용하는 능력 또한 왜곡된다.

'결과로 판단하기'가 미래를 보는 수정구슬을 뿌옇게 흐리는 것이다.

자, 이제 '결과로 판단하기'가 무엇인지 알았으니 자신이 결과만 가지고 판단한 적이 있었는지 생각해보고 그 상황을 적어보자.

예시가 필요하다면 이 책에 제일 먼저 등장했던 질문을 떠올려보기 바란다. 지난 한 해, 최고의 의사결정과 최악의 의사결정은 무엇이었는가? 이 질문을 받은 사람은 대개 의사결정 자체에 대해서는 깊이 생각하지 않는다. 그보다는 자신이 얻은 최고의 결과와 최악의 결과부터 고민한 후, 그 같은 결과를 가져온 의사결정이 무엇이었는지를 돌이켜 본다.

결과로 판단하는 경향 때문이다.

인생을 운에 맡기지 마라

❸
운이 의사결정에 미치는 영향

어떤 의사결정이든지 간에 그로 인해 벌어질 수 있는 미래의 결과는 다양하게 존재한다. 어떤 결과는 좀 낫고, 어떤 것은 끔찍하다. 그리고 각각의 결과는 마치 종합선물세트처럼 여러 개씩 세트를 이루고 있다. 의사결정이란, 이렇게 다양한 결과가 담긴 결과 세트 중에서 어느 하나를 고르는 일이다. 즉 우리가 어떤 결정을 내리고 나면 하나의 결과 세트만 남고, 나머지 세트에 들어 있는 결과는 미래에 일어날 가능성에서 배제된다. 이처럼 의사결정을 통해 우리는 가능한 여러 개의 결과 세트 중 무엇을 남길지, 그리고 그 속에 든 결과들이 각각 어떤 모습일지를 결정할 수 있다. 그러나 우리가 할 수 있는 일은 여기까지다. 그렇게 남겨진 결과들 가운데 실제로 어떤 것이 현실로 나타날지는 알 수 없기 때문이다. 이는 마치 안이 보이지 않는 상자에서 무작위로 공을 꺼내는 것과 같다.

따라서 현명한 의사결정자가 되려면 각각의 결과 세트에 어떤 결과가 들어 있는지 예측하는 능력을 키워야 한다. 이 책은 당신의 미래 예측 능력이 수정구슬에 최대한 가까워질 수 있도록 도울 것이다. 그러나 예언가들이 경고하듯이 미래는 '마치 안개가 낀 것처럼 모호하게만' 보인다. 우리가 할 수 있는 일이라고는 결과 세트를 잘 고르

운

운은 '의사결정'과 '그로 인해 남겨진 결과 세트 가운데서 어떤 것이 실제로 전개될지' 사이에 영향력을 행사한다. 운은 사람이 통제할 수 없는 요소지만, 눈에 보이는 즉각적인 결과에 영향을 미친다.

는 것일 뿐, 거기서 실제로 어떤 결과가 튀어나올지는 언제나 불확실하기 때문이다.

다시 말해, 우리네 인생이 나아가는 방향에는 '운'이라고 하는 아주 중요한 요소가 영향을 미친다. 운은 의사결정(결과 세트 고르기)과 실제로 벌어지는 결과 사이에 개입한다.

이처럼 의사결정으로는 어떤 결과 세트를 남길지(하나의 결과 세트 안에는 좋은 결과, 나쁜 결과, 그저 그런 결과 등이 전부 들어 있다)까지만 고를 수 있기 때문

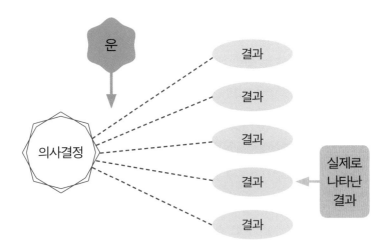

인생을 운에 맡기지 마라

에, 아무리 좋은 의사결정을 내려도 그로 인해 좋은 결과가 나타날지 나쁜 결과가 나타날지는 알 수 없으며, 마찬가지로 나쁜 의사결정을 내렸어도 좋은 결과와 나쁜 결과가 모두 일어날 수 있다.

의사결정의 질과 결과의 질 사이의 상관관계를 표로 표현해보면 다음과 같다.

	결과의 질[1]	
	좋음	나쁨
의사결정의 질 / 좋음	정당한 보상	불운
의사결정의 질 / 나쁨	횡재	자업자득

● 정당한 보상: 초록 불에 출발해서 무사히 사거리를 건넌 상황처럼, 좋은 의사결정으로 좋은 결과를 얻은 경우.

● 횡재: 의사결정의 질은 나빴지만 좋은 결과가 나온 경우. 빨간 불에 신호대기를 하면서 세상에서 가장 중요한 트윗에 정신이 팔려서 초록 불로 변하는 것을 알아차리지 못했다. 신호가 바뀌었는데도 출발하지 않은 덕에 빨간 불을 무시하고 달려든 자동차와 사

고가 날 뻔한 것을 피할 수 있었지만, 그렇다고 운전 중에 트위터를 보는 것이 좋은 의사결정은 아니다. 덕분에 사고를 면했다면 그냥 운이 좋았을 뿐이다.

● 불운: 의사결정의 질은 좋았지만 결과가 나쁜 경우. 초록 불에 길을 건넜는데 갑자기 뛰어든 자동차 때문에 사고가 났다. 결과는 나빴지만, 교통신호를 지키기로 한 의사결정이 잘못은 아니다.

● 자업자득: 빨간 불에 달리다가 사고가 난 상황처럼, 나쁜 의사결정을 내려서 나쁜 결과를 얻은 경우.

사람들의 의사결정이 이 네 가지 카테고리 중 어느 하나에 해당하는 사례는 무궁무진하게 많다. 훌륭한 의사결정이 훌륭한 결과를 가져오기도 하지만, 때로는 나쁜 운이 끼어들어 나쁜 결과가 나타나기도 한다. 나쁜 의사결정을 내려서 끔찍한 결과를 얻기도 하지만, 운이 좋아서 좋은 결과를 얻을 때도 있다.

그러나 '결과로 판단하기'는 운이 결과에 미치는 영향을 무시한다.

일단 결과를 알고 난 사람들은 마치 이 세상에 '정당한 보상'과 '자업자득'만 존재하는 것처럼 생각한다. 그리고 '불운'과 '횡재' 위에는 짙은 그림자가 드리운다.

이 그림자는 경험에서 배우고자 하는 우리에게 잘못된 교훈을 전달한다.

나쁜 결과를 얻을 가능성이 10%인 결정을 내렸다면, 당연히 10%

인생을 운에 맡기지 마라

결과의 질

	좋음	나쁨
의사결정의 질 좋음	정당한 보상	불운
의사결정의 질 나쁨	횡재	자업자득

의 확률로 나쁜 결과가 나올 수 있다. 그러나 결과로 판단하는 경향 때문에 사람들은 좋은 결과를 가져올 가능성이 90%나 되는 좋은 의사결정을 나쁜 의사결정이었다고 평가한 후, 앞으로는 그런 결정을 내리지 말아야 한다는 잘못된 교훈을 얻는다.

이것이 바로 의사결정의 질을 결과로 판단할 때에 치러야 할 대가이다.

이제 다음 표 안에 자신이 직접 경험한 사례를 적으면서 '결과로 판단하기'의 그림자에서 벗어나보자.

먼저, 결과도 좋았고 나의 의사결정도 좋았다고 생각되는 일을 떠올려보자. '정당한 보상' 칸에 그 상황을 간략하게 적어보라.

다음으로, 일은 잘 안 풀렸지만 의사결정은 좋았다고 생각되는 일을 떠올려보자. '불운' 칸에 그 상황을 간략하게 적어보라.

다음으로, 결과는 좋았지만 의사결정은 좋지 않았다고 생각되는 일을 떠올려보자. '횡재' 칸에 그 상황을 간략하게 적어보라.

마지막으로, 일도 잘 안 풀렸고 내 의사결정도 좋지 않았다고 생각되는 일을 떠올려보자. '자업자득' 칸에 그 상황을 간략하게 적어보라.

결과의 질

	좋음	나쁨
좋음	정당한 보상	불운
나쁨	횡재	자업자득

의사결정의 질

인생을 운에 맡기지 마라

❹
결과의 질과 의사결정의 질 구분하기

이번에는 앞의 표에 의사결정의 질과 결과의 질이 합치하지 않았던 경험으로 적은 사례, 즉 '불운'과 '횡재' 카테고리에 해당하는 의사결정에 대해 좀 더 깊이 살펴보자.

❶ '불운' 사례로 어떤 경험을 적었는가?

일은 잘 안 풀렸지만 의사결정 자체는 좋았다고 생각한 이유를 몇 가지 적어보라. 예를 들어, 나쁜 결과(또는 일어나기를 바라지 않았던 결과)가 발생할 확률, 의사결정을 내리기 위해 활용한 정보, 다른 사람들에게 구한 조언의 질 등이 그 이유가 될 수 있다.

의사결정 자체는 훌륭했음에도 나쁜 결과를 얻은 이유를 세 가지 이상 나열해보라. 처음 의사결정을 내릴 당시에는 예상할 수 없었던 요인이나 당신이 달리 통제할 수 없었던 요인 등이 여기에 해당한다.

당신의 의사결정으로 인해 일어날 수 있었던 다른 가능한 결과를 세 가지 이상 적어보라.

---

❷ '횡재' 사례로 어떤 경험을 적었는가?

결과는 좋았지만 의사결정 자체는 나빴다고 생각한 이유를 몇 가지 적어보라.

인생을 운에 맡기지 마라

의사결정 자체는 엉성했음에도 좋은 결과를 얻을 수 있었던 이유를 세 가지 이상 나열해보라. 처음 의사결정을 내릴 당시에는 예상하지 못했던 요인이나 당신이 달리 통제할 수 없었던 요인 등이 여기에 해당한다.

당신의 의사결정으로 인해 일어날 수 있었던 다른 가능한 결과를 세 가지 이상 적어보라.

❸ '불운'과 '횡재' 중 어느 쪽 사례를 떠올리기가 더 쉬운가? (하

나만 고르시오.)

□ 불운   □ 횡재

나머지 하나의 사례를 떠올리기가 더 어려운 이유는 무엇이라고
생각하는가?

_____

_____

_____

_____

대개 사람들은 좋은 결과를 두고 운이 좋았다고 생각하기보다는
나쁜 결과를 두고 운이 나빴던 탓이라고 생각하는 경향이 있다.

원치 않은 결과를 얻었을 때는 내 잘못이 아니라고 생각해야 더
위로가 된다. 이럴 때는 운이 당신을 절망에서 구해준다. 결과는 좋지
않았지만 그래도 내 의사결정은 괜찮았다고 생각함으로써, 일이 마
음대로 안 풀리는 상황 속에서도 여전히 스스로를 긍정적인 시각으
로 바라보면서 자존감을 유지할 수 있는 출구를 마련한다.

반면 결과가 좋을 때는 그 공로를 온전히 내가 차지하고 싶어한
다. 운이 좋아서 결과가 좋았다고 생각하면, 모든 것이 내 뜻대로 돌
아가는 듯하고 스스로가 몹시 현명하고 똑똑한 사람인 것 같은 이 멋

진 기분을 포기해야 하기 때문이다. 따라서 결과가 좋을 때는 운이 오히려 내 훌륭한 무용담에 방해가 되는 것처럼 느껴진다.

현명한 의사결정자가 되기 위해서는 반드시 의사결정의 질과 결과의 질에 따른 네 가지 카테고리 상황을 전부 적극적으로 검토해야 한다.

자신의 뇌에만 판단을 맡겨두면, 불운의 일부는 알아차려도 좋은 결과를 이끌어낸 대부분의 행운은 간과할 것이다.

내가 잘나서 좋은 결과를 얻은 것 같은 뿌듯한 기분을 포기하기가 쉽지는 않겠지만, 장기적으로 봤을 때에는 그럴 만한 가치가 충분하다. 제대로 검토하지 않으면 쉽게 간과할 운의 역할에 조금 더 관심을 기울이기만 해도 앞으로의 인생이 크게 달라질 수 있다. 그리고 이러한 변화는 마치 복리처럼 불어나서, 미래의 의사결정 순간에 두둑한 이득으로 돌아올 것이다.

의사결정의 질을 개선하고자 할 때, 과거의 경험은 분명 많은 가르침을 주지만 그것은 오직 내가 귀를 제대로 잘 기울였을 때에만 유효하다. 결과의 질과 의사결정의 질을 구분하는 훈련은 어떤 의사결정은 반복해도 되고 어떤 것은 안 되는지를 파악하는 데 도움이 된다.

5
좋은 의사결정에서도 배울 점이 있다

의사결정의 질을 결과의 질에 맞춰 평가하다 보면, 단지 운이 좋아서 결과가 좋았던 의사결정의 오류를 반복할 위험이 있다. 반대로 운이 나빠서 일이 제대로 풀리지 않았을 뿐인 좋은 의사결정을 이제는 피하게 될 수도 있다.

이처럼 '결과로 판단하기'는 특히 의사결정의 질과 결과의 질이 합치하지 않았던 과거의 경험에서 교훈을 얻고자 할 때 가장 큰 영향을 미친다.

그러나 '불운'과 '횡재'만큼 그 영향이 명확하게 드러나지는 않지만, '정당한 보상' 사례에서도 그에 못지않게 중요한 교훈을 얻을 수 있다.

❶ 앞에서 채운 네 칸짜리 표로 돌아가보자. '정당한 보상'의 사례로 무엇을 적었는가?

그 의사결정이 좋았다고 생각한 이유를 몇 가지 적어보라. 나쁜 결과(또는 일어나길 바라지 않았던 결과)가 발생할 확률, 의사결정을 내

인생을 운에 맡기지 마라

리기 위해 활용한 정보, 다른 사람들에게 구한 조언의 질 등이 그 이유가 될 수 있다.

_____

_____

_____

이번에는 더 나은 결정을 내릴 수는 없었는지 고민해보자. 다음과 같은 질문에 대한 대답을 생각해보면 도움이 될 것이다.

▦ 결정을 내리기 전에 더 많은 또는 더 좋은 정보를 얻을 수 있었을까?　□ 그렇다 □ 아니다

▦ 좀 더 빨리 결정을 내릴 수 있었을까?　□ 그렇다 □ 아니다

▦ 시간을 들여 결정에 좀 더 신중을 기할 수 있었을까?　□ 그렇다 □ 아니다

▦ 지금 돌이켜 보니 의사결정 전에 알 수 있었던, 그리고 만약 알았다면 의사결정에 영향을 미쳤을 만한 정보가 있었나?　□ 그렇다 □ 아니다

▦ 내가 얻은 결과보다 더 좋은 결과가 나올 수 있었을까?　□ 그렇다 □ 아니다

▦ 만약 다른 결정을 내렸다면 더 나은 결과를 얻을 확률이 높아졌을까?　□ 그렇다 □ 아니다

▦ 과거로 돌아가서 의사결정 기회가 다

시 주어진다면, 전과 다른 결정을 내려야
겠다고 판단할 만한 이유를 하나라도 떠
올릴 수 있는가?　　　　　　　☐ 그렇다　☐ 아니다
▦ 결정을 바꾸지는 않더라도 과정을 좀
더 개선할 수 있는 방법이 있었는가?　☐ 그렇다　☐ 아니다

❷ '그렇다'라고 답변한 질문에 대해 깊이 생각해보고 그 내용을
적어보자.

_____

_____

_____

_____

_____

_____

❸ 의사결정의 질과 결과의 질이 서로 합치한 경험을 검토하는
것 또한 그렇지 않은 경험을 들여다보는 것만큼이나 중요하다.
좋은 의사결정으로 좋은 결과를 얻은 '정당한 보상'의 사례에서
도 귀중한 교훈을 얼마든지 찾을 수 있다.

'자업자득'의 경험 또한 마찬가지다.

잠시 시간을 내서 의사결정의 질과 결과의 질이 모두 나빴던 경험에도 위의 연습문제와 동일한 질문을 적용해서 생각해보자.

좋은 의사결정이라고 해서 그것이 최고의 의사결정이었다는 뜻은 아니다. 사실 그런 경우는 거의 없다. 더 나은 의사결정자가 되기 위해 고군분투한다는 것은 곧 좋은 의사결정으로 좋은 결과를 얻은 상황에 만족하고 안주하고자 하는 마음을 극복한다는 뜻이다.

성과에 그저
도취돼 있으면
가치 있는 교훈을
얻을 수 없다.

더 나은 의사결정을 내리기 위해서는 과거의 경험에서 뭔가를 배워야 한다. 그러나 '결과로 판단하기'는 경험에서 교훈을 얻는 과정을 방해함으로써 수정구슬을 들여다보는 눈과 미래를 예측하는 능력을 흐리게 만든다.

결과만으로 판단하면, 의사결정의 질과 결과의 질이 합치했을 때에는 자신의 판단에 의문을 갖지 않는다. 특히 일이 잘 풀렸을 때는 '이번 의사결정은 검토해볼 것도 없이 좋았어'라는 생각에 지난 경험을 돌이켜 보지 않고 그냥 넘어갈 확률이 높다.

6
최고의 결정과 최악의 결정 다시 살펴보기

이 책의 도입부에서 당신이 지난 한 해 최고의 결정과 최악의 결정으로 꼽았던 경험을 다시 살펴보자.

처음에 적었던 답변을 지금 보니 어떤 생각이 드는가? 마음이 바뀌었는가? 아니면 다시 생각해봐도(결과로 판단하려는 경향에 주의하면서 생각해봐도) 처음 답변이 진짜 최고의 결정과 최악의 결정이었는가? 최고의 결정과 최악의 결정을 선정하는 데 있어서 결과의 질이 미친 영향을 좀 더 명확하게 이해할 수 있겠는가?

다음 빈칸을 활용해 다시 한번 깊이 고민해보자.

생각해보니 최고의 결정, 최악의 결정으로 선정할 만한 다른 의사 결정이 떠올랐다면 그것도 적어본다.

인생을 운에 맡기지 마라

'결과로 판단하기'는 자기 자신 또는 다른 사람에게 연민의 감정을 느끼지 못하게 한다.

누군가에게 나쁜 결과가 일어나면 사람들은 결과만으로 판단해서 그가 의사결정을 잘못 내렸을 거라고 지레짐작한다. 그 사람 탓이라고 생각하는 것이다. 본인이 잘못해서 나쁜 결과를 얻었으니 안타깝게 여길 이유도 없다.

다른 사람 일만 그렇게 보는 게 아니다. 자신의 결정으로 나쁜 결과가 나타났을 때도 자기자비self-compassion를 베풀기보다는 스스로를 몹시 책망한다. 반면 결과가 좋을 때는 일이 잘 풀렸다는 이유만으로 의사결정자의 잘못을 간과하기 쉽다. 이러한 태도 또한 누구에게도 도움이 되지 않는다. '결과로 판단하기'는 사람들에게 잘못된 교훈을 전달할 뿐만 아니라, 내가 '그 상황에서 최선의 의사결정을 내렸는지'보다 '그로 인한 결과가 어땠는지'만으로 자신의 가치를 판단하게 만들어 스스로에게 상처를 입힌다.

'결과로 판단하기' 전에 꼭 알아두어야 할 것들

● 결과로 판단하기는 의사결정의 질을 평가할 때 결과의 질을 기준으로 판단하는 경향을 가리킨다.

● 결과는 의사결정 과정에 그림자를 드리운다. 그로 인해 사람들은 의사결정 과정에 대한 정보를 간과하거나 왜곡해서 이해하고, 의사결정의 질과 결과의 질이 언제나 합치하는 것처럼 생각하기 쉽다.

● 단기적으로 봤을 때 의사결정의 질과 결과의 질 사이에는 매우 약한 상관관계만이 나타난다. 의사결정의 질과 결과의 질이 서로 연관된 것은 사실이지만 그 관계가 유의미해지기까지는 오랜 시간이 걸릴 수 있다.

● 운은 '의사결정'과 '실제 결과' 사이에 개입한다. 그러나 결과로 판단하면 운의 역할을 축소해서 이해하기 쉽다.

● 결과만으로 의사결정의 질을 평가하기 어려운 이유는 바로 운 때문이다.

● 의사결정을 내릴 때 좋은 결과(또는 나쁜 결과)를 100% 장담하기는 어렵다. 그보다는 바람직한 결과가 나올 가능성이 높은 결과 세트를 선택하는 것을 목표로 삼아야 한다.

● 현명한 의사결정자가 되고자 한다면 먼저 과거의 경험에서 교훈을 얻어야 한다. 그러나 결과만으로 판단하면 잘못된 교훈을 얻어서 나쁜 의사결정을 반복하거나 좋은 의사결정을 피하게 될 수도 있다. 또한 좋은 의사결정으로 좋은 결과를 얻은 사례(또는 나쁜 의사결정으로 나쁜 결과를 얻은 사례)에서도 얼마든지 배울 것이 많은데도 그러한 사례는 다시 살펴볼 필요가 없다고 생각하게 되기 쉽다.

● '결과로 판단하기'는 자기 자신 또는 다른 사람을 동정하는 마음을 감소시킨다.

1장 체크리스트

☐ 당신이(또는 당신이 관찰한 누군가가) 의사결정의 질을 판단할 때, 결과는 어느 정도나 영향을 미치는가?

☐ 나쁜 의사결정이 쌓여서 나쁜 결과가 일어났지만 그중에 잘한 의사결정도 있다고 생각하는가? 의사결정 과정 중에서 이것은 잘했다고 생각하는 점이 있다면 무엇인가?

☐ 좋은 의사결정으로 좋은 결과를 얻긴 했지만 그보다 더 나은 의사결정을 내릴 수는 없었을까? 의사결정 과정을 개선할 방법

이 있었는지 생각해보자.

☐ 의사결정자가 통제할 수 없는 요인(다른 사람의 행동 등)에는
어떤 것이 있는가?

☐ 일어날 수 있었던 다른 가능한 결과에는 어떤 것이 있는가?

인생을 운에 맡기지 마라

옛날 옛적 영화 <스타워즈> 저편에

영화 <스타워즈> 시리즈는 그야말로 전설적인 성공을 거뒀다. 제작비 1,100만 달러를 들여서 만든 첫 번째 개봉작은 무려 7억 7,500만 달러가 넘는 박스오피스 매출을 기록했다.[2] 그러나 이는 빙산의 일각이었다. 이후 개봉한 열한 편의 영화도 전부 흥행에 성공했으며(40년 전에 개봉한 작품도 있지만 물가상승률을 반영하지 않은 상태에서도 2020년 기준 전 세계 박스오피스 매출이 103억 달러가 넘는다), 영화 굿즈 등의 파생상품 산업 또한 그 규모가 엄청났고, 심지어 테마파크까지 생겨났다. 그뿐 아니다. 2012년, 디즈니는 <스타워즈>의 판권을 구입하기 위해 40억 달러를 지불했다.

<스타워즈> 제작 기회가 가장 먼저 주어진 곳은 유나이티드 아티스츠United Artists(이하 UA) 제작사였다. 칸 영화제에서 조지 루카스George Lucas의 SF영화 <THX 1138>를 본 후 루카스와 이미 두 편의 영화를

제작하기로 계약한 상태였기 때문이다. 그러나 UA는 그 기회를 그냥 넘겨버렸다.

UA가 이처럼 좋은 기회를 날린 것은 벌써 두 번째 있는 일이었다. 루카스의 또 다른 흥행작 <청춘 낙서^{American Graffiti}> 또한 UA가 고사한 영화였다.

그러나 이렇게 거대한 복을 차버린 것은 UA만이 아니었다. (<청춘 낙서>를 제작해서 큰돈을 벌었던) 유니버설 스튜디오^{Universal Studio}, (1970년 대에 루카스의 제안을 받아들였더라면 쓰지 않았을 돈을, 그로부터 35년 후에 약 400배 이상 지불하고 판권을 산) 디즈니 등 여러 다른 제작사도 <스타워즈>의 제작을 거절했다.

사람들은 UA, 유니버설 스튜디오, 디즈니가 각각의 방식으로 큰 실수를 저질렀다고 입을 모았다. 영화 전문 매체 중 하나인 <사이파이 와이어^{Syfy Wire}>는 UA의 의사결정에 대해 다음과 같이 아주 전형적인 입장을 취했다. "당시 UA는 <핑크 팬더> 속편 제작에 집중하고 있었기 때문에 흥행성이 보장되지 않거나 불안한 영화에는 관심을 가질 수 없었다는 사실을 기억해야 한다."[3]

여러 제작사가 <스타워즈>의 제작 기회를 놓친 이유를 두고 많은 사람이 유명한 소설가이자 시나리오 작가인 윌리엄 골드먼^{William Goldman}이 할리우드에 대해 남긴 말을 인용한다. "아무도 아무것도 모른다^{NOBODY KNOWS ANYTHING}."[4]

참으로 쉽고 간편하다. 실제로 모든 사람이 너무도 쉽게 이 같은 결

인생을 운에 맡기지 마라

론에 도달한다. 그러나 이는 많은 것을 무시한 결론이다. 이번 장에서 배운 내용을 다음과 같이 적용해보면, <스타워즈>의 제작 거절이 큰 실수였다는 생각 또한 '결과로 판단하기' 때문임을 알 수 있다.

● 의사결정으로 일어날 수 있었던 다른 결과 생각해보기: 영화 산업을 잘 알지는 못하지만, 루카스가 <스타워즈> 제작을 제안했을 당시처럼 영화가 아직 콘티 단계일 때는 여러 가능성이 존재했을 것이다. 콘티는 그럴싸했는데 막상 1,000만 달러를 들여 제작하고 나니 결과물은 엉망진창일 수 있었다. 만약 루카스가 다른 배우들을 캐스팅했더라면 결과가 달라졌을지도 모른다. 또한 대중이 SF 영화에 흥미를 느끼지 않는 분위기가 형성될 수도 있었고, 영화 개봉 시기에 불경기가 찾아와 사람들이 영화관에 가지 않았을 수도 있었다.

● 간과한 정보 또는 우리는 알 수 없는 정보: 루카스가 <스타워즈> 제작을 제안했던 당시에 각 제작사의 결정은 어떤 평가를 받았을까? 우리는 이를 알지 못한다. <스타워즈> 제작을 결정한 20세기 폭스Twentieth Century Fox조차도 흥행에 확신이 있었던 것 같지는 않다. 여러 인터뷰에서 루카스와 20세기폭스 경영진은 입을 모아서 '사실 폭스 제작사도 처음에는 루카스가 무슨 생각으로 그런 영화를 만들겠다는 것인지 이해하지 못했다'고 말했다. 폭스 제작사가 보기에도 말도 안 되는 프로젝트처럼 느껴졌지만 폭스 대표는 다음

과 같은 이유로 <스타워즈> 제작을 결정했다고 한다. "무슨 소린지 이해는 안 가지만 어쨌든 난 <청춘 낙서>가 아주 마음에 들었으니 당신이 뭘 하든 찬성이오."

● 영화의 흥행 결과가 의사결정의 질을 평가하는 데에 지나치게 개입함: 이들 제작사가 제작을 거절한 영화 중에서는 제작하지 않는 편이 좋은 의사결정이었던 영화도 있을 것이다.

● 의사결정의 질을 평가할 만한 근거 및 정보 부족: 제작사가 그동안 어떤 영화를 제작했고 또 어떤 영화를 거절했는지 그 전체 이력을 보지 않는 이상, 우리는 정보가 충분하지 않은 상태에서 결론을 내리는 셈이다.

여기서 말하고자 하는 바는, 하나의 결과만 놓고 의사결정의 질이 좋았는지 나빴는지 단정 짓기는 어렵다는 것이다. 많은 양의 정보(제작사가 그동안 내린 의사결정 전체 및 그로 인한 결과 등)와 질 좋은 정보(의사결정 당시 제작사에게 주어진 정보 등)에 비해, '하나의 결과'는 의사결정의 질을 논하는 데에 있어서 절대로 중요한 근거가 되지 못한다.

인생을 운에 맡기지 마라

사후확신 편향을 피하는 방법

'내 그럴 줄 알았어'라는 말은 사실이 아니다

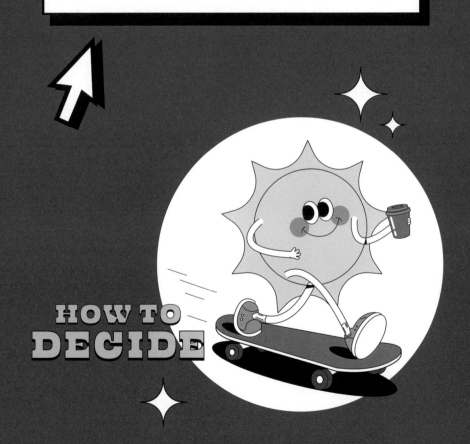

HOW TO
DECIDE

① 또다시 이직

① 플로리다에서 자란 후 조지아에 있는 대학교에 진학했다. 학교를 졸업하자마자 두 군데 회사에서 입사 제안을 받았는데 하나는 조지아, 다른 하나는 보스턴에 있는 회사였다.

보스턴의 회사가 경력을 쌓기에는 조건이 더 좋았지만 뉴잉글랜드의 날씨가 걱정됐다. 어쨌든 당신은 줄곧 남부 지방에서만 지냈기 때문이다. 보스턴의 겨울이 어떤지 경험해보기 위해 2월에 직접 방문해봤더니, 좋은 기회를 포기할 만큼 힘들 것 같지는 않았다. 그래서 보스턴에 있는 회사에 취업했다.

그러나 그 결과는 참담했다.

첫 번째 겨울이 시작된 지 몇 달 만에, 이렇게 춥고 우중충한 날씨를 더는 견딜 수 없다는 생각이 들었다. 직장생활은 기대한 모습 그대로였지만, 결국 2월이 다시 돌아올 무렵 당신은 추위를 이기지 못해 직장을 그만두고 고향으로 돌아갔다.

인생을 운에 맡기지 마라

▓ 다음 중, 고향에 돌아온 당신에게 스스로가 또는 다른 누군가가 이렇게 이야기할 것 같다고 생각되는 말에 전부 동그라미를 쳐라.

한 친구가 이렇게
말했다. "난 네가
거기 가서 얼마
못 버틸 줄 알았어."
(그러나 당신이
고민하던 당시에
친구는 그렇게
말한 적이 없다.)

조지아로 가야
했다는 걸
알고 있었는데.

내가 겨울을 못
버티리라는 걸
알았어야 했어.
너무나도 당연한
결과였는데 왜 몰랐지?
난 줄곧 남쪽에서
자랐다고!

이럴 줄 알았어야 했어.
추위를 참고 다닐 만큼
좋은 직장은 없는 건데.

다른 친구는
이렇게 말했다.
"너 내가 1년 안에
돌아올 줄 알았다."

우리 주변에는 "그것 봐, 내가 그럴 거라고 했잖아"라고 말하는 사람이 언제나 존재한다. 실제로 그들이 그런 말을 했든 안 했든 그들은 그렇게 말한다.

그리고 우리는 스스로를 책망하면서 결과가 그렇게 불 보듯 뻔했는데 어째서 미리 알아채지 못했는지 의아해한다.

그렇기에 당신이 대부분의 사람과 같다면 위 연습문제의 모든 말에 동그라미를 쳤을 것이다.

❷ 플로리다에서 자란 후 조지아에 있는 대학교에 진학했다. 학교를 졸업하자마자 두 군데 회사에서 입사 제안을 받았는데 하나는 조지아, 다른 하나는 보스턴에 있는 회사였다.

보스턴의 회사가 경력을 쌓기에는 조건이 더 좋았지만 뉴잉글랜드의 날씨가 걱정됐다. 어쨌든 당신은 줄곧 남부 지방에서만 지냈기 때문이다. 보스턴의 겨울이 어떤지 경험해보기 위해 2월에 직접 방문해봤더니, 좋은 기회를 포기할 만큼 힘들 것 같지는 않았다. 그래서 보스턴에 있는 회사에 취업했다.

그리고 그것은 탁월한 선택이었다!

막상 겪어보니 겨울은 전혀 문제가 되지 않았다. 알고 보니 당신은 눈을 좋아했고 심지어 스노보드 타는 취미까지 생겼다! 게다가 직장생활 역시 기대한 모습 그대로였다.

당신은 이후로도 오랫동안 보스턴에서 생활했다.

▓ '겨우 날씨 때문에 이렇게 훌륭한 직장을 포기할 뻔했다는 사실을 믿을 수 없군. 겨울이 그리 큰 문제가 되지 않으리라는 걸 알았어야 했어'라고 스스로 생각할 가능성이 얼마나 될 것 같은가?

별로 그럴 것 같지 않다 0 1 2 3 4 5 매우 그럴 것이다

인생을 운에 맡기지 마라

▓ 주변의 누군가가 다음과 같이 말할 가능성이 얼마나 될 것 같은가? "내가 괜찮을 거라고 했잖아! 난 네가 잘 지낼 줄 알았어! 어쨌든 행복에 있어서 날씨는 그렇게 중요한 부분이 아니잖아!"(그러나 당신이 고민하던 당시에 친구는 그렇게 말한 적이 없다.)

별로 그럴 것 같지 않다 0 1 2 3 4 5 **매우 그럴 것이다**

장담하건대 당신은 두 가지 모두 가능성이 꽤 있다고 답했을 것이다.

결과는 달랐지만 어떤 회사를 선택할지에 대한 의사결정 내용은 분명히 동일했다. 회사만 보면 보스턴의 회사가 더 낫다. 그러나 당신의 전반적인 생활 만족도를 결정하는 데 있어 날씨가 미치는 영향은 어느 정도나 될까?

문제는 뉴잉글랜드의 겨울을 제대로 경험해본 적이 없기 때문에 직접 겨울을 지내보기 전까지는 위 질문에 제대로 대답할 수 없다는 것이다.

보스턴으로 생활 터전을 옮길지를 두고 많이 고민했다. 살아보니 보스턴에서 지내는 것이 싫다. 어떻게 그걸 몰랐을 수 있지?

보스턴으로 생활 터전을 옮길지를 두고 많이 고민했다. 살아보니 보스턴에서 지내는 게 즐겁다. 어떻게 그걸 몰랐을 수 있지?

결정은 같았지만 결과는 달랐다. 그러나 보스턴에서의 생활이 싫든 좋든 간에 당신은 일이 그렇게 되리라는 것을 미리 알았어야 한다고 느낀다. 그 같은 결과가 너무나도 당연했던 것처럼 느낀다. 결과에 상관없이 친구들은 "그럴 줄 알았어!"라고 말한다.

당연하지만, 자신이 보스턴 생활을 싫어하리라는 사실과 좋아하리라는 사실을 동시에 알기란 불가능하다. 그런데도 우리는 직감적으로 그렇게 느낀다.

왜일까?

바로 사후확신 편향 때문이다.

의사결정을 내릴 때 우리는 '내가 알고 있는 사실'과 '내가 알지 못하는 사실'을 토대로 결정한다.

그리고 의사결정으로 인해 전개될 수 있는 여러 결과 가운데 실제로 어떤 결과가 현실로 나타날지는 '내가 알지 못하는 사실'에 속한다.

결과

의사결정 당시에
알았던 사실

그러나 일이 벌어지고 나면, 즉 실제로 어떤 결과가 전개되는지 알고 나면 사람들은 그 사실을 알았어야 했다고, 또는 처음부터 알고 있었다고 느낀다. '의사결정을 내리던 당시 내가 알았던 사실'을 기억하는 능력에 결과가 그림자를 드리운 탓이다.

결과로 판단하면 결과가 좋은지 나쁜지 이미 아는 상황이기 때문에 그 의사결정이 좋았는지 나빴는지도 처음부터 자신이 알고 있다고 생각한다.

사후확신 편향[1]은 의사결정 당시 내가 알았던 사실에 대한 기억을 다음 두 가지 방법으로 왜곡함으로써, '결과로 판단하기' 때문에 일어나는 혼란을 더욱 복잡하게 만든다.

사후확신 편향

일이 벌어진 후에 그것이 예측 가능하거나 당연한 결과였다고 믿는 경향. '그럴 줄 알았다' 효과 또는 '잠행성 결론creeping determinism'으로 불리기도 한다.

1. 일이 이렇게 되리라는 것을 처음부터 알고 있었다고 생각한다. 의사결정 당시의 실제 기억은 사라지고, 결과가 일어난 후 알게 된 사실과 일치하도록 왜곡된 기억만 남는다.

2. 일이 이렇게 되리라는 것을 알았어야 했다(또는 알 수 있었다)고 생각한다. 쉽게 예측할 수 있었거나 당연한 결과라고 생각한다.

게다가 사후확신 편향은 내가 내린 의사결정을 넘어서서 다른 사람의 의사결정을 판단하는 내 생각, 그리고 내 의사결정을 판단하는 다른 사람들의 생각에도 나타난다.

결과를 알았어야 했다고 후회하는 것보다 더 우울한 일이 무엇인지 아는가? 그에 더해서 주변 사람들 전부가 "그럴 줄 알았다"고 말하는 것이다.

❷
사후확신 편향이란?

가상화폐를 샀다. 다섯 배 이익을 봤다. 친구에게 이렇게 말한다. "내가 말했잖아. 너도 투자했었어야지!"

가상화폐 가치가 폭락해서 투자한 돈을 전부 잃었다. 이렇게 자책한다. "그때(시세가 올랐을 때) 팔아야 했는데! 어떻게 그걸 몰랐지?"

고객과 가격 협상을 했다. 높은 가격을 불렀다가 거래가 성사되지 않았다. 지나친 욕심이라는 걸 알았어야 했다고 자책한다.

몇 주 후, 고객이 그 가격을 받아들이겠다고 다시 연락해왔다. 처음부터 이것이 좋은 계획이었음을 알았다고 생각하면서 누구를 만나든 이렇게 말한다. "내가 이럴 줄 알았다니까!"

단서

'결과로 판단하기'가 이뤄지고 있음을 알려주는 명백한 언어적 또는 심리적 단서는 없다. 누군가가 큰 소리로 "당신은 나쁜 결과가 나온 것을 보고 거꾸로 거슬러 올라가서 판단했기 때문에 그 의사결정이 나빴다고 평가한 거야!"라고 말해주지도 않는다.

그러나 사후확신 편향을 알려주는 단서는 존재한다. "일이 이렇게 될 줄 몰랐다는 걸 믿을 수가 없어" 또는 "이럴 줄 알았어" 또는 "내가 말 했잖아" 또는 "이럴 줄 알았어야 했어" 같은 말이 바로 그것이다.

이처럼 '언어적·심리적 단서에 귀 기울이기'는 사후확신 편향을 알 아차릴 수 있는 좋은 훈련 방법이다.

이제 자신이 직접 경험했던 사후확신 편향 사례 몇 가지를 좀 더 자세히 살펴보자.

다음 대화는 내가 어느 마트에서 직접 들은 내용이다. (여담이지만 마트는 사람들의 행동을 연구하기에 아주 좋은 장소다!)

남자: 당신이 전화 통화하는 것을 들었어요. 억양이 정말 멋지던데요. 이탈리아 사람이신가요?

여자: 아뇨, 그리스 사람이에요.

남자: 그럴 줄 알았어요!

❶ 다른 누군가에게 또는 스스로에게 "그렇게 될 줄 알았다니까!"와 비슷한 말을 한 경험 또는 누군가가 당신에게 그와 비슷한 말을 한 경험을 떠올려보자.

▥ 어떤 의사결정이었는지, 그리고 그 결과는 어땠는지 적어보자.

_____

_____

_____

▥ 스스로에게 또는 상대방에게 어떤 말을 했는가? 사후확신 편향이 작용하고 있음을 보여주는 언어적 그리고/또는 심리적 단서는 무엇이었는가?

_____

_____

_____

▥ 스스로 생각했을 때, 자신이 처음부터 알고 있었다고 느끼는 사실은 무엇인가? 또는 상대방이 자신은 처음부터 알고 있었다고 말한 사실은 무엇인가?

_____

_____

인생을 운에 맡기지 마라

▒ 스스로 또는 상대방이 처음부터 알고 있었다고 생각한 정보가 사실은 일이 벌어진 후에야 드러난 결과는 아닌가? (하나만 고르시오.)

☐ 그렇다 ☐ 아니다

❷ 다른 누군가에게 또는 스스로에게 "이렇게 될 줄 알았어야 했는데!" 또는 "어떻게 이렇게 당연한 결과를 몰랐을 수 있지?"와 비슷한 말을 한 경험 또는 누군가가 당신에게 그와 비슷한 말을 한 경험을 떠올려보자.

▒ 어떤 의사결정이었는지, 그리고 그 결과는 어땠는지 적어보자.

▒ 스스로에게 또는 상대방에게 어떤 말을 했는가? 사후확신 편향이 작용하고 있음을 보여주는 언어적 그리고/또는 심리적 단서는 무엇이었는가?

▓ 스스로가 또는 다른 누군가가 처음부터 알았어야 했다고 느끼는 사실은 무엇인가?

▓ 스스로가 또는 다른 누군가가 처음부터 알았어야 했다고 느끼는 정보가 사실은 일이 벌어진 후에야 드러난 결과는 아닌가? (하나만 고르시오.)

□ 그렇다 □ 아니다

사람들이 처음부터 '알고 있었다'고 느끼는 것들 가운데 대부분은 일이 벌어진 후에야 밝혀진 정보, 특히 여러 가능한 결과 중에서 실제로 어떤 것이 현실로 나타났는지에 대한 것일 때가 많다.

이처럼 사후확신 편향으로 인해 의사결정 당시 자신이 알고 있었던 정보에 대한 기억이 재구성되는 현상을 기억잠행memory creep이라고 한다.

인생을 운에 맡기지 마라

문제는, 과거를 잘못 기억하면 지난 경험에서 교훈을 얻으려는 시도 또한 무용지물이 된다는 것이다.

기억잠행

사후에 알게 된 사실을 사전에 알고 있었다고 왜곡해 생각하게 되는 것

사후확신 편향은 다음 두 가지 방법으로 사람들이 교훈을 얻는 길을 방해한다.

1. 의사결정 당시 자신이 무엇을 알고 있었는지 제대로 기억하지 못하게 만든다. 그러면 그것이 좋은 결정이었는지, 나쁜 결정이었는지 판단하기가 어렵다. 의사결정의 질을 바르게 판단하고 지난 경험에서 교훈을 얻으려면, 자신의 마음 상태를 솔직하게 인정하고 의사결정 당시 알 수 있었던 정보와 그렇지 않은 정보를 가능한 한 정확하게 떠올릴 수 있어야 한다.

2. 사후확신 편향에 빠지면, 의사결정으로 인해 벌어진 결과가 실제보다 더 예측 가능하고 당연한 일이었던 것처럼 느껴진다. 지난 의사결정의 질을 올바르게 평가하지 못하면, 앞으로도 질 낮은 의사결정을 반복할 확률이 높다.

이처럼 사후확신 편향은 수정구슬 대신 사물을 우스꽝스럽게 왜곡시키는 거울을 우리 손에 쥐여준다.

무엇을 알고 있었는가?
언제 그 사실을 알았는가?

사진과 달리 인간의 기억에는 날짜가 찍혀 있지 않다.

컴퓨터에 저장된 파일에는 '문서 생성 일자'와 '문서 수정 일자'가 기록돼 있다. 그러나 안타깝게도 인간의 뇌에는 그런 기능이 없다.

따라서 뇌가 하는 대로만 맡겨두면 의사결정을 내렸던 당시에 알았던 정보에 대한 기억이, 이후 벌어진 결과에 영향을 받아 왜곡될 수 있다. 그러나 결정을 내리기 전에 알았던 사실과 결과가 나타난 후에 밝혀진 사실을 천천히 신중하게 떠올려서 재구성하면 기억잠행 문제를 해결할 수 있다.

이를 '사실 추적장치knowledge tracker'를 활용해 시각화하면 다음과 같다.

사실 추적장치

의사결정 전에   의사   결과가
알았던 사실 →   결정   →   결과 →   나타난 후에
                                        알게 된 사실

인생을 운에 맡기지 마라

의사결정 전에 알았던 사실: 의사결정 당시에 알고 있던 사실과 생각, 특히 그러한 결정을 내리게 된 근거가 된 사실이 여기에 해당한다.

결과가 나타난 후에 알게 된 사실: 엄밀히 말하면 의사결정을 내리기 전부터 알았던 사실과 의사결정을 내린 이후에 새롭게 알게 된 사실이 모두 여기에 해당한다. 그러나 이 책에서는 미래가 전개되면서 자연스레 밝혀진 새로운 정보 위주로 살펴볼 것이다.

'사실 추적장치'를 활용하면 의사결정 당시에 내가 무엇을 알았거나 몰랐는지 명확하게 구분할 수 있기 때문에 사후확신 편향을 줄일 수 있다. 내가 어떤 사실을 알고 있었는지, 그리고 언제 알았는지를 상세하게 적어보면 미래가 전개되면서 자연스레 밝혀진 사실이 '의사결정 전에 알았던 사실' 사이에 몰래 끼어드는 것을 막을 수 있다.

자신이 사후확신 편향에 빠졌던 경험을 떠올려보고 거기에 사실 추적장치를 적용해보자. 먼저 의사결정에 영향을 미쳤던 핵심 근거 세 가지를 적고, 결정 내용과 그 결과를 적은 후, 마지막으로 결과가 나타난 후에 새롭게 알게 된 사실 세 가지를 적는다.

예를 들어 보스턴에 있는 직장에 취직하기로 결정한 사례에 사실 추적장치를 적용하면 다음과 같다.

O 고민 끝에 보스턴으로 생활 터전을 옮겼지만 6개월 만에 직장

을 그만뒀다.

사실 추적장치

의사결정 전에 알았던 사실

1. 보스턴의 평균 기온, 겨울의 지속 기간, 강설량

2. 입사 제안을 받은 회사에 대한 상세내용

3. 2월에 보스턴을 방문한 경험

→ 의사결정

보스턴에 있는 회사에 취업

→ 결과

6개월 후 퇴사

→ 결과가 나타난 후에 알게 된 사실

1. 보스턴에서 몇 달간 겨울을 보낸 경험

2. 직장생활 만족도

3. 6개월 만에 퇴사 후 고향으로 돌아가리라는 사실

O 고민 끝에 보스턴으로 생활 터전을 옮겼고 보스턴의 겨울은 생각보다 훨씬 즐거웠다.

사실 추적장치

의사결정 전에 알았던 사실

인생을 운에 맡기지 마라

1. 보스턴의 평균 기온, 겨울의 지속 기간, 강설량

2. 입사 제안을 받은 회사에 대한 상세한 내용

3. 2월에 보스턴을 방문한 경험

→ 의사결정

보스턴에 있는 회사에 취업

→ 결과

직장생활을 계속함

→ 결과가 나타난 후에 알게 된 사실

1. 보스턴에서 몇 달간 겨울을 보낸 경험

2. 내가 스노보드에 소질이 있다는 사실

3. 내가 오랫동안 보스턴에 정착해서 지내리라는 사실

이번에는 자신이 직접 경험한 사후확신 편향 사례에 '사실 추적장치'를 활용해보라.

사실 추적장치

의사결정 전에 알았던 사실

1.

2.

3.

→ 의사결정

→ 결과

_____

_____

→ 결과가 나타난 후에 알게 된 사실

1. _____

2. _____

3. _____

▦ 결과가 나타나기 전부터 알았던 사실과 이후에 알게 된 사실을 추적하는 작업이 기억잠행을 바로잡는 데 도움이 됐는가?

　　　　　　　　　　　☐ 그렇다　　　☐ 아니다

▦ '그럴 줄 알았어야 했다'고 느꼈지만 알고 보니 결과가 나타나기 전에는 알 수 없었던 정보였음을 깨닫는 데 사실 추적장치가 도움이 됐는가?

　　　　　　　　　　　☐ 그렇다　　　☐ 아니다

▦ 이 외에도 '사실 추적장치'를 사용하는 동안 느낀 점이 있다면 다음 빈칸에 적어보라.

인생을 운에 맡기지 마라

처음부터 알고 있었다는 느낌이 드는 것을 피하기는 어렵다. 처음부터 알고 있었어야 했다는 느낌이 드는 것 역시 피하기 어렵다. 이처럼 직관적인 반응을 완벽하게 멈출 수 있다는 생각은 비현실적이다.

    그러나 사후확신 편향의 존재를 인정하고 그에 동반하는 언어적·심리적 단서에 항상 촉각을 세우고 있으면 이를 피할 가능성이 훨씬 높아진다.

    과거의 경험을 어떻게 처리하고 받아들이는지에 따라 앞으로의 의사결정이 달라진다. '의사결정 전에 알았던 사실'과 '결과가 나타난 후에 알게 된 사실'을 구분해서 인지하면, 사후확신 편향으로 인해 지난 경험의 교훈이 왜곡되는 문제를 막는 데 도움이 된다. '이럴 줄 알았다' 또는 '이럴 줄 알았어야 했다'는 잘못된 감각이 미래의 의사결정에 영향을 미칠 확률이 줄어들기 때문이다. 또한 결과만 두고 자책하는 (또는 다른 사람을 비판하는) 일도 줄어들 것이다.

    사실 추적장치는 사후확신 편향의 미로에서 길을 잃기 쉬운 우리의 기억에 시간 도장을 찍어준다.

사후확신 편향 예방법

'사실 추적장치'를 쓰다 보면, 의사결정을 고민할 때부터 '의사결정 전에 알았던 사실'을 미리 기록해두면 좋겠다는 생각이 들 것이다. 일단 결과를 알고 나면 의사결정 전에 내가 무엇을 알고 있었는지 정확하게 상기하기가 어렵다. 그러나 그때그때 적어두면, 훨씬 더 사실에 가까운 기록을 남길 수 있다. 의사결정의 핵심 근거를 적어두는 것 또한 사후확신 편향을 예방하는 백신 역할을 한다. 의사결정을 하면서 내가 무엇을 알고 있는지 좀 더 신중하게 고민하는 과정을 거치면, 그 기억의 생성 일자가 좀 더 선명하게 남기 때문에 기억잠행을 예방할 수 있다. 의사결정 과정을 기록하는 방법에 대해서는 책의 뒷부분에서 좀 더 자세히 다룰 것이다.

우리 주변에 넘치는 사후확신 편향들

이제 사후확신 편향이 무엇인지 어느 정도 감을 잡았으니, 앞으로 며칠간 직장이나 집에서, 또는 뉴스나 운동경기 해설에서, 또는 상사

인생을 운에 맡기지 마라

나 친구나 가족의 말에서 사후확신 편향 사례를 찾아보자. 특히 어느 순간 자기 자신이 사후확신 편향에 빠지지는 않는지 유의한다.

그렇게 찾아낸 사례 중 두 가지를 골라 다음의 활동을 해보자.

❶ 사례 1

▒ 어떤 상황이었는지 간략히 써라.

_____

_____

▒ 어떠한 형태의 사후확신 편향이었는가?

　　　　　□ 그럴 줄 알았다　　　□ 그럴 줄 알았어야 했다

▒ 언어적 또는 심리적 단서가 있었는가?

　　　　　　　　　□ 그렇다　　　□ 아니다

▒ 만약 있었다면 그 단서는 무엇이었는가?

_____

_____

_____

사례 1에 사실 추적장치를 적용해보자.

만약 사례 1이 타인의 의사결정에 관한 것이라면 그가 의사결정 당시에 무엇을 알고 있었는지는 당신이 정확히 알 수 없다. 그러나 그의 입장에서 논리적으로 상상해볼 수는 있다. 아니면 그에게 대신 아래 빈 칸을 채워달라고 부탁할 수도 있다.

사실 추적장치

의사결정 전에 알았던 사실

1.

2.

3.

→ 의사결정

→ 결과

→ 결과가 나타난 후에 알게 된 사실

1.

2.

3.

인생을 운에 맡기지 마라

❷ 사례 2

▒ 어떤 상황이었는지 간략히 써라.

▒ 어떠한 형태의 사후확신 편향이었는가?

　　　　□ 그럴 줄 알았다　　　□ 그럴 줄 알았어야 했다

▒ 언어적 또는 심리적 단서가 있었는가?

　　　　　　　　□ 그렇다　　　□ 아니다

▒ 만약 있었다면 그 단서는 무엇이었는가?

사례 2에 사실 추적장치를 적용해보자.

사실 추적장치

의사결정 전에 알았던 사실

1.

2.

3.

→ 의사결정

_____

_____

_____

→ 결과

_____

_____

_____

→ 결과가 나타난 후에 알게 된 사실

1. _____

2. _____

3. _____

사후확신 편향과 연민

'결과로 판단하기'와 마찬가지로, 사후확신 편향 또한 나 자신과 타인에게 연민의 감정을 느끼지 못하게 한다. 다른 누군가가 의사결정 당시에 어떤 정보를 갖고 있었을지 상상하려면 그 사람의 입장을 공감할 수 있어야 한다. 그러나 사람들은 대개 공감하는 대신 제멋대로 판단해버리고 만다.

그 사람의 입장을 생각해보지도 않고, 나쁜 결과를 얻을 만한 이

인생을 운에 맡기지 마라

유가 있었다며 너무나도 쉽게 의사결정자를 비난한다. ("네가 말도 안 되는 지름길로 오자고 해서 공항에 늦었잖아. 그 길이 그렇게 막힐 거라는 걸 어떻게 모를 수가 있어?") 심지어 본인이 내린 결정을 두고도 스스로의 입장에서 생각하지 못할 때도 많다.

이 같은 공감능력 부족은 결과가 나쁠 때만 가려서 나타나지 않는다. 사후확신 편향에 빠진 사람은 좋은 결과를 얻은 의사결정을 두고도 지나치게 신중하게 고민했다며 스스로를 비난하거나 다른 사람을 지적한다. ("쓸데없는 날씨 걱정 때문에 시간을 너무 많이 낭비했잖아!")

'사후확신 편향'에 대해 꼭 알아두어야 할 것들

● 사후확신 편향은 일이 벌어진 후에 그 결과가 예측 가능했다거나 당연히 그럴 수밖에 없었다고 믿는 경향을 가리킨다.

● '결과로 판단하기'와 마찬가지로 사후확신 편향 또한 결과가 지닌 영향력 때문에 발생한다. 의사결정 당시에 알았던 사실을 정확하게 기억하는 능력에 결과가 그림자를 드리운 것이다.

● 사후확신 편향은 '그럴 줄 알았어' 또는 '그럴 줄 알았어야 했어'라는 두 가지 형태로, 사람들이 결과를 받아들이는 방식을 왜곡한다.

● 사후확신 편향은 대개 언어적 또는 심리적 단서를 동반한다(섹션 [2], [4]의 연습문제 및 2장 체크리스트 참고).

● 의사결정의 결과를 알고 나면 기억잠행이 일어나서, 결과가 나타난 후에 새롭게 밝혀진 정보를 의사결정 전에 알았거나 알 수 있었다고 기억이 왜곡될 수 있다.

● 과거의 결정과 그 결과에서 교훈을 얻으려면 의사결정 당시에 알았던 사실을 정확히 떠올리도록 노력해야 한다.

● 사실 추적장치를 활용하면 의사결정 전에 알았던 사실과 결과가 나타난 후에 알게 된 사실을 구분하는 데 도움이 된다.

● 사후확신 편향은 자신 또는 타인이 얻은 결과에 연민을 느끼지 못하게 만든다.

2장 체크리스트

다음과 같은 단서로 사후확신 편향을 발견할 수 있다.

□ "그 사실을 알았어야 했어."

□ "내가 그럴 거라고 말했잖아."

□ "처음부터 이럴 줄 알았다고."

인생을 운에 맡기지 마라

다음과 같은 방법으로 사후확신 편향을 피할 수 있다.

☐ (1) 결과가 나타난 후에 밝혀진 정보가 있는가?

☐ (2) 이성적으로 생각했을 때, 그것이 의사결정 전에 미리 알 수 있었던 정보인가? 의사결정 당시 알았던 사실을 적어둔 기록이 있다면 참고한다.

☐ (3) 결과를 예측할 수 있었다는 생각이 혹시 의사결정 당시에는 알 수 없었던 사실을 토대로 한 것은 아닌가?

☐ (4) 위 세 가지 질문에 답한 후, 그 결과가 예측 가능한 것이었는지 다시 판단해보라.

투표 결과가 나올 때까지는
여론조사의 오차를 알 수 없다

2016년 11월 8일, 미국 대통령 선거에서 힐러리 클린턴[Hillary Clinton]은 전통적으로 민주당의 지지율이 높은 미시건, 펜실베이니아, 위스콘신, 이렇게 세 곳의 주요 주에서 기대만큼 득표를 하지 못해서 도널드 트럼프[Donald Trump]에게 큰 폭으로 졌다.[2] 이 세 곳의 주에서 클린턴은 전체 1,400만 표 중 8만 표밖에 얻지 못할 정도로 낮은 득표율을 기록했다.

선거 전 여론조사 결과는 선거인단 수 278명 대 260명으로 클린턴의 승리를 점쳤으나, 미시건, 펜실베이니아, 위스콘신 주가 의외의 표심을 보이면서 모두의 예상을 뒤엎고 도널드 트럼프가 306명 대 232명으로 대통령에 당선됐다.

이 같은 결과에 대한 해석으로는 클린턴 선거단이 세 곳의 주요 주를 무시한 탓이라는 의견이 지배적이었다. 구글 검색창에 '클린턴 선

인생을 운에 맡기지 마라

거단 미시건 펜실베이니아 위스콘신'이라는 키워드를 입력하면 클린턴 선거단의 어리석은 전략을 비난하는 기사가 끝도 없이 이어진다.[3]

- ● '트럼프를 승리의 길로 이끌어준 러스트벨트RUSTBELT (한때 미국 제조업의 호황을 이끌었으나 이제는 쇠락한 공장지대를 가리키는 말로 미시건, 펜실베이니아, 위스콘신 주가 여기에 포함된다–옮긴이)' – 2016년 11월 10일, <디애틀랜틱TheAtlantic.com>
- ● '클린턴 선거단의 자만이 불러온 패배' – 2016년 11월 16일, <허프포스트HuffPost.com>
- ● '클린턴은 부실한 전략과 안일한 생각 때문에 세 곳의 핵심 주를 잃었다' – 2016년 11월 17일, <슬레이트Slate.com>

그럴싸한 이야기다. 이렇게 보니 클린턴 선거단의 전략이 부실했던 것이 분명하다. 핵심 주 세 곳에서 더 열심히 선거운동을 했어야 하는데 그들을 무시해서 선거에서 진 것이다.

자, 그런데 기사가 발표된 날짜에 주목해보자.

이 모든 기사는 전부 선거가 끝난 후에 나왔다.

열 페이지가 넘게 구글을 검색해봐도, 선거 전에 미시건, 펜실베이니아, 위스콘신 주에 대한 클린턴의 태도를 지적한 글은 단 하나도 찾아볼 수 없다. 클린턴 선거단의 전략을 비평하는 의견은 많았지만 이 문제를 구체적으로 언급한 사람은 아무도 없었다.

선거 전에는, 오히려 트럼프가 미시건, 펜실베이니아, 위스콘신 주에서 쓸데없이 시간을 낭비하고 있다는 비판이 대부분이었다.[4]

● '도널드 트럼프는 왜 펜실베이니아 존스타운에서 선거운동을 하는가?' - 2016년 10월 22일, <워싱턴포스트 WashingtonPost.com>
● '도널드 트럼프는 무엇 때문에 미시건과 위스콘신에 가는가?' - 2016년 10월 31일, <뉴요커 NewYorker.com>

선거 전 여론조사에서는 플로리다, 노스캐롤라이나, 뉴햄프셔 등의 주에서 두 후보의 지지율이 박빙으로 나타났다. 그래서 클린턴은 이들 주에서 집중적으로 선거운동을 펼쳤다.

반면 미시건, 펜실베이니아, 위스콘신 주에서는 클린턴의 지지율이 꽤 앞서는 것으로 나타났다.[5]

돌이켜 보면, 트럼프가 여론조사의 예측보다 이들 지역에서 훨씬 좋은 성적을 거뒀으니 여론조사에 오류가 있었을 가능성이 높다. 누가 봐도 알 수 있는 일이다.

그러나 문제는 투표가 끝난 후에야 여론조사에 오류가 있었음을 알 수 있다는 것이다.

즉 여론조사의 오류 유무는 투표 결과가 나오면서 자연스레 밝혀진 정보에 해당한다.

심지어 여론조사의 오류가 전국적으로 나타난 것도 아니었다. 클

인생을 운에 맡기지 마라

린턴의 전체 득표율은 여론조사 결과와 꽤 근사하게 맞아떨어졌기 때문이다. 그렇다고 해서 미시건, 펜실베이니아, 위스콘신 주에서 시스템적인 오류가 있었던 것도 아니었다.

그런데 도대체 무슨 수로 클린턴 선거단이 정확하게 (다른 곳도 아닌) 그 세 곳의 여론조사에만 오류가 있다는 것을 알 수 있겠는가? 적어도 일반적으로 알려진 방법으로는 알 수가 없다.

그럼에도 '그녀가 미리 알았어야 했다'고 지적하는 전문가들이 넘쳐난다. 그중에는 '그럴 줄 알았다'고 말하는 사람들도 많다. 만약 정말로 그들이 그 사실을 미리 알고 있었다면 그것은 미국 정치 역사상 가장 보안이 잘 유지된 비밀이었음이 틀림없다.

의사결정 다중우주 탐험하기

다양한 결과를 예측할수록 더 나은 선택을 할 수 있다

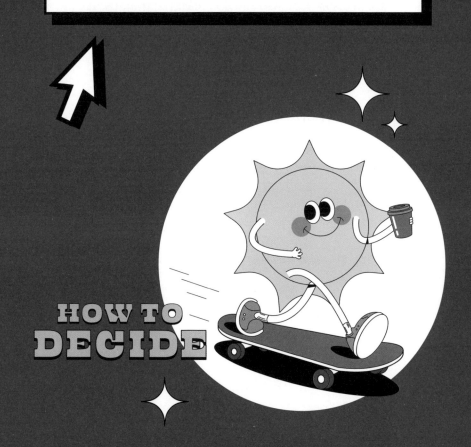

HOW TO
DECIDE

①
새로운 도전

당신은 미용실에 가는 것을 싫어해서 집에서 직접 머리를 자른다.

그러다가 문득 자신처럼 미용실에 가기 싫어하는 사람들을 위해 방문 미용사를 연결해주는 어플을 개발해야겠다는 아이디어가 떠올랐다.

긱 이코노미gig economy(조직에 고용되지 않고 필요에 따라 일시적으로 일을 하는 프리랜서, 독립계약자, 임시직 등의 근로 형태가 늘어나는 경제 상황-옮긴이) 트렌드가 점점 확산되고 있으니 이 아이디어가 성공할 것이라고 자신했다!

다니던 직장을 그만두고 그동안 모은 돈을 전부 투자해서 스타트업을 차렸다. 친구와 가족에게도 투자를 받았다. 어플 이름은 '가위의 왕국'이었다.

그러나 가위의 왕국은 금세 몰락하고 말았다. 어플은 손익분기점을 넘기지 못했고 결국 사업을 접어야 했다. 자신의 돈은 물론 친구

인생을 운에 맡기지 마라

와 가족의 돈까지 전부 날렸다.

재취업까지 6개월이 걸렸고 그동안 더 많은 빚을 졌다. 자신을 믿고 투자해준 사람들의 돈을 날린 것 때문에 깊은 죄책감을 느꼈고 이는 그들과의 관계에도 부정적인 영향을 미쳤다.

당신은 자신의 머리를 직접 자르던 시절로 다시 돌아갔다.

이후 당신은 일이나 금전적인 결정에 대한 자신의 판단을 믿지 못하게 됐다.

작은 회사의 개발자로 일하게 됐지만 새로운 사업이나 개혁을 논의할 때면 언제나 입을 닫았다.

▒ 가위의 왕국에 일어날 수 있었던, 이와는 다른 결과를 적어도 세 가지 이상 적어보라.

1.

2.

3.

위 답변은 조금 후에 다시 돌아와서 살펴보겠다.

❷
경험이 방해가 될 때

교훈을 얻으려면 경험이 필요하다. 그러나 대부분은 그 경험을 편향된 방식으로 처리한다. 더 나은 의사결정자가 되는 데 필요한 피드백이 오히려 좋은 교훈을 얻는 데 방해가 될 수도 있다는 뜻이다. 이는 꽤 역설적이다.

경험이 많이 쌓이면 거기서 좋은 교훈을 얻을 수 있다. 그러나 하나의 경험만 가지고는, 글쎄.

의사결정과 그로 인한 결과를 여러 번 겪으면서 데이터가 어느 정도 쌓여야만 비로소 지난 경험이 제공할지도 모를 교훈을 찾아 나설수 있다. 하나의 결과만으로 뭔가를 얻으려고 하다가는 오히려 '결과로 판단하기'나 '사후확신 편향' 같은 문제에 빠질 위험이 크다.

사람들은 각각의 결과가 마치 별개인 것처럼 결과를 하나씩 순차적으로 처리한다. 의사결정과 결과 사이의 불확실한 상관관계를 극복할 수 있을 만큼 충분한 데이터가 모일 때까지 가만히 기다려야 하는데 그러지를 않는다.

하나의 결과만으로 그 결정이 좋았는지 나빴는지를 제대로 판단할 수 있는 경우는 많지 않다. 그런데도 사람들은 흡사 그럴 수 있는 것처럼 행동한다. 동전 던지기 한 번으로 모든 것을 알 수 있는 것처럼 행동한다.

이것이 바로 경험의 역설이다.

경험의 역설을 해소할 실마리는 개별적인 결과가 지나치게 큰 영향력을 지닌다는 사실에 있다. 각 결과의 영향력을 적절한 크기로 줄여야 한다. 그러기 위해서는 제일 먼저 '실제 현실로 전개된 단 하나의 결과'를 '일어날 수 있었던 모든 결과'의 맥락 사이로 되돌려놓아야 한다.

경험의 역설

교훈을 얻으려면
경험이 필요하지만
개별적인 경험은
오히려 잘못된 교훈을
전달할 때가 많다.

우리 인생과 현실은 스스로가 내린 결정과 그 결과로 이뤄져 있다. 우리 경험 또한 자신이 실제로 겪은 결과들로만 이뤄져 있다.

그러나 만약 다른 결과가 전개됐더라면 어땠을지 잠깐이나마 엿볼 수 있다면, 지난 결과에서 언제 (그리고 어떤) 교훈을 얻어야 하는지를 파악하는 데 큰 도움이 될 것이다.

어떻게 하면 그럴 수 있을까? 의사결정의 다중우주를 탐험하라.

의사결정 나무: 인지적 전기톱 대학살

나무 밑에 서서 사방으로 뻗은 나뭇가지를 전부 올려다본다고 상상해보자.

의사결정을 내릴 때

나뭇가지 = 전개 가능한 결과

의사결정을 내릴 때 우리가 보는 미래는 나뭇가지가 무성한 나무와 같다. 여기서 나뭇가지는 전개 가능한 결과 각각을 상징한다.

나뭇가지가 굵을수록 그 나뭇가지에 해당하는 결과가 일어날 확률이 높고, 가지가 가늘수록 그 결과가 일어날 확률이 낮다. 어떤 가지는 또다시 여러 갈래로 갈라진다. 갈라진 가지는 일이 전개되는 양상에 따라 좀 더 먼 미래에 나타날 수 있는 결과를 가리킨다.

결과가 나오기 전에는 우리 앞에 있는 미래의 모습이 여러 가능성으로 무성한 나무처럼 보인다. 어린아이는 소방관, 의사, 테니스 선수, 우주비행사, 또는 영화배우가 되기를 꿈꾼다. 어쩌면 지금 당신 또한 사랑에 빠지기를, 사랑의 고통에서 빠져나오기를, 일을 그만둘 수 있을 만큼 돈을 많이 모으기를, 저녁으로 피자를 먹기를, 운동하러

인생을 운에 맡기지 마라

가기를, 승진하기를, 이직할 수 있기를, 또는 의사가 되기를 바라고 있을지도 모르겠다.

의사결정을 하는 그 시간에, 우리는 미래에 일어날 수 있는 수없이 많은 가능성을 올려다볼 수 있다. 그리고 하나의 나뭇가지를 볼 때도, 일어날 수 있는 여러 다른 결과의 맥락 속에서 이해할 수 있다.

의사결정을 하기 전에 다중우주를 잠시나마 엿보라.

그런데 일단 미래가 전개돼 여러 나뭇가지 중 하나만이 실제 현실이 되고 나면, 수많은 가능성으로 무성했던 그 나무는 어떻게 될까?

우리의 마음은 전기톱을 들고 현실로 나타난 나뭇가지 하나만을 남긴 채 나머지는 전부 잘라버린다.

다양한 꿈을 꿨지만 어른이 된 우리 모두 똑같은 직업을 가진 것만 같다. 전기톱 기술자 말이다.

결과가 나타난 이후의 나무

일단 결과를 알고 난 우리는, 일어날 수 있는 미래였지만 일어나지 않은 나뭇가지들을 전부 잘라버린다. 남은 나뭇가지는 단 하나, 나머지 가지들은 잘려나가서 땅 위에 떨어진 채 기억 속에서 잊힌다.

일어날 수 있는 미래의 가능성은 무궁무진하지만 이미 일어난 과거는 하나뿐이다. 그래서 과거는 필연적인 것처럼 느껴지고, 아무리 작고 가느다란 나뭇가지라도 결과가 일어난 이후에는 우리 눈에 그 가지밖에 안 보이기 때문에 엄청나게 크고 굵은 나뭇가지처럼 생각된다. 우리의 시야에서 다중우주가 사라진 것이다.

지구는 당연히 둥글어야 했다. 공룡은 당연히 멸종해야 했다. 인류는 당연히 지구에서 가장 지배적인 종으로 진화해야 했다. 2차 세계대전에서 연합군이 승리를 거둔 것은 당연한 일이었다. 아마존이 세

인생을 운에 맡기지 마라

계 최대 전자상거래 업체로 성장한 것은 당연한 일이었다.

나는 내가 태어난 시각에, 내가 태어난 장소에서, 나를 낳아준 부모님에게서 태어날 운명이었다.

④
인지적 전기톱 내려놓기: 의사결정 나무 재구성

경험의 역설을 해결하기 위해서는 먼저 나무를 원래대로 돌려놓아야 한다. 땅에 떨어진 나뭇가지들을 주워서 다시 나무에 붙이면 그제야 적절한 맥락에서 결과를 이해할 수 있다. 크고 굵게만 보였던 나뭇가지가 알고 보니 일어날 가능성이 낮은 잔가지였다는 사실이 눈에 들어오기 시작한다.

나뭇가지를 다시 나무에 붙이면, 즉 일어날 수 있었지만 일어나지 않은 다른 결과들을 꼼꼼하게 적어보면, 결과 이후에 보이는 나무의 모습이 아니라 의사결정 당시의 나무에 가깝게 재구성할 수 있다.

물론 실제 나무 그림을 그려대는 방법은 다소 거추장스럽다. 따라서 나무를 좀 더 단순하고 추상적인 형태로 표현한다면, 실제 전개된 결과를 적절한 맥락에서 이해하기에 좋은 시작이 될 것이다.

보스턴의 회사에 입사하기로 한 의사결정 사례에서 교훈을 얻으려고 한다. 보스턴으로 옮긴 지 6개월 만에 직장을 그만뒀다면 다음과 같이 의사결정 나무를 재구성해볼 수 있다.

먼저 의사결정 내용과 그로 인한 결과를 적는다.

의사결정	결과
보스턴에 있는 회사에 취업 ⟶	직장생활은 마음에 들었지만 보스턴의 겨울 날씨에 적응할 수 없어서 결국 퇴사함

인생을 운에 맡기지 마라

나무를 원래대로 돌려놓으면 다음과 같은 모습이 될 것이다.

일어날 수 있었던 다른 결과들을 되돌렸을 때의 나무 모습

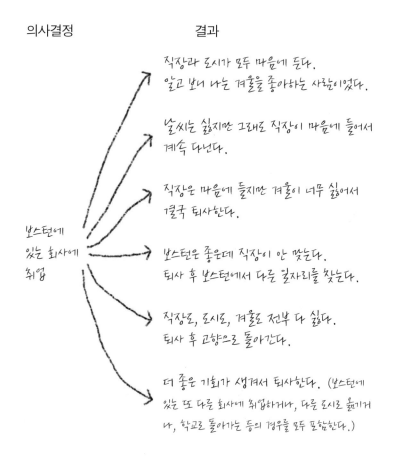

의사결정

결과

직장과 도시가 모두 마음에 든다.
알고 보니 나는 겨울을 좋아하는 사람이었다.

날씨는 싫지만 그래도 직장이 마음에 들어서
계속 다닌다.

직장은 마음에 들지만 겨울이 너무 싫어서
결국 퇴사한다.

보스턴에
있는 회사에
취업

보스턴은 좋은데 직장이 안 맞는다.
퇴사 후 보스턴에서 다른 일자리를 찾는다.

직장도, 도시도, 겨울도 전부 다 싫다.
퇴사 후 고향으로 돌아간다.

더 좋은 기회가 생겨서 퇴사한다. (보스턴에
있는 또 다른 회사에 취업하거나, 다른 도시로 옮기거
나, 학교로 돌아가는 등의 경우를 모두 포함한다.)

방금 한 이 작업은 '의사결정 나무decision tree의 기초 세우기'이다.

의사결정 나무는 지난 의사결정의 질을 평가하고, 새로운 의사결정의 질을 개선하고자 할 때 매우 유용한 도구다. 책을 읽어나가면서 우리는 여기에 점점 더 살을 붙일 것이다.

앞의 의사결정 나무에서, 일어날 수 있었던 여러 결과 중 어떤 것은 실제 일어난 결과보다 낫고, 어떤 것은 더 나쁘다는 사실에 주목하자. 의사결정 나무를 재구성해보면 대부분 이러한 모습이 나온다. 실제 일어난 결과가 일어날 수 있었던 결과 중에서 최고 또는 최악의 결과인 경우는 거의 없다.

직관과 기억에만 맡겨두면 보스턴에 있는 회사를 선택한 것이 나쁜 결정이었던 것처럼 느껴진다. 자신이 혹독한 겨울 날씨를 버티지 못하리라는 것을 알았어야 했다는 생각이 든다. 그러나 의사결정 나무를 만들어보면, 내가 보스턴의 겨울에 적응하지 못한 것, 직장생활을 좋아한 것, 보스턴을 떠나게 된 것 중 그 어느 것도 필연적이지는 않았다는 사실을 알 수 있다.

다시 '가위의 왕국' 사례로 돌아가보자.

❶ **미용실에 가기 싫어하는 사람들을 위해 방문 미용사를 연결해주는 어플을 개발해 스타트업을 차렸다.**

그러나 어플은 손익분기점을 넘기지 못했고 결국 회사도 망했다. (자신의, 친구의, 가족의) 돈을 전부 잃었다.

인생을 운에 맡기지 마라

(자세한 설정을 다시 읽어보고 싶다면 3장 앞부분을 확인한다.)

a. 의사결정 내용과 그로 인한 결과를 써라.

의사결정   결과

_____

_____

_____

_____

_____

b. 3장 섹션 [1]에서 작성한 '일어날 수 있었던 다른 결과'를 토대
로 나무를 재구성해보라.

의사결정   일어날 수 있었던 결과

이번에는 결말이 다른 시나리오로 같은 활동을 해보자.

❷ 미용실에 가는 것을 싫어해서 집에서 직접 머리를 자른다.

그러다가 문득 자신과 같이 미용실에 가기 싫어하는 사람들을 위해 방문 미용사를 연결해주는 어플을 개발해야겠다는 아이디어가 떠올랐다. 긱 이코노미 트렌드가 점점 확대되고 있는 만큼 이 아이디어가 성공하리라고 자신했다.

다니던 직장을 그만두고 그동안 모은 돈을 전부 투자해서 스타트업을 차렸다. 친구와 가족들에게도 투자를 받았다. 어플 이름은 '가위의 왕국'이었다.

가위의 왕국은 승승장구했다. 어플은 장래성을 인정받아 여기저기서 투자를 받았고 카풀 업체와 프랜차이즈 미용실의 관심을 끌었다. 그중 한 기업에 수익이 나기도 전인 어플을 2,000만 달러에 팔았다. 당신에게 투자했던 친구와 가족은 큰 수익을 얻었고 당신 또한 큰돈을 벌었다.

여러 스타트업과 대기업에서 당신에게 러브콜을 보냈다. 원하는 직장을 골라서 원하는 대로 커리어를 쌓을 수 있게 됐다.

a. 의사결정 내용과 그로 인한 결과를 써라.

의사결정   결과

_____

_____

인생을 운에 맡기지 마라

_____

_____

b. 일어날 수 있었던 다른 결과들을 포함해서 나무를 재구성해보라.

의사결정   일어날 수 있었던 결과

❸ ❶과 ❷에서 그린 나무가 동일한가? (하나만 고르시오.)

☐ 그렇다 ☐ 아니다

'가위의 왕국'의 성공 여부와 상관없이 재구성한 나무의 모습은 서로 같아야 한다.

어쩌면 당신은 가위의 왕국을 시작조차 못 할 수도 있었다.

또는 머리를 망친 고객의 집단항의, 무면허 미용사 알선에 따른 벌금, 어플 이름에 대한 종교단체 및 다른 미용실의 소송으로 골치를 앓을 수도 있었다.

또는 여차저차 몇 년을 버티다가 결국 망할 수도 있었다.

또는 아이디어는 훌륭했지만 엄청난 자본과 마케팅 능력, 사업적 감각을 지닌 대형 기업에 금세 밀려날 수도 있었다.

또는 회사를 계속 키우고, 투자금을 끊임없이 조달하고, 주식을 상장하고, 많은 수익을 거둬서 마침내 전국적인 규모의 미용실 체인을 사들일 수도 있었다.

또는 사업이 충분히 성공해서 해당 플랫폼과 고객층을 토대로 다른 미용 서비스, 헤어관리 제품, 반려동물 케어, 홈 헬스 케어, 노인 케어 등 다른 분야에까지 사업을 확장해나갈 수도 있었다.

실제 결과가 전개되기 전까지는, 의사결정의 내용(어플을 개발하고 스타트업을 차린다)이 같기 때문에 각각의 결과가 전개될 가능성도 같았다. 의사결정은 결과 세트를 선택하는 일이다. 그 안에 들어 있는 여러 결과 가운데에서 실제로 어떤 것이 현실이 될지, 즉 가위의 왕국이 실패할지 아니면 누군가에게 2,000만 달러에 팔릴지는 '의사결정 당시의 시점에서 봤을 때 일어날 수 있는 결과'에는 아무런 영향을 미치지 못한다.

그러나 우리의 직관은 그렇게 느끼지 않는다. 내가 얻은 결과가 '일어날 수 있었던 결과'를 어떻게든 바꿔놓는다고 느낀다. 이 또한 경험의 역설이다. 잠깐 시간을 들여서 나무를 재구성해보면 그런 느낌이 잘못됐다는 것을 확인할 수 있다.

⑤
반反사실적 사고 해보기

일어날 수 있었던 다른 결과들을 이해해야 이미 일어난 결과에 어떤 교훈이 숨어 있는지도 제대로 파악할 수 있다. 이것이 반사실적 사고counterfactual thinking의 핵심이다.

만약 지구가 평평하거나 네모 모양이었다면 어땠을까? 거대한 소행성이 공룡을 멸종시키지 않았다면? 마지막 빙하기 때 인류가 살아남지 못했다면?

만약 2차 세계대전에서 독일이 프랑스를 이겼다면? 영국이 소련과 동맹을 맺었다면? 일본이 독일을 물리쳤다면?

만약 내가 다른 부모의 아이로 태어났다면? 또는 다른 장소에서, 또는 1600년에 태어났다면 어땠을까?

모든 삶의 기반에서 반사실적 사고를 해보지 않고 어떻게 내 의사결정이 내 삶에 미치는 영향을 이해할 수 있을까? 이를테면 만약 내가 다른 상황에서 태어났다면 어땠을까 하는 것처럼 말이다.

반사실적 사고

'~했었다면'이라고 생각해보기 일어날 수 있었지만 일어나지 않은 결과들을 가정하고 상상해보기

이처럼 '~했었다면'이라는 생각으로 펼쳐지는 가상의 세계를 탐험하면 내가 언제 어디에서 어떻게 태어날지, 즉 인생의 가장 기본적인 부분을 이루는 요소 가운데 그 무엇도 내가 통제할 수 없다는 사실을 상기할 수 있다. '~수도 있었다,' '~했었다면'이라는 사고는 다음과 같은 과정을 통해 자신의 경험을 적절한 맥락에서 바라볼 수 있도록 돕는다.

● 운이 결과에 미치는 영향을 이해할 수 있다.
● 일어날 수 있었던 결과와 실제로 일어난 결과를 비교할 수 있다.
● 내가 겪은 일이 필연적인 결과였다는 생각에서 벗어날 수 있다.
● 인생의 경험에서 더 나은 교훈을 얻을 수 있다.

❶ 인생에 끔찍한 결과를 가져왔던 의사결정 중 하나를 골라라. 앞에서 이미 답변한 경험(지난해 최악의 결정, 결과로 판단하기 사례, 사후확신 편향 사례 등)도 괜찮고, 아예 다른 경험을 떠올려도 된다. 다만 스스로 몹시 자책하고 있는 의사결정을 고르는 것이 좋다.

a. 의사결정 내용과 그로 인한 결과를 써라.

의사결정	결과

b. 나무를 재구성해봐라.

의사결정	일어날 수 있었던 결과

c. 나무를 재구성해본 후, 그 결과에 대한 자신의 책임을 다르게 생각하게 됐는가? (하나만 고르시오.)

☐ 그렇다 ☐ 아니다

▒ 어떻게 생각이 바뀌었는지 다음 빈칸에 적어보라.

_____

_____

d. 일어날 수 있었던 결과 중에서 실제로 일어난 것보다 더 나쁜 결과도 있었는가? (하나만 고르시오.)

☐ 그렇다 ☐ 아니다

❷ **살면서 훌륭한 결과를 얻었던 경험을 하나 골라라. 앞에서 이미 답변한 경험**(지난해 최고의 결정, 결과로 판단하기 사례, '정당한 보상' 사례, 사후확신 편향 사례 등)**도 괜찮고, 아예 다른 경험을 떠올려도 된다. 자신이 그런 결과를 얻을 만했다고 자랑스럽게 느끼는 경험을 고르는 것이 좋다.**

a. 의사결정 내용과 그로 인한 결과를 써라.

의사결정   결과

_____

_____

인생을 운에 맡기지 마라

_____

_____

_____

b. 실제 결과와 일어날 수 있었던 다른 결과들을 포함해서 나무를
재구성해보라.

의사결정   일어날 수 있었던 결과

c. 나무를 재구성해보니, 그 결과에 대한 자신의 책임을 다르게 생
각하게 됐는가? (하나만 고르시오.)

☐ 그렇다 ☐ 아니다

▨ 어떻게 생각이 바뀌었는지 다음 빈칸에 적어보라.

_____

_____

d. 일어날 수 있었던 결과 중에서 실제로 일어난 것보다 더 좋은 결과도 있었는가? (하나만 고르시오.)

나쁜 결과가 나타난 의사결정 나무의 재구성	좋은 결과가 나타난 의사결정 나무의 재구성	다 똑같은 기분이 들었음

☐ 그렇다 ☐ 아니다

❸ ❶과 ❷의 활동 중에서 어떤 것이 더 기분 좋게 느껴졌는가?

대부분의 사람은 결과가 좋지 않았던 의사결정을 두고 나무를 재구성하거나 반사실적 사고를 하는 편을 더 기분 좋게 느낀다.

가위의 왕국이 비록 실패하긴 했지만 그게 전부 내 탓은 아니었다는 사실을 알고 나면 마음이 한결 가벼워진다. 성공 시나리오도 많았지만, 지금보다 더 심각한 실패 시나리오 또한 많았다는 사실을 아는 것도 큰 위로가 된다.

일이 잘 풀리지 않은 경우, 일어날 수 있었던 다른 결과들과 함께 전체 맥락 속에서 실제 결과를 바라보면 운의 영향이 이해되면서 나 때문에 실패했다는 자책에서 벗어나는 데 도움이 된다.

나쁜 결과에 대한 책임에서 벗어나고 싶지 않은 사람이 과연 어디에 있겠는가?

반면 가위의 왕국이 수익을 내기도 전에 2,000만 달러에 팔린 경우라면, 이 모든 성공이 전부 내 덕분은 아니었다는 사실을 아는 것이 달갑지 않다. 실패 시나리오도 많았지만, 지금보다 더 크게 성공할 수 있었던 시나리오 또한 많았다는 사실 역시 그다지 반가운 소식이 아니다.

사람들은 모두 자신이 거둔 성공이 당당하게 우뚝 서기를, 그리고 그 성공 스토리에서 내가 차지하는 역할과 공이 크기를 바란다. 그러나 일어날 수 있었던 다른 결과들을 비롯한 전체 맥락 속에서 실제 결과를 바라보면, 나쁜 결과에 대한 책임에서뿐만 아니라 좋은 결과에 대한 공로에서도 벗어나게 된다.

도대체 누가 위대한 결과에 대한 공로를 내려놓고 싶겠는가?

그러나 당신은 그래야 한다.

의사결정의 질을 평가하고 검토하는 과정 없이 좋은 결과를 그냥 받아들이면, 그 순간에는 물론 기분 좋겠지만 그 대신 좋은 교훈을 얻을 소중한 기회를 잃어버린다. 어떻게 하면 더 나은 결과를 얻을 수 있었을까, 만약 다르게 결정

실제 결과를 전체 맥락 속에서 이해하려는 마음은 비대칭적으로 나타난다. 즉 성공을 거뒀을 때보다는 실패했을 때 반사실적 사고를 하고자 한다.

했다면 지금과 같은 결과가 나올 확률이 더 높았을까, 아니면 더 나은 결과나 더 나쁜 결과가 나왔을까 등을 살펴볼 기회를 놓치고 만다.

단지 운이 좋아서 좋은 결과를 얻은 경우에도 그 사실을 알지 못한 채 넘어간다.

결과는 더도 말고 덜도 말고 딱 있는 사실 그대로만 평가해야 한다. 결과가 좋든 나쁘든, 일어날 수 있었던 모든 결과를 더듬어보려는 마음을 지녀야 한다.

반사실적 사고 과정을 거치지 않는다고 해서 이미 쌓은 성공이 사라지지는 않는다. 그러나 전체 맥락에서 결과를 이해하려는 노력이 없으면, 계속해서 좋은 의사결정을 내리기 어렵고, 결국에는 그동안 거둔 성공의 결실을 더 크게 키우거나 유지하지 못할 수도 있다.

'의사결정의 다중우주'에 대해 꼭 알아두어야 할 것들

● 경험의 역설: 교훈을 얻으려면 경험이 필요하지만 각각의 경험이 오히려 제대로 된 교훈을 방해할 때가 많다. 이는 결과의 질과 의사결정의 질을 지나치게 끼워 맞추려는 태도에도 어느 정도 원

인생을 운에 맡기지 마라

인이 있다.

● 의사결정 당시를 기준으로, 일어날 수 있었던 다른 결과들의 맥락 속에서 실제 결과를 이해하면 경험의 역설을 극복하는 데 도움이 된다.

● 일어날 수 있는 미래는 무궁무진하지만 이미 일어난 과거는 하나뿐이다. 그래서 과거는 항상 필연적인 것처럼 느껴진다.

● 의사결정 나무를 재구성해보면 일어난 결과를 적절한 맥락에서 바라볼 수 있다.

● 반사실적 사고는 일어날 수 있었던 다른 결과를 탐험하는 것이다. 일어나지는 않았지만 일어날 수 있었던 다른 결과가 펼쳐졌다면 어땠을지 상상하고 가정하는 것이다.

● 일어날 수 있었던 모든 결과를 살펴보려는 마음은 비대칭적으로 나타난다. 좋은 결과보다는 나쁜 결과를 얻었을 때 결과를 전체 맥락 속에서 이해하려는 마음이 더 크게 나타난다. 그러나 더 나은 의사결정자가 되고 싶다면 (쉽지는 않겠지만) 만족스러운 결과를 얻은 후에도 동일한 관점을 지니려고 노력해야 한다.

3장 체크리스트

지난 결과에서 의사결정의 질에 대한 교훈을 확인할 때는 다음과 같은 순서로 의사결정 나무를 재구성해본다.

☐ 의사결정 내용을 적는다.

☐ 그로 인한 결과를 적는다.

☐ 의사결정 당시를 기준으로 생각했을 때 일어날 수 있었던 다른 결과들을 포함해서 나무를 재구성한다.

☐ 지난 결과에서 얻을 수 있는 교훈을 더 잘 이해하기 위해, 일어날 수 있었던 다른 결과들을 탐험한다.

인생을 운에 맡기지 마라

높은 성의 사나이

1962년에 일어난 일이다. 2차 세계대전이 끝난 지 15년밖에 지나지 않았다. 전쟁이 끝난 후 미국은 급변했다. 일본제국은 미국의 서부 지역을 차지한 후 샌프란시스코를 수도로 삼았다. 동부 지역은 나치 독일의 지배를 받았으며 수도는 뉴욕이었다. 세계 초강대국의 양대 산맥인 일본과 독일 사이에서 로키산맥이 중립지대를 형성했다.

이는 1962년 필립 K. 딕Philip K. Dick의 《높은 성의 사내》라는 소설 속 설정이다. 2015년에는 아마존 스튜디오Amazon Studios가 이 소설을 TV 시리즈로 제작하면서 큰 인기를 끌었다.[1]

소설과 TV시리즈 모두 반사실적 사고와 다중미래의 예를 잔뜩 제공한다. 2차 세계대전에서 추축국이 승리하고, 소설 속 '현실'은 우리가 실제로 알고 있는 현실과는 다른 과거를 토대로 존재한다. 1933년 프랭클린 루스벨트Flanklin Roosevelt를 암살하려는 시도가 성공하면서(실제로는 실패했음) 2차 세계대전이 일어나기 전 미국의 모습이 달라졌고, 따라서 2차 세계대전에서 미국의 역할도 달라졌다. 그 결과, 미국의 기술을 착취해서 핵무기를 개발한 독일은 워싱턴 D.C.에 핵폭탄을 떨어뜨렸고, 1947년 미국은 항복하고 만다.

그러나 이야기는 여기서 끝나지 않고, 미국이 2차 세계대전에서 이겼다면 일어날 수 있었을 (그러나 우리가 알고 있는 현실은 아닌) '또 다른 현실'도 다룬다. 이야기 속 세계에서는, 루스벨트가 암살당하지 않은 '또 다른 현실'의 역사를 그린 《메뚜기는 무겁게 짓누른다The Grasshopper Lies Heavy》라는 소설이 비밀리에 유포됐다. (그 소설을 쓴/영화로 만든 정체 모를 인물이 바로 '높은 성의 사내'다.) 루스벨트의 생존으로 인해 모든 것이 바뀌었지만 '또 다른 현실'의 역사는 우리가 실제로 알고 있는 세계의 역사와는 전혀 다르게 전개된다. 루스벨트는 두 번의 임기를 마치고 은퇴했으며, 다음 대통령은 전혀 다른 방식의 정치를 펼쳤다. 그 결과 미국이 전쟁에서 승리한 것까지는 우리가 아는 역사와 같지만, 2차 세계대전에서 미국, 영국, 소련의 역할은 크게 달라졌고, 따라서 전쟁이 끝난 후에 이들 국가 간 관계도 완전히 다르게 형성된다. (스포일러는 아니지만, TV시리즈에는 세 번째 대체 현실의 역사도 등장한다.)

대부분은 이러한 시선으로 세계를 생각하지 않는다. 그러나 이 이야기를 읽다 보면, 우리가 실제 현실로 알고 있는 역사만이 세계사로 전개될 수 있었던 유일한 시나리오는 아니라는 사실을 상기하게 된다.

인생을 운에 맡기지 마라

더 나은 의사결정을 위한 도구들

선호, 보상, 확률을 고려해서 경험의 역설 벗어나기

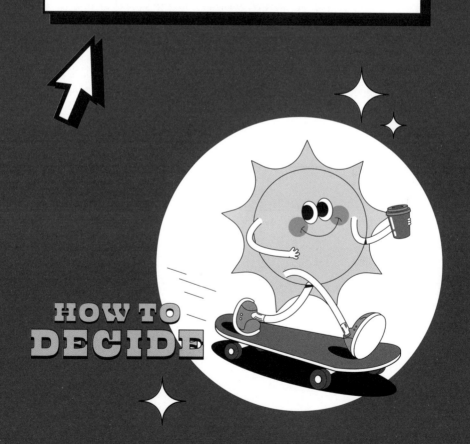

HOW TO
DECIDE

❶
미래를 보는 시야를 더 깨끗하게 만들기

지금까지 과거의 의사결정을 돌이켜 평가하고 거기서 교훈을 이끌어내는 방법을 집중적으로 살펴봤다. 그러나 이미 지나간 일을 바꿀 수는 없다. 지금 우리가 할 수 있는 일은 질 좋은 의사결정 과정을 마련해 과거에서 얻은 교훈을 바탕으로 앞으로 마주하게 될 의사결정의 질을 높이는 것이다.

의사결정이 어려운 이유는 본질적으로 흐릿할 수밖에 없는 미래를 내다봐야 하기 때문이다. 과거의 의사결정을 돌이켜 볼 때에는 인지 편향이 일으키는 왜곡의 물결 때문에 과거의 결정 과정과 그 결과가 재구성된다. 그리고 새로운 결정을 내릴 때에는 본질적으로 불확실한 미래를 내다보고 있는 것이다.

이 장에서 소개하는 6단계 과정은 다가올 의사결정의 질은 물론, 지난 의사결정을 돌이켜 보는 관점을 개선하는 데에도 도움이 될 것이다. 일단 결과를 알고 나면 이미 결과의 그림자가 의사결정에 드리워진 상태이기 때문에 과거를 정확하게 평가하기 어렵다. 그러나 질 좋은 의사결정 과정을 마련해 그때그때 기록을 남겨두면 훨씬 판단하기가 수월해질 것이다.

다시 말해, 이미 결과가 진행된 후 뒤늦게 '결과로 판단하기'와 '사후확신 편향'의 안개를 헤치면서 지난 의사결정이 좋았는지 나빴는지를 고민할 필요가 사라진다는 뜻이다.

그러는 대신, 그저 자신의 기록을 확인하기만 하면 된다.

한 가지 중요한 사실이 있다. 결과 그 자체는 절대로 유용한 정보를 제공하지 않는다. 오직 예상치 못한 결과, 그러니까 결과 세트 안에 없던 결과가 나왔을 때에만 결과에 의미가 생긴다. 결과가 좋은지, 나쁜지는 중요하지 않다. 진짜 중요한 것은 내가 그것을 예측할 수 있었는지에 있다. 의사결정의 질은 일어날 수 있는 결과 세트를 얼마나 잘 예측할 수 있는가에 달려 있기 때문이다.

예상치 못한 결과를 돌이켜서 평가하기는 몹시 어렵다. 그러나 미리 기록을 만들어두면 미래의 전개 방향에 더욱 강도 높게 집중할 수 있을 뿐만 아니라, 의사결정 당시 자신의 관점을 객관적인 기록으로 확인할 수 있기 때문에 내가 언제 미래를 예측하지 못했는지도 알 수 있다.

이를 통해 당신의 의사결정 기술을 더욱 날카롭게 다듬을 수 있을 것이다.

자, 이제 질 좋은 의사결정 과정을 만들어보자.

더 나은 의사결정을 위한 6단계

1단계: 의사결정으로 인해 합리적으로 일어날 수 있는 결과 세트를 파악한다.

2단계: 각 결과로 인한 보상payoffs을 기준으로 자신의 선호preference를 파악한다.

3단계: 각 결과가 일어날 수 있는 확률probabilities을 추정한다.

4단계: 내가 원하는 결과와 원하지 않는 결과가 일어날 상대적인 확률을 추정한다.

5단계: 선택할 수 있는 다른 의사결정에 대해서도 1~4단계를 반복한다.

6단계: 선택 가능한 의사결정을 서로 비교한다.

들소 무게를 측정하는 법

옐로스톤에 있는 어느 길 위에 들소 한 마리가 도로를 막고 있다.

한 남자가 어찌나 마음이 급했는지 북아메리카에서 가장 큰 동물을 놀라게 해 길을 뚫을 생각을 했다.[1]

인생을 운에 맡기지 마라

아래 사진을 보면 들소가 남자 쪽으로 돌진하고 있고, 남자는 부리나케 도망가고 있다!

▦ 아무것도 찾아보지 않은 상태에서 들소의 무게를 최대한 실제에 가깝게 예측해보라.

▦ 그렇게 생각한 이유는?

당신의 예측값이 45kg보다는 크고 4.5톤보다는 작을 것이라는 데에 내기를 걸어도 좋다. 내가 어떻게 이렇게 확신할 수 있는지는 이 장의 끝에서 다시 살펴볼 것이다.

나는 무엇을 좋아하고 싫어하는가?

선호도를 알아야 하는 이유

특정 결과(지난 의사결정으로 인해 실제로 일어난 결과, 또는 앞으로 일어날 수 있는 결과 중에서 내가 특히 원하거나 두려워하는 결과)가 우리의 시각을 왜곡하도록 내버려뒀던 지난날에 비하면, 의사결정으로 인해 합리적으로 일어날 수 있는 결과 세트를 파악하려는 시도만으로도 장족의 발전을 이룬 셈이다. 그러나 지난 의사결정을 제대로 이해하고 다가올 의사결정의 질을 높이고 싶다면 그것만으로는 부족하다. 의사결정으로 인해 일어날 수 있는 결과 세트를 좀 더 완전히 파악하려면 각 결과에 대한 자신의 선호도를 알아야 한다.

의사결정으로 일어날 수 있는 결과들을 적어서 만든 의사결정 나무에 각 결과에 대한 자신의 선호를 표시해보자. 가장 원하는 결과부터 가장 원치 않는 결과까지 순서대로 나열하면 간단하다.

인생을 운에 맡기지 마라

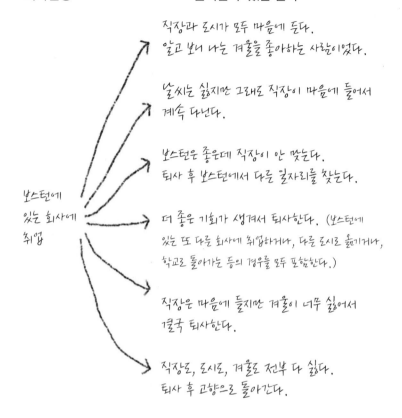

의사결정   일어날 수 있는 결과

직장과 도시가 모두 마음에 든다.
알고 보니 나는 겨울을 좋아하는 사람이었다.

날씨는 싫지만 그래도 직장이 마음에 들어서
계속 다닌다.

보스턴은 좋은데 직장이 안 맞는다.
퇴사 후 보스턴에서 다른 일자리를 찾는다.

보스턴에
있는 회사에 → 더 좋은 기회가 생겨서 퇴사한다. (보스턴에
취업   있는 또 다른 회사에 취업하거나, 다른 도시로 옮기거나,
학교로 돌아가는 등의 경우를 모두 포함한다.)

직장은 마음에 들지만 겨울이 너무 싫어서
결국 퇴사한다.

직장도, 도시도, 겨울도 전부 다 싫다.
퇴사 후 고향으로 돌아간다.

사람마다 선호가 다르다

같은 결과를 두고도 개인의 목표와 가치에 따라 평가가 달라질 수
있다.

일주일간 바닷가에서 여름휴가를 보냈는데 7일 내내 비가 왔다.
누가 봐도 휴가를 망친 게 틀림없다. 글쎄? 만약 해변에서 일광욕하

는 것이 목표였다면 그게 맞지만, 원하는 책을 잔뜩 읽는 것이 목표였다면 매일같이 내린 비가 그렇게 문제 되지는 않았을 것이다.

가족 부양이라는 동일한 목표를 지닌 두 사람이 있다. 그러나 한 사람에게는 그것이 재정적 안정을 뜻하지만, 다른 한 사람에게는 가족과 많은 시간을 보내는 것을 뜻할 수도 있다. 이처럼 목표가 같아도 가치관이 다르면 직장에 대한 선호도 또한 다르게 나타날 것이다.

첫 번째 사람은 가족과의 시간을 다소 희생하더라도 급여가 높고 승진 기회가 많은 직장을 선호할 것이다. 그러나 두 번째 사람은 급여가 좀 적더라도 근무시간을 탄력적으로 운영할 수 있고, 재택근무가 가능하고, 자유롭고 편안하게 저녁과 주말을 보낼 수 있는 직장을 원할 것이다.

요지는 내가 우선하는 가치와 다른 사람이 우선하는 가치가 다르다는 것이다. 그리고 내 목표와 가치관은 일어날 수 있는 여러 결과에 대한 나의 선호도에 영향을 미친다. 똑같은 결과를 두고도 그에 대한 나의 선호도와 다른 사람의 선호도가 다르게 나타나는 것은 지극히 자연스러운 현상이다. 여기에는 옳고 그름이 없다. 각자 서로 다른 것을 싫어하고 좋아할 뿐이다.

그렇다고 해서 다른 사람에게 조언을 구할 수 없다는 뜻은 아니다. 자신의 목표와 가치관에 대한 기준이 명확하게 서 있는 상태에서는 타인의 조언이 아주 훌륭한 의사결정 도구가 될 수 있다. 그러나 그 기준이 흔들리면, 상대방이 당신과 자신의 선호가 같다고 가정하

인생을 운에 맡기지 마라

고 조언할 위험이 있다.

❶ '3장 의사결정 다중우주 탐험하기'에서 만든 의사결정 나무 중 하나를 골라서, 일어날 수 있는 결과들을 자신의 선호에 따라 순서대로 나열해보라.

의사결정   일어날 수 있었던 결과

❷ 선호를 정할 때 기준이 된 목표와 가치관은 무엇인가?

❸ 다른 결과에 비해 특히 더 원하는 결과가 있는가?

❹ 다른 결과에 비해 특히 더 원치 않는 결과가 있는가?

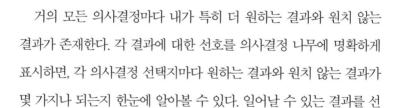

거의 모든 의사결정마다 내가 특히 더 원하는 결과와 원치 않는 결과가 존재한다. 각 결과에 대한 선호를 의사결정 나무에 명확하게 표시하면, 각 의사결정 선택지마다 원하는 결과와 원치 않는 결과가 몇 가지나 되는지 한눈에 알아볼 수 있다. 일어날 수 있는 결과를 선호하는 순서대로 나열하면 도움이 되는 이유가 여기에 있다.

물론 의사결정으로 인한 결과 세트에 좋은 결과 또는 나쁜 결과가 많다는 이유만으로 의사결정의 질을 단정 지어서는 안 된다. 각각의 결과가 얼마나 좋고, 얼마나 나쁜지, 즉 각 결과에 대한 선호의 크기 또한 고려해야 한다.

중요한 것은 (보상) 규모

모든 결과 세트에는 그로 인해 얻을 수 있는 것과 잃을 수 있는 것이 존재한다고 봐도 과언이 아니다. 이러한 이득과 손실을 보상이라고 부르며, 보통 손실보다는 이득을 선호하므로 보상은 각 결과의 선호도에도 영향을 미친다.

만약 어떤 의사결정으로 인한 결과로 목표에 좀 더 가까워진다면 그것은 긍정적인 보상이다. 반대로 목표에서 좀 더 멀어진다면 그것은 부정적인 보상이다. 얼마나 더 가까워지는지 또는 멀어지는지에 따라 결과에 대한 선호가 달라진다. 이득이 큰 결과일수록 선호하고, 손실이 큰 결과일수록 선호하지 않는다.

결과의 질을 돈으로 환산할 수 있는 의사결정을 예로 들어 생각해 보면 보상의 개념을 이해하기 쉽다. 전기차 회사에 투자하겠다고 결정한 결과, 돈을 벌었다면 이득, 잃었다면 손실에 해당한다.

그러나 보상은 돈뿐만이 아니라 행복(자기 자신의 행복, 또는 내가 아끼는 다른 누군가의 행복), 시간, 소셜 화폐social currency(SNS 등에서 사용자가 글, 사진, 동영상 등을 게시했을 때 제공되는 보상-옮긴이), 자기계발, 자존감, 호감도, 건강 등 내가 가치 있게 여기는 다른 뭔가가 될 수도 있다.

일어날 수 있는 여러 결과 중 하나가 전개됐을 때, 행복이 증가했는가 아니면 감소했는가? 시간을 벌었는가 아니면 낭비했는가? 소셜 화폐가 올랐는가 아니면 떨어졌는가? 자존감이 높아졌는가 아니면 낮아졌는가? 내가 소중히 여기는 사람이 기뻐했는가 아니면 속상해했는가? 이처럼 내가 중요하게 여기는 것이라면 무엇이든지 긍정적인 또는 부정적인 보상의 기준이 될 수 있다.

결과 세트 안에 들어 있는 여러 결과 중 일부는 내가 가치 있게 여기는 뭔가를 얻게 해준다. 이러한 결과들은 의사결정의 상승잠재력 upside potential(예상 이득)을 구성한다. 반면 내가 가치 있게 여기는 뭔가를 잃게 하는 결과들은 의사결정의 하강잠재력downside potential(예상 손실)을 이룬다.

주식 투자 종목을 결정했다. 여기서 상승잠재력은 내가 선택한 종목의 주가가 올라서 돈을 벌 가능성이고, 하강잠재력은 주가가 떨어져서 돈을 잃을 가능성이다.

칵테일파티에 가기로 했다. 파티에서 즐거운 시간을 보낼 가능성, 친구들과의 우정이 더욱 돈독해질 가능성, 새로운 친구를 사귈 가능성, 업무상 도움이 될 인맥을 만들 가능성 등이 파티에 가기로 한 의사결정의 상승잠재력에 속한다. 어쩌면 평생을 함께할 연인을 만날

인생을 운에 맡기지 마라

지도 모른다.

또는 파티가 너무 지루해서 다른 재미있는 일을 할 수 있는 시간을 낭비했다는 생각이 들 수도 있다. 정치적인 주제로 논쟁하다가 친구와 사이가 멀어질 수도 있다. 피자와 케이크의 유혹에 넘어가서 그동안 지켜왔던 '건강하게 먹기' 프로젝트를 망칠 수도 있다. 이런 것들이 전부 하강잠재력이다.

회사에 늦을 것 같아서 제한속도보다 빨리 차를 몰기로 결정했다. 이 결정의 상승잠재력은 제시간에 출근할 수 있다는 것이다.

상승

의사결정으로 인해
얻은 것
내가 한 선택이 지닌
긍정적인 잠재력
예상 이득

하강

의사결정으로 인해
잃은 것
내가 한 선택이 지닌
부정적인 잠재력
예상 손실

하강잠재력은? 과속까지 하면서 달렸지만 결국 지각을 면치 못할 수도 있다. 제한속도 위반으로 걸려서 벌금을 무는 것은 물론, 경찰에게 잡혀 있느라 오히려 더 많이 늦을 수도 있다. 속도를 잘 지켰다면 일어나지 않았을 사고가 날 수도 있다.

대부분의 의사결정에는 상승잠재력과 하강잠재력이 모두 있다. 따라서 의사결정의 좋고 나쁨을 판단할 때는 상승잠재력이 하강잠재력의 위험risk을 상쇄할 수 있는지 고민해야 한다.

그러려면 그 의사결정으로 인해 어떤 결과들이 일어날 수 있는지 (1단계), 그리고 각각의 결과가 전개됐을 때 발생할 수 있는 잠재적

위험

하강잠재력에
노출되는 것

이득과 손실은 무엇인지(2단계)를 확인해야 한다. 이를 잘 파악해야 좋은 의사결정을 내릴 수 있다. 보상의 규모를 검토하지 않으면 하강잠재력의 위험을 감수할 만큼 상승잠재력이 큰지 알 수 없기 때문이다.

가령 A라는 의사결정의 결과 세트 안에, 목표에 가까워질 수 있는 결과가 네 가지, 목표에서 멀어지는 결과가 한 가지 들어 있다고 해서, A가 위험을 감수할 만큼 좋은 의사결정이라는 뜻은 아니다.

이를테면 긍정적인 결과가 줄 수 있는 잠재적 이득이 1,000원 아끼기, 한 시간 휴식하기, 목적지에 5분 일찍 도착하기, 양말을 빨지 않고도 하루 더 신을 수 있는 능력인 반면, 부정적인 결과가 지닌 잠재적 손실이 사망이라면 그것은 절대 좋은 의사결정이라고 말할 수 없다.

그렇기에 보상의 규모가 중요하다.

이는 장단점 목록이 지닌 한계이기도 하다. 장단점 목록은 적어도 2단계 중 일부, 즉 상승잠재력(장점)과 하강잠재력(단점)을 생각해보

인생을 운에 맡기지 마라

는 과정을 거쳤다는 점에서 그나마 의사결정 도구로 인정할 수는 있다. 그러나 안타깝게도 2단계의 나머지 과정인 보상의 규모, 그러니까 장점이 얼마나 긍정적인지, 또는 단점이 얼마나 부정적인지 살펴보는 과정은 포함하지 않는다.

장단점 목록 도구는 평면적이다. 그래서 장단점 목록만 보면 (보상의) 규모는 중요하지 않은 것처럼 느껴진다. 장단점을 목록 형태로 나열만 했기 때문에 '목적지에 일찍 도착할 가능성'과 '큰 교통사고를 당할 가능성'이 같은 무게를 지닌 것처럼 보인다. 이처럼 규모, 즉 장점과 단점의 크기에 대한 정보가 명확하지 않으면, 목록에 나열된 장단점을 서로 어떻게 비교해야 할지도 애매하다.

어떤 의사결정에 대해 장단점 목록을 만들어봤더니 장점이 열 가지, 단점이 다섯 가지다. 장점이 훨씬 많으니 그대로 결정하면 될까? 그렇지 않다. 보상의 규모에 대한 정보가 없으면 상승잠재력이 하강잠재력보다 큰지 알 수 없기 때문에, 그 의사결정이 바람직한지도 판단할 수 없다.

의사결정의 질을
판단하려면
상승잠재력이
하강잠재력의 위험을
상쇄할 만큼 큰지
확인해야 한다.

각 결과가 일어날 수 있는 확률 추정하기

전기차 회사의 주식을 샀다. 주가가 네 배 뛰었다. 훌륭한 결정이었다며 스스로를 대견해한다. 그러나 의사결정 당시, 주가가 네 배 상승할 가능성은 낮았고 주가가 떨어질 가능성은 높았다면 그게 그렇게 잘한 선택이었을까?

전기차 회사의 주식을 샀다. 주식이 휴지 조각이 됐다. 멍청한 결정을 했다며 심하게 자책한다. 그러나 의사결정 당시에는 그 회사의 주식이 휴지 조각이 될 가능성이 극히 낮았다면 어떤가?

차를 타는 행위에는 사고가 나서 사망할 수도 있다는 위험이 늘 따라다닌다. 하지만 그럴 가능성은 매우 낮아서 상승잠재력(시간 절약, 생산성 증대 등)이 하강잠재력을 뛰어넘기 때문에 사람들은 위험을 감수하고 차를 탄다. 단돈 1,000원이면 복권에 당첨될 가능성이 생기지만 그럴 확률은 매우 낮기 때문에 괜히 그 돈을 낭비할 위험을 감수하지 않는 편이 좋다.

확률은 낮지만 보상의 규모가 커서 위험을 감수할 만한 가치가 있는 의사결정도 있다. 스타트업에 투자하는 것은 위험이 큰 결정이다. 새로운 사업은 실패할 확률이 커서 투자금을 잃을 가능성 또한 크기 때문이다. 그러나 (회사를 선택하는 안목이 있다면) 상승잠재력이 워낙

인생을 운에 맡기지 마라

크기 때문에 돈을 잃을 위험을 감수할 가치가 있을 수도 있다. 벤처 자금이 존재하는 이유다.

각 결과가 전개될 확률에 대한 정보가 없으면 내가 산 주식의 주가가 네 배나 치솟은 결과가 일시적인 운이며 곧 다시 떨어지리라는 사실을 알 수 없으므로, 그때 잠시나마 스스로를 대견해했던 과거의 나를 때리고 싶어질지도 모른다.

혹은 주식이 휴지 조각이 됐을 때도 가능성이 아주 낮은 결과가 전개됐을 뿐이라는 사실을 알지 못한 채 결과만 놓고 자책할 수도 있다.

혹은 나쁜 결과가 일어날 가능성이 아주 높은 결정을 해놓고도 그저 운이 나빴을 뿐이라고 생각할 수도 있다. 그러나 그건 운이 나쁜 게 아니라 예견된 일이었다.

혹은 상승잠재력에 너무 혹해서 좋은 결과가 전개될 가능성이 거의 없는데도 하강잠재력의 위험은 고려하지 않고 의사결정을 내릴 수도 있다.

반대로 위험 가능성이 몹시 낮아서 상승잠재력이 그것을 상쇄하고도 남을 정도였는데도 위험만 걱정하느라 좋은 기회를 놓칠 수도 있다.

의사결정의 질을 판단하려면 일어날 수 있는 결과 세트와 각 결과에 따른 이득과 손실은 물론, 각 결과의 발생 확률도 고려해야 한다. 다시 말해, 현명한 의사결정자가 되려면 각 결과의 확률을 추정해봐야 한다.

⑤
모든 추측에는 근거가 있다

미래에 어떤 일이 일어날 가능성을 추측하라고 하면 대부분은 몹시 난감해한다. 아마도 각각의 결과가 전개될 확률을 정확히 알 수 없기 때문인 듯하다. 의사결정은 앞면이 나올 확률이 정확히 50%인 동전 던지기와는 다를 때가 많다.

어떤 일이 일어날 가능성을 객관적으로 완벽하게 추측하는 데 필요한 정보를 전부 알고 있는 경우는 거의 없다. 그래서 당신이 뭐라고 추측하든지 간에 그 답은 완전히 주관적인 것처럼, 심지어는 아예 잘못된 것처럼 느껴지곤 한다. 사람들이 확률을 추측하는 일에 거부감을 느끼는 이유도 바로 이 때문일 것이다.

보스턴에 살아본 적도 없고 그 회사에 다녀본 적도 없는 내가 도대체 어떻게 보스턴과 새 직장을 마음에 들어할 가능성을 알 수 있겠는가? 다녀본 적도 없는 대학교가 마음에 들 가능성을 어떻게 알 수 있겠는가? 특정 주식의 주가가 앞으로 오를 가능성을 어떻게 알 수 있겠는가? 처음 거래하는 고객과 만나는데 그 거래처와 계약이 성사될 가능성을 어떻게 알 수 있겠는가?

이 모든 질문에 대한 답을 한 문장으로 요약하면, 아마 당신은 이렇게 생각할 것이다. '그냥 대충 짐작해야지, 뭐.'

자, 이제 다시 들소 이야기로 돌아가보자.

들소 이야기

만약 여기서 말하는 '정답'이 사진 속 특정 들소의 정확한 몸무게를 뜻한다면, 당신은 아마도 정답을 맞히지 못했을 것이다.

일반인은 들소에 대해 거의 잘 모른다. 따라서 대부분은 그저 사진 하나만 보고 추측해야 했을 것이다. 행여 그 상황에 실제로 있었다 한들 들소의 정확한 크기, 나이는커녕 성별조차 제대로 맞히지 못할 사람이 더 많다. 설령 들소를 구슬려서 가축용 저울에 올라가게 하는 법을 안다고 해도 평소에 가축용 저울을 들고 다니는 사람은 거의 없다.

사람들이 뭔가를 추측하는 일에 거부감을 느끼는 이유는 '완벽한 정보'와 '내가 아는 정보' 간의 격차 때문이다.

당신은 객관적으로 옳은 답, 즉 들소의 실제 무게라는 정답이 존재한다는 사실을 안다. 만약 당신이 완벽한 정보를 갖고 있다면, 이 세상에 모르는 것이라고는 하나도 없는 전지적인 사람이라면, 들소의 무게 또한 정확하게 알 수 있을 것이다. 그러나 현실은 그렇지 않다.

가진 정보가 별로 없다는 부담감에 짓눌린 당신은 차라리 들소를 직접 업어보기라도 하고 싶다. (적어도 들소를 업으면 들소의 무게를 알아낼 필요가 없어질 것이다. 당신을 깔아뭉갤 만큼 무거울 것은 분명할 테니 말이다.)

세상에 '정답'과 '오답'만 존재한다는 사고방식은 좋은 의사결정을 내리는 데 가장 큰 장애물 중 하나다. 좋은 의사결정은 예측하고자 하는 의지를 필요로 한다.

객관적인 정답이 존재하는데 내가 그것을 모른다고 생각하면 추측하기가 싫어진다. 내 추측이 맞지 않으리라는 사실을 알기 때문이다. 그리고 '맞다'의 반대말은?

'틀리다.'

정답이 있는 걸 뻔히 아는데 자신 있게 틀리고 싶은 사람이 어디 있겠는가?

"대충 짐작해야지, 뭐."

사람들은 "대충 짐작해야지"라는 말로 뭔가를 추측해야 할 상황을 모면한다. 이 말은 완벽한 정보를 갖추지 못한 상태에서 하는 추측은 아무 숫자나 말하는 것과 다름없다는 의미를 암시한다. 완벽한 정보를 갖고 있지 않다는 사실에 집착한 나머지, 자신이 알고 있는 지식을 전부 간과하는 것이다.

들소의 정확한 무게를 모른다는 것은 사실이지만 그렇다고 해서 당신이 아는 정보가 아무것도 없는 건 아니다. 지금껏 이 세상을 살아온 사람으로서 당신은 생각보다 많은 것을 알고 있다.

인생을 운에 맡기지 마라

● 일상에서 마주하는 여러 사물의 무게를 알고 있다. 전자기기는 종이 상자보다 무겁다. 바위는 깃털보다 무겁다. 부피가 아주 큰 물체는 대개 부피가 아주 작은 물체보다 무겁다. 들소는 사람보다 무겁다.

● 고양이나 개의 평균 무게를 대략 알고 있을 것이다. 어쩌면 젖소의 평균 무게를 알 수도 있다.

● 들소 주변에 있는 자동차와 도망치는 남자와 비교해서 들소의 대략적인 크기를 알 수 있다.

● 자신의 몸무게를 알고 있다.

● 들소가 도망치는 남자보다 무겁다는 사실을 알고 있다.

● 자동차의 무게를 대략 알고 있으며, 아마도 들소가 자동차보다는 가벼울 것이라고 생각할 수 있다.

물론 불완전하긴 하지만 어쨌든 당신이 가진 모든 지식은 당신의 추측이 마구잡이가 아니었음을 보여준다. **완벽한 정보를 갖춘 것은 아니지만 아무 정보도 없는 것보다는 훨씬 많은 사실을 알고 있다.**

내가 당신의 추측이 45kg보다 크고 4.5톤보다는 작을 것이라고 장담할 수 있었던 이유도 당신이 가진 정보가 꽤 많다는 사실을 알기 때문이다.

거의 모든 상황에서 당신은 언제나 뭔가를 알고 있다. 그리고 그것은 '완벽한 무지'보다는 언제나 더 낫다. 정답을 정확하게 맞히지는 못하더라도, 무엇을 근거로 어떻게 추측했는지를 보여줌으로써 부분 점수만이라도 받을 수 있다.

정답과 오답 사이의 영역을 간과하지 마라. 오답에서 조금이라도 더 멀어지려는 노력, 정답에 조금이라도 더 가까워지려는 노력의 가치를 가볍게 여기지 마라.

"대충 짐작해야지"라고 얼버무리면 내가 무엇을 알고 있는지, 그리고 무엇을 더 알아낼 수 있는지 고민해야 하는 번거로움에서 벗어날 수 있다. "대충 짐작해야지"라고 말하고 나면 더 이상 할 일이 없다. 포기하면 쉽다. 내가 아는 정보를 의사결정에 적용해보려는 노력조차 할 필요가 없다.

하나의 추측에 적용할 수 있는 정보의 양이 적을 수는 있지만, 그렇게 해서 선택된 의사결정의 질은 크게 달라진다. 지금 당장은 그 차이가 그리 크지 않은 듯 보이겠지만 시간이 갈수록 격차는 점점 더 벌어질 것이다. 마치 복리가 쌓이듯이 의사결정의 질을 아주 조금 개선한 것이 나중에는 목돈이 되어서 돌아온다.

"대충 추측해야지"라는 말로 당신이 알고 있는 정보를 그냥 쓰레기통에 버리지 마라.

근거 있는 추측임을 강조하라

정보를 토대로 한 추측과 그렇지 않은 것을 구분할 수 있는 방법

이 있다. 정보를 토대로 한 추측을 우리는 근거 있는 추측^{educated guesses}
이라고 부른다.

어떤 추측에 근거가 있는지 없는지의
문제가 아니다. 중요한 것은 '얼마나' 근
거 있는 추측인지다.

의사결정자의 지식 상태는 동전의 앞
면과 뒷면처럼 딱 잘라 구분되지 않고
다음 그림처럼 '아무 정보도 없는 상태'
부터 '완벽한 정보를 가진 상태'에 이르
는 연속체로 생각할 수 있다.

'아무 정보도 없는 상태'란 말 그대로
의사결정자가 아무것도 알지 못하는 상
태를 가리킨다. '완벽한 정보를 가진 상태'는 세상 모든 일을 다 아는
전지적인 상태를 뜻한다. 뭔가를 추측할 때 당신의 지식 상태가 극단
적으로 어느 한쪽에 해당하는 경우는 거의 없다. 대부분은 '아무 정
보도 없는 상태'와 '완벽한 정보를 가진 상태' 사이의 어딘가에 머무
른다.

아무 정보도 없는 상태   **완벽한 정보를 가진 상태**
　　↓　　　　　　　　　　　　　　　　　　　　　　　↓
├───┤
지식 상태

들소의 무게 추측도 마찬가지다. 아는 것이 적다고 해서 아무것도 모르지는 않는다. 들소의 무게와 관련해서 알고 있는 아주 적은 정보만으로도 0에서 무한대에 이르렀던 추측의 범위를 360kg에서 1.5톤으로 좁힐 수 있다. 들소의 무게를 확실히 알 수는 없지만 정답에 더 가까워질 수는 있다.

보스턴에 있는 회사에 취업하는 문제도, 보스턴이 또는 그 회사가 마음에 들지 확실하게 알 수는 없다. 그러나 보스턴에 대해, 또는 그 회사에 대해 어느 정도 알고 있는 정보가 있을 것이다. 그리고 그 정보는 의미가 있다. 들소와 마찬가지다.

근거 있는 추측을 하려는 태도는 아주 중요하다. 잘 예측하려는 의지가 강할수록 내가 아는 정보가 무엇인지 더 많이 고민하고, 더 많이 적용할 수 있다. 뿐만 아니라 정답에 조금이라도 더 가까워지려면 어떤 정보를 더 알아내야 할지도 고민할 수 있다.

궁수의 사고방식

더 나은 의사결정자가 되려면 추측에 대한 사고방식을 바꿔야 한다. '정답'을 맞히지 못할 것이라는 생각 때문에 (그리고 정답이 아닌 답은 전부 '오답'이라는 생각 때문에) 추측에 거부감을 느끼는 대신, 궁수가 과녁을 대하듯 생각해야 한다.

의사결정과 마찬가지로, 양궁은 화살이 꼭 정중앙에 꽂혀야만 점수를 얻는 스포츠가 아니다. 만약 당신이 세상일에 대해 모르는 것이

하나 없고, 그래서 하는 추측마
다 전부 완벽하게 맞아떨어진
다면, 당신이 쏘는 화살은 매
번 정중앙에 날아가 꽂힐 것이
다. 그러나 완벽하진 않지만 갖
고 있는 최대한의 정보를 토대
로 근거 있는 추측을 한다면,
정중앙을 겨냥해서 쏜 화살이
다소 빗나가더라도 정중앙까
지의 거리에 따라 점수를 받을
수 있다.

　정중앙을 맞히지 못할 때가
많다는 사실을 인정해도 괜찮

들소의 무게를 추측하든,
가위의 왕국이 성공할
확률을 추측하든,
의사결정자로서 내가 할 일은
다음 두 가지 질문에 대한
답을 찾는 것이다.
1) 지금 내가 알고 있는 정보 중
무엇이 좀 더 근거 있는
추측에 도움이 되는가?
2) 좀 더 근거 있는 추측을 하기
위해 내가 더 알아낼 수 있는
정보는 무엇인가?

다. 중요한 것은 표적을 겨냥하는 것이다. 근거 있는 추측을 무기로

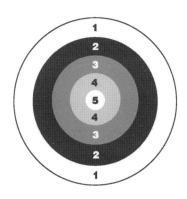

정중앙을 노리면, 내가 알고 있는 정보와 모르는 정보를 파악하려는 의지가 생기기 때문에 정답에 좀 더 가까워질 수 있다. 뿐만 아니라 더 많은 정보를 알아내고 배워야겠다는 동기도 생긴다.

궁수는 표적을 겨냥하는 태도가 지닌 가치를 안다. 추측은 마구잡이로 하는 것이 아니며, 모든 추측은 근거 있는 추측임을 이해한다. 이를 알지 못한 채 의사결정을 하는 것은 '당나귀 꼬리 달기 게임(눈을 가리고 코끼리 코를 돈 다음 벽에 붙은 당나귀 그림에 꼬리가 달린 핀을 던져서 꼬리 위치에 가장 가깝게 던진 사람이 이기는 게임-옮긴이)'에 가깝다. 일부러 눈을 가리고 활을 쏘는 것이다.

(적어도 진짜 핀을 사용하는) 당나귀 꼬리 달기 게임이 아이들의 생일 파티에서 점점 사라지는 이유는, 눈을 가리고 코끼리 코를 돌고 난 후에 뾰족한 물건을 던지면, 그 핀이 당나귀 엉덩이에 꽂힐 확률이나 케이크를 자르던 다른 아이를 찌를 확률이 크게 다르지 않기 때문이다. 그런데도 대부분은 당나귀 꼬리 달기 게임을 하는 것과 같은 사고방식으로 세상을 살아간다.

이미 근거 있는 추측을 하고 있다

또 다른 비밀이 하나 있다. 당나귀 엉덩이에 꼬리를 달 때도 사람들은 여전히 표적을 겨냥한다. 다만 눈가리개를 하고 있어서 명중률이 끔찍이도 낮을 뿐이다.

의사결정을 할 때도 마찬가지다. 일어날 수 있는 결과 세트, 선호

인생을 운에 맡기지 마라

도, 확률 등을 명시적으로 고민하지는 않더라도 여전히 그와 비슷하게 추측하는 과정을 거친다. 모든 의사결정에는 내가 고른 선택지가 다른 선택지에 비해 바람직한 결과를 가져올 확률이 가장 높을 것이라는 믿음이 전제돼 있다.

의사결정은 언제나, 다양한 결과가 전개될 가능성에 대한 예측을 바탕으로 이뤄진다.

따라서 당신이 그 사실을 인지하든 그렇지 않든, 의사결정 내리기는 그로 인해 어떤 결과가 전개될 것인지를 예측하는 일이다.

당신이 쏜 화살은 반드시 어딘가로 날아가 꽂힌다. 어차피 해야 할 추측이라면, 전통적인 생일 파티에 초대된 아이처럼 눈을 가린 채 당나귀를 맞히거나 다른 친구를 맞혀서 피를 볼 때까지 아무 데나 핀을 던지기보다는, 눈가리개를 벗고 눈을 크게 뜨고 궁수처럼 신중하게 겨냥하는 편이 당연히 더 나을 것이다.

일단 내가 추측이라는 것을 한다는 사실을 이해하고 나면, 내가 가진 정보를 최대한 활용해서 의사결정을 내리려고 노력할 뿐만 아니라, 자신의 지식 상태를 '아무 정보도 없는 상태'에서 최대한 멀게, '완벽한 정보를 가진 상태'에는 최대한 가깝게 만들기 위해서 어떤 정보를 더 알아낼 수 있을지도 고민하게 될 것이다.

가능성을 표현하는 단어 사용해보기

　의사결정 나무에 확률을 표기할 때, 가능성을 표현하는 일상 용어를 사용하면 좀 더 쉽게 접근할 수 있다. 우리가 일상적으로 사용하는 자연언어natural language에는 '자주,' '드물게' 등과 같이, 어떤 일이 일어날 가능성이나 뭔가가 사실일 가능성을 나타내는 단어가 많다. 다음 목록은 앤드루 모부신Andrew Mauboussin과 마이클 모부신Michael Mauboussin이 그와 같은 단어를 모아서 정리한 것이다.[2]

거의 항상	종종	꽤 그럴싸함
거의 확실히	그럴 리 없음	틀림없이
항상	흔치 않음	예상 밖으로
확실히	자주	대개
보통	가능성 있음	높은 확률로
그럴싸함	아마도	낮은 확률로
어쩌면	드물게	적지 않은 확률로
그럴 수 있음	진짜 가능함	

　위 목록을 참고하면 각 결과가 일어날 가능성에 대한 정보를 의사결정 나무에 표기할 수 있다. 잊지 말아야 할 것은, 모든 추측은 근거

인생을 운에 맡기지 마라

있는 추측이므로 확신이 없더라도 일단 시도를 두려워하지 않아도 된다는 것이다. 아무런 추측도 하지 않는 것보다는 근거 있는 추측이 언제나 더 낫다.

보스턴에 있는 회사에 취업했을 때 각각의 결과가 일어날 수 있는 확률은 위 목록의 단어를 사용해서 다음과 같이 표시할 수 있다.

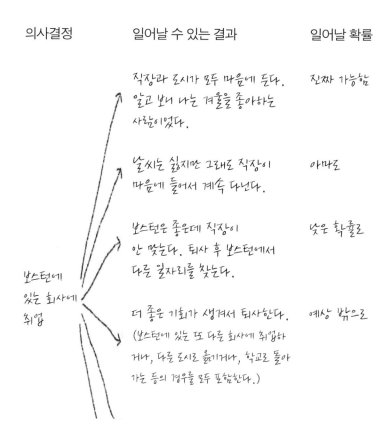

의사결정	일어날 수 있는 결과	일어날 확률
	직장과 도시가 모두 마음에 든다. 알고 보니 나는 겨울을 좋아하는 사람이었다.	진짜 가능함
	날씨는 싫지만 그래도 직장이 마음에 들어서 계속 다닌다.	아마도
보스턴에 있는 회사에 취업	보스턴은 좋은데 직장이 안 맞는다. 퇴사 후 보스턴에서 다른 일자리를 찾는다.	낮은 확률로
	더 좋은 기회가 생겨서 퇴사한다. (보스턴에 있는 또 다른 회사에 취업하거나, 다른 도시로 옮기거나, 학교로 돌아가는 등의 경우를 모두 포함한다.)	예상 밖으로

직장은 마음에 들지만 겨울이   드물게
너무 싫어서 결국 퇴사한다.

직장도, 도시도, 겨울도 전부 다   낮은 확률로
싫다. 퇴사 후 고향으로 돌아간다.

이와 같은 정보를
의사결정 나무에
표시하면,
상승잠재력과
하강잠재력을
비교해서 잠재적
이득이 위험을 상쇄할
정도로 큰지를 한눈에
확인할 수 있다.
다시 말해 4단계,
즉 내가 원하는 결과와
원하지 않는 결과의
상대적인 확률을
추정하는 단계로
넘어갈 수 있다.

결과로 판단하기와 사후확신 편향에 빠지면 보스턴의 회사에 취업해서 나쁜 결과가 벌어질 경우, 스스로를 (또는 다른 사람을) 탓하게 된다. 그러나 의사결정 나무를 원래대로 재구성하고, 선호도에 따라 정렬한 후, 각 결과가 일어날 수 있었던 확률을 표시해보면, 일어날 확률이 큰 결과의 범위 안에 최상의 결과(직장과 도시와 날씨가 모두 마음에 드는 경우)를 비롯해서 꽤 괜찮은 결과가 포함돼 있었다는 사실을 훨씬 명확하게 볼 수 있다. 반면 원치 않는 결과들이 일어날 확률은 높지 않았다.

물론 이러한 과정을 의사결정 전에 거쳤더라면 더욱 좋았을 것이다. 가능성

인생을 운에 맡기지 마라

과 확률을 구상해보면 의사결정의 질을 판단하는 안목이 생기기 때문이다.

여기에서도 장단점 목록의 한계가 나타난다. 장단점 목록에는 각각의 장점이나 단점이 전개될 확률에 대한 정보가 없다. 장단점 목록만으로는 의사결정 과정에서 확률을 고려해야 하는 3단계와 4단계를 제대로 수행할 수 없다.

그리고 각각의 선택지를 개별적으로 평가하는 단계(1~4단계)를 수행하지 못하면 선택지를 비교하는 단계(6단계)로 넘어갈 수도 없다.

사실 장단점 목록은 여러 선택지를 비교하기 위한 도구가 아니라 하나의 선택지를 평가하기 위한 도구이다. 더 냉정하게 말하자면, 장단점 목록은 평면적이기 때문에 원래의 그 목적에도 잘 부합하지 않는다. 도구를 아예 사용하지 않는 것보다는 낫겠지만(사실 정말로 나은지조차 확실치 않지만) 이는 마치 화장대에 나사를 박으려고 망치를 휘두르는 것과 같다.

그리고 그렇게 조립한 화장대는 아주 불안정하고 엉성할 것이다.

정말 중요한 것에 집중하기: 전반적인 시나리오 vs. 특정 보상

지금까지는 전반적인 시나리오로서의 결과에 대해서만 이야기했다. 그러나 많은 경우, 의사결정을 할 때에는 내가 진짜로 중요하게 생각하는 특정 항목, 특정 보상이 존재한다. 그럴 때는 그 특정 보상

측면에서의 확률을 예측하는 데만 집중하는 것이 효율적이다.

예를 들어 주식 투자 종목을 선택할 때는 금전적인 보상이 가장 중요하다. 따라서 일정 기간 내에 내가 투자한 주식의 주가가 네 배 상승할 가능성, 두 배 상승할 가능성, 1.5배 상승할 가능성, 반토막 날 가능성, 휴지 조각이 될 가능성을 예측하는 일에 집중한다.

좀 더 건강한 식습관을 가지려고 노력 중이다. 직장 휴게실에 비치된 도넛을 자꾸 먹게 되어, 아예 휴게실에 가는 것 자체를 끊어야 할지 고민하고 있다. 그럴 때는 '휴게실에 갔을 때, 내가 도넛을 하나도 안 먹을 가능성, 한 개 먹을 가능성, 두 개 먹을 가능성, 있는 대로 전부 다 먹을 가능성이 각각 얼마나 될까?' 생각해볼 수 있다.

새로운 직원을 채용해야 한다. 만약 인사담당자로서 나의 가장 큰 고민이 평균 근속연수라면, 이 경우에는 지원자가 입사 후 6개월 근속할 확률, 1년 근속할 확률, 2년 근속할 확률 예측에 집중하면 내가 가장 중요하게 생각하는 부분을 명확하게 평가하는 데 도움이 된다.

가령 직원의 근속기간에 초점을 두고 의사결정 나무를 그리면 다음과 같다.

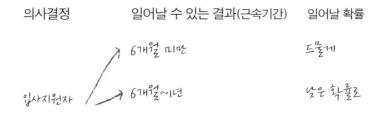

의사결정	일어날 수 있는 결과(근속기간)	일어날 확률
입사지원자	6개월 미만	드물게
	6개월~1년	낮은 확률로

인생을 운에 맡기지 마라

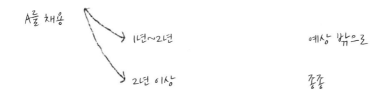

이처럼 특정 항목에만 집중해서 결과 세트를 단순화하면, 4단계에서 내가 원하는 결과와 원하지 않는 결과의 상대적인 확률을 한결명확하게 비교할 수 있다. 뿐만 아니라 서로 다른 선택지 간에도 같은 항목끼리 비교할 수 있기 때문에, 하나의 선택지를 다른 선택지와비교해서 평가하기도 쉽다.

다른 입사지원자들에 대해서도 같은 과정을 반복한 후(5단계) 각각의 선택지를 비교하면(6단계), 폭발적으로 증가한 채용 비용 문제를 해결할 가능성이 가장 높은 선택지가 무엇인지 확인할 수 있다.최종 선택지를 비교해서 내가 원하는 결과를 이끌어낼 가능성이 가장 높은 선택지를 고르면 된다.

다음과 같은 과정을 거치면 입사지원자 A가 가장 적합한 선택임을 명확히 알 수 있다.

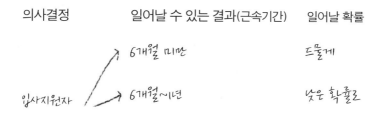

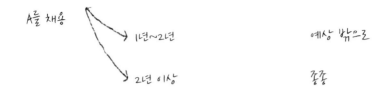

A를 채용

→ 1년~2년   예상 밖으로

→ 2년 이상   종종

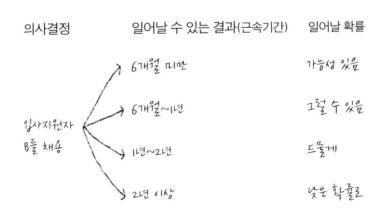

의사결정	일어날 수 있는 결과(근속기간)	일어날 확률
	6개월 미만	가능성 있음
입사지원자 B를 채용	6개월~1년	그럴 수 있음
	1년~2년	드물게
	2년 이상	낮은 확률로

가능성을 표현하는 단어 중 어떤 것은 빈도가 아닌, 보상의 크기를 나타내기도 한다.

최근 건강검진에서 혈당 수치가 정상보다 꽤 높게 나왔다며(이놈의 휴게실 도넛!) 의사가 식단조절과 규칙적인 운동을 권했다.

당신은 의사의 조언을 받아들여 신선한 채소를 더 많이 섭취하기로 결심했다. 또한 운동을 규칙적으로 하기 위해 헬스장에 등록할지도 고민한다.

헬스장 등록을 결정할 때 가장 중요한 보상은 '실제로 얼마나 자주 운동을 하러 갈 것인가'일 것이다. 의사의 조언에 따라 운동량을 늘리는 것이 목표이므로 (일단 가기만 하면 열심히 운동한다는 가정하에) 헬스장에 방문하는 빈도가 가장 중요한 판단 기준이 된다. 자주 갈수록 더 많이 운동해서 건강이라는 잠재적 이득을 늘릴 수 있고, 적게 갈수록 잠재적 이득은 줄어든다.

합리적으로 다음과 같은 결과를 예측할 수 있다.

● 헬스장 등록카드를 받으러 간 것을 끝으로 다시는 가지 않는다. 처음에는 그래도 운동하러 가야 한다는 생각에 오랫동안 카드를 들고 다녔지만 결국 책상 서랍 속에 던져버린다. 결국 일주일에 한 번도 가지 않는다.
● 초반에는 꾸준히 가다가 횟수가 점점 줄어들더니 결국 일주일에 한 번만 간다.
● 일주일에 세 번 헬스장에 가는 것이 완전히 습관이 된다.
● 운동의 재미에 눈을 떠서 개인 PT까지 받으며 일주일에 다섯 번씩 헬스장에 간다.

❶ 헬스장 등록을 결정했을 때 각각의 결과가 일어날 확률을 모부생의 단어 목록으로 표시해보자. 실제 이 책을 읽는 당신은 규

칙적으로 운동하는 사람일 수도 있고, 운동이라면 질색인 사람일 수도 있지만, 여기서는 일반적으로 사람들이 헬스장에 등록했을 때 일어날 것 같은 확률을 기준으로 작성하도록 한다.

의사결정   일어날 수 있는 결과(운동 빈도수) 일어날 확률

헬스장
등록

한 번도 안 감   _____

꾸준히 가다가 일주일에 한 번으로
줄어듦   _____

일주일에 세 번   _____

일주일에 다섯 번   _____

❷ 어떠한 지식과 정보를 근거로 위와 같이 예측했는가?

_____

_____

_____

_____

_____

                          인생을 운에 맡기지 마라

가능성을 표현하는 단어 사용의 장점

의사결정 나무에 각각의 결과가 일어날 확률을 예측해서 표기하면, 일어날 수 있는 결과와 선호도만 고려했을 때보다 훨씬 더 나은 의사결정을 내릴 수 있다.

질 좋은 의사결정을 내리려면 내가 원하는 결과는 물론, 내가 원하지 않는 결과가 일어날 확률까지 반드시 고려해야 한다. 이러한 단계를 거치지 않으면 하나의 선택지를 뒀을 때도 의사결정의 질을 판단하기 어렵고, 여러 가지 선택지를 놓고 비교해서 평가하기는 더더욱 어렵다.

만약 당신의 목표가 일주일에 세 번 운동하는 것인데, 헬스장 등록으로는 목표달성이 힘들 것 같다는 예측 확률이 나온다면 가정용 운동기구, 자전거 타기, 계단 오르기 등 집에서 할 수 있는 다른 선택지를 찾아볼 수 있다. 각각의 선택지를 비교해서 당신이 원하는 보상(건강)을 얻을 확률이 가장 높은 선택지를 선택하면 된다.

⑦
스스로 질문하지 않으면 답을 얻을 수 없다

표적을 겨냥하는 궁수의 사고방식이 지닌 커다란 장점 중 하나는 추측의 중요성을 이야기하면서 나왔던 두 가지 질문을 스스로 떠올리게 된다는 것이다.

1. 지금 내가 알고 있는 정보 중 무엇이 좀 더 근거 있는 추론에 도움이 되는가?
2. 좀 더 근거 있는 추측을 하기 위해 내가 더 알아낼 수 있는 정보는 무엇인가?

표적을 겨냥하면 위 질문에 대한 답을 고민하면서 '내가 모르는 정보' 상자에서 '내가 아는 정보' 상자로 옮길 수 있는 것들이 있는지

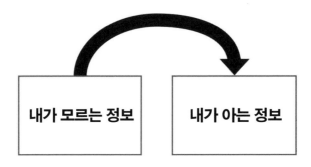

　　　　　　　　　　　　　　　　인생을 운에 맡기지 마라

찾게 된다.

한 사람의 생각과 지식과 정보는 그 사람이 내리는 모든 의사결정의 토대가 된다. 어떤 선택지가 있는지, 각각의 의사결정으로 인해 어떤 결과가 전개될지에 대한 고민도 내 생각을 바탕으로 이뤄지며, 각각의 결과가 일어날 확률이나 어떤 것이 사실일 가능성을 예측할 때도 내 생각과 지식에 영향을 받는다.

그러나 사실 앞의 상자 그림은 실제와 많이 다르다. 두 개의 상자를 실제 크기대로 그려보면 다음 그림에 좀 더 가깝다.

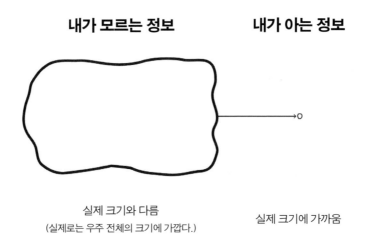

내가 모르는 정보   **내가 아는 정보**

실제 크기와 다름
(실제로는 우주 전체의 크기에 가깝다.)

실제 크기에 가까움

'내가 아는 정보'는 압정 머리 위에 내려앉은 먼지만큼이나 적다. '내가 모르는 정보'는 우주 전체의 크기만큼이나 방대하다.

내가 아는 정보가 너무 적다는 사실에 풀죽을지도 모르겠다. 그

의사결정의 질을
개선할 수 있는
가장 강력한 무기는
'내가 모르는 정보'에
속한 것을
'내가 아는 정보'로
바꾸는 것이다.

러나 좋은 소식이 있다. 내가 뭔가를 배울 때마다, '내가 모르는 정보' 상자에서 '내가 아는 정보' 상자로 뭔가를 옮길 때마다, 내가 내리는 의사결정의 기초가 더욱 견고해진다는 것이다. 추측에 대한 건설적인 태도까지 갖췄다면 금상첨화다.

'내가 아는 정보'에는 두 가지 중요한 문제가 있다. 첫째, 애초에 우리는 아는 것이 별로 없다. 그러나 새로운 것을 배움으로써 기초를 좀 더 튼튼하게 만들 수 있다.

둘째, 우리가 안다고 생각하는 정보에도 오류가 많다. 우리가 믿는 사실 중 많은 것들이 완전한 진리가 아니다. 부정확한 지식과 정보는 마치 기초에 간 금과 같다. 이렇게 부서진 부분을 고쳐서 기초를 강화하는 유일한 방법은 우리의 생각과 지식 속에 숨은 오류를 찾아내는 것이다. 그리고 그러한 오류를 찾을 수 있는 정보는 우리가 알지 못하는 정보의 우주에서만 발견할 수 있다.

바로 이 때문에 질 좋은 의사결정을 내리려면, 일어날 수 있는 결과 세트와 보상과 각 결과가 전개될 확률을 스스로에게 질문하는 것이 중요하다. 이러한 질문을 떠올리다 보면 내가 무엇을 아는지, 그리고 무엇을 모르는지 자연스레 탐색하게 되기 때문이다.

인생을 운에 맡기지 마라

더 좋은 소식도 있다. 먼지만큼 적은 정보만으로도 충분히 정중앙에 가까운 추측을 할 수 있을 때가 꽤 있다는 사실이다. 들소의 무게를 추측할 때와 마찬가지로, 불확실한 미래를 향해 화살을 쏘고자 할 때는 생각보다 그렇게 많은 정보가 필요하지 않다.

비록 '내가 아는 정보' 상자가 현미경으로 봐야 할 정도로 작을지언정, 그래도 의사결정을 내릴 때 내가 무엇을 알고 있는지부터 들여다보는 접근 방식이 좋은 이유가 여기에 있다. 약간의 지식만으로도 멀리까지 갈 수 있으며, 많이 알면 알수록 더 좋은 결정을 내릴 수 있다.

불완전해도 아는 것이 중요한 이유

의사결정 과정에 불확실성은 두 가지 방식으로 개입한다. 하나는 불완전한 정보, 나머지 하나는 운이다. 불완전한 정보는 의사결정이 이뤄지기 전에 개입하며, 운은 의사결정이 이뤄진 후 그리고 결과가 벌어지기 전에 개입한다.

불확실성의 두 가지 형태

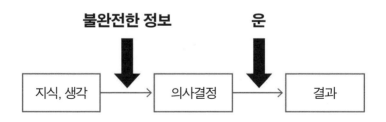

운은 그 정의 자체로 내가 어찌할 수 없는 것을 뜻한다. '내 운은 내가 만든다'라는 말은 그저 희망사항이거나 운의 개념을 잘못 이해한 말이다. 예를 들어 두 가지 선택지가 있다. 하나는 좋은 결과가 나올 확률이 5%, 나머지 하나는 95%이다. 어떤 결정을 할지는 나에게 달렸다. 더 나은 의사결정을 하면 좋은 결과를 얻을 가능성이 높아진다.

그러나 일단 결정을 내리고 나면, 좋은 결과가 나올 확률이 95%인 선택지를 골랐다고 해도 실제로 내 의사결정이 어떤 결과를 가져올지는 내가 통제할 수 없다. 좋은 결과가 나올 확률이 95%라는 말은 5%의 확률로 일이 잘 안 풀릴 수도 있다는 뜻이다. 그리고 그 5%의 가능성에 당첨되면 내가 할 수 있는 일은 없다.

이 책에서는 더 나은 선택지를 고르는 데 도움이 되는 방법을 소개한다. 그러나 모든 일에는 운이 개입하기 때문에 좋은 의사결정이 언제나 좋은 결과를 보장하지는 않는다.

반면 불확실성의 또 다른 형태인 '불완전한 정보'는 내가 어느 정도 통제할 수 있다. 내 생각과 지식이 의사결정에 영향을 미치고, 나한테는 그러한 생각과 지식의 질을 개선할 수 있는 힘이 있다. 완전한 정보를 가질 수는 없겠지만 그에 가까워질 수는 있다.

'대개, 자주, 드물게' 같은 단어는 다소 무딘 수단이긴 하지만 적어도 표적을 겨냥할 수는 있게 해주기 때문에 아무것도 사용하지 않는

인생을 운에 맡기지 마라

것보다는 훨씬 낫다. 게다가 일상생활 속에서 이미 자주 쓰고 있는 단어이기 때문에, 좀 더 익숙하고 편안한 기분으로 확률적 사고에 접근할 수 있다.

이처럼 무디고 모호한 수단을 사용해서 확률을 추측하면, 다소 부족하긴 해도 과거의 경험에서 교훈을 찾을 때 '결과로 추측하기'나 '사후확신 편향'과 같은 인지 편향이 판단을 심하게 흐리는 문제를 방지하는 기초적인 도구는 갖춘 셈이다. 새로운 의사결정을 해야 할 때도, 이제는 일어날 수 있는 결과 세트와 각 결과에 대한 선호도, 각각의 결과가 일어날 확률까지 고민할 수 있게 됐다. 이제 좀 더 신중하고, 명시적이고, 효율적인 방법으로 미래를 생각할 수 있으며, 이러한 사고 과정은 자연스럽게 당신이 내리는 의사결정의 전반적인 질을 높여줄 것이다.

❽ '더 나은 의사결정 도구'에 대해 꼭 알아두어야 할 것들

● 질 좋은 의사결정을 내리고자 한다면 의사결정 나무에 선호도, 보상, 확률을 명시하는 과정을 반드시 거쳐야 한다.

● 각 결과에 대한 선호는 개인의 목표와 가치에 따라 다르게 나타난다.

● 보상은 의사결정의 결과가 목표달성에 미치는 영향을 뜻한다.

● 어떤 결과는 내가 가치 있게 여기는 것을 보상으로 제공한다. 이는 의사결정의 **상승잠재력**을 구성한다.

● 어떤 결과는 내가 가치 있게 여기는 것에 손실을 입힌다. 이는 의사결정의 **하강잠재력**을 구성한다.

● **위험**은 하강잠재력에 노출된다는 의미다.

● 내가 가치 있게 여기는 것이라면 무엇이든(돈, 시간, 행복, 건강, 타인의 행복이나 건강이나 부, 소셜 화폐 등) 보상이 될 수 있다.

● 의사결정의 질을 평가할 때에는 상승잠재력과 하강잠재력을 비교해서 상승잠재력이 하강잠재력의 **위험**을 감수할 만큼 큰지 확인해야 한다.

● **확률**은 어떤 결과가 실제로 전개될 가능성을 뜻한다.

● 선호도, 보상, 확률을 종합적으로 고려하면 결과의 그림자에서 벗어나 경험의 역설을 해결하는 데 도움이 된다.

● 선호도, 보상, 확률을 종합적으로 고려하면 선택지를 좀 더 명확하게 평가하고 비교할 수 있다.

● 장단점 목록은 평면적이기 때문에 어떤 장점 또는 단점이 발현될 확률과 보상의 크기에 대한 정보를 제공하지 않는다. 따라서 하나의 의사결정을 평가하거나 여러 선택지를 비교할 때 쓰기에는

인생을 운에 맡기지 마라

부실한 의사결정 도구이다.

● 대개는 미래에 어떤 일이 일어날 가능성을 예측하는 데 어려움을 느낀다. ("그냥 때려 맞추는 거지, 뭐." "아는 게 너무 없는데." "대충 짐작해야지.")

● 내가 가진 정보는 대개 불완전하지만 나는 아무것도 모르는 상태보다는 많이 알고 있으며, 그것만으로도 근거 있는 추측을 하기에 충분하다.

● 예측하려는 의지는 의사결정의 질을 높이기 위해 반드시 갖춰야 할 태도다. 예측하려는 의지가 없으면 내가 무엇을 아는지, 무엇을 모르는지 스스로에게 질문하지 않는다.

● 일상 용어를 사용해서 확률을 표현하면 좀 더 쉽게 확률적 사고에 접근할 수 있다. 각각의 결과가 일어날 가능성을 생각하고, 상대적인 확률을 비교할 수 있으며, 최고의 결과와 최악의 결과가 일어날 가능성을 전체적으로 간단하게 확인할 수 있다.

4장 체크리스트

더 나은 의사결정을 위한 6단계를 참고해 지난 의사결정을 평가하거나 새로운 의사결정을 내린다.

□ 1단계: 의사결정으로 인해 합리적으로 일어날 수 있는 결과 세트를 파악한다. 전반적인 시나리오를 파악할 수도 있고, 내가 특별히 중요하게 생각하는 보상에만 집중할 수도 있다.

□ 2단계: 각 결과로 인한 보상을 기준으로 자신의 선호를 파악한다. 내 가치관에 따르면, 나는 각각의 결과를 얼마만큼 좋아하는가 또는 싫어하는가? 선호도는 각 결과가 제공하는 보상에 영향을 받는다. 예상 이득은 상승잠재력을, 예상 손실은 하강잠재력을 구성한다. 이러한 정보를 의사결정 나무에 표기한다.

□ 3단계: 각 결과가 일어날 수 있는 확률을 추정한다. 가능성을 나타내는 일상 용어로 시작하면 좀 더 쉽게 접근할 수 있다. 추측하기를 두려워하지 마라.

□ 4단계: 내가 원하는 결과와 원하지 않는 결과가 일어날 상대적인 확률을 추정한다.

□ 5단계: 다른 선택지에 대해서도 1~4단계를 반복한다.

□ 6단계: 선택지를 서로 비교한다.

인생을 운에 맡기지 마라

소 무게 추측하기

1906년, 영국의 과학자 프랜시스 골턴$^{Francis\ Galton}$은 800여 명이 살찐 황소의 무게를 맞추는 게임에 참여하는 것을 봤다.[3] 게임이 끝난 후, 골턴은 사람들이 추측한 값을 모아서 즉흥적인 실험을 했다. 그 수가 아무리 많아도 일반 대중의 추측은 전문가 한 사람의 의견보다 훨씬 수준이 낮다는 결과가 나오리라고 예상했다.

그러나 각 개인의 답변만 보면 대부분이 전문가 한 사람의 의견보다 못했지만, 전체적으로 보면 사람들의 추측 값이 실제 무게를 중심으로 분포됐으며, 추측 값의 평균(도살해서 다듬은 무게 기준으로 543kg)은 실제 무게의 오차 범위 0.5kg 이내에 들어갔다!

2015년, 미국 공영 라디오 방송^{NPR}에서 진행하는 팟캐스트 <돈이라는 행성$^{Planet\ Money}$>에서도 온라인으로 이와 비슷한 실험을 했다. 페넬로페라는 이름의 소 옆에 NPR 기자 한 명(75kg)을 세워놓고 구독

자들에게 소의 무게를 추측하도록 했다. 1만 7,000명이 넘는 사람들
이 여기에 응했다. 이들의 평균 추측 값은 약 584kg으로, 비록 골턴의
실험만큼 정답에 가깝지는 않았지만 그래도 페넬로페의 실제 무게인
615kg에 꽤 근접했다.

이 소의 무게는?

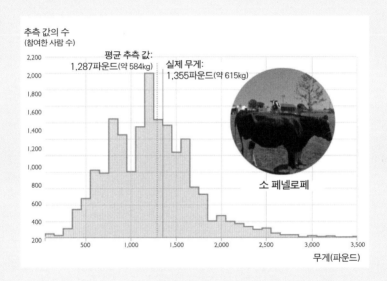

인생을 운에 맡기지 마라

정확성의 힘을 찾아서

명확하게 겨냥한다는 것의 의미

HOW TO DECIDE

❶
가능성을 표현하는
용어 사용에 관한 나쁜 소식

앤드루와 마이클 모부신의 가능성 표현 단어 목록으로 다시 돌아가자. 그들이 이 목록을 만든 이유는 사람들이 수치상 어느 정도의 확률을 표현하는 데 각각의 단어를 사용하는지 조사해보기 위해서였다.

❶ 잠시 후 모부신이 실시한 설문조사에 직접 답해보는 시간을 가질 것이다. 설문조사지를 보면, 가능성을 표현하는 단어가 나열돼 있고 각 단어마다 네 개의 빈칸이 주어진다. 첫 번째 칸에, 당신이 느끼기에 각각의 단어가 어느 정도의 확률을 뜻하는지를 0~100 사이의 퍼센트 값으로 나타내라.

예를 들어서 당신이 "진짜 가능한 일이라고 생각해"라고 말한다면 그것은 어느 정도의 가능성을 의미하는가? 그 일이 실제로 일어날 확률이 몇 퍼센트라고 생각하는가?

인생을 운에 맡기지 마라

확률을 퍼센트 값으로 나타내는 게 불편한 사람도 있을 것이다. 사람들이 자연언어를 선호하는 이유 중 하나이기도 하다. 만약 당신도 퍼센트 개념이 어렵게 느껴진다면 질문을 이렇게 바꿔 생각하면 좀 더 쉽다. '어떤 결과가 일어날 가능성을 표현하기 위해 특정 단어를 썼다면, 나는 그 결과가 100번 중에 몇 번 일어나리라고 생각한 것일까?'

동전을 100번 던졌을 때 앞면이 나올 경우의 수는 얼마인가? 이때 당신은 어떤 단어를 사용해서 가능성을 표현할 것인가?

야구선수 마이크 트라우트Mike Trout가 타석에 서면 100번 중에 몇 번 안타를 칠까? 이때 당신은 어떤 단어를 사용해 가능성을 표현할 것인가?

테니스 경기에서 첫 번째 서브를 100번 넣었다. 서브가 성공적으로 들어간 횟수는 몇 번일까? 이때 당신은 어떤 단어를 사용해서 가능성을 표현할 것인가?

휴게실 앞을 100번 지나가는 동안 당신은 도넛을 몇 번이나 먹을까? 이때 당신은 어떤 단어를 사용해서 가능성을 표현할 것인가?

가위의 왕국 사업에 100번 도전했다. 수익이 나기도 전에 많은 돈을 받고 어플을 파는 경우는 얼마나 될까? 이때 당신은 어떤 단어를 사용해서 가능성을 표현할 것인가?

100번 중에 몇 번 일어날 것 같다고 생각한 그 숫자가 바로 퍼센트 확률이다. 100번 중에 스무 번 일어날 것 같다고 생각하면 확

률은 20%, 100번 중에 62번은 62%, 100번 중에 99번은 99%
로 나타낼 수 있다.

따라서 100번 중에 85번 일어날 것 같은 일을 두고 (설문조사에
나오는 표현은 아니지만) '거의 대부분 그럴 것 같은데'라고 생각했
다면, 당신에게 '거의 대부분'이라는 단어는 85%의 확률을 뜻한
다. "휴게실 앞을 지나가면 거의 대부분 도넛을 먹게 돼"라고 말한
다면 100번 중에 85번, 즉 85%의 확률로 도넛을 먹으러 휴게실
에 뛰어들 것이라고 바꿔 말할 수 있다.

첫 번째 칸을 작성한 후, 다른 사람 세 명에게 나머지 빈칸을 채워
달라고 요청해봐라.

단, 작성자가 이전 사람의 답변을 알지 못하도록 막는 것이 중요
하다. 구두로 질문한 후에 당신이 그들의 답변을 따로 기록하거나
또는 이미 답변한 칸을 잘 가린 후에 설문조사를 진행해야 한다.

	나	작성자A	작성자B	작성자C
보통				
거의 확실히				
자주				
흔치 않음				
틀림없이				

인생을 운에 맡기지 마라

낮은 확률로			
아마도			
거의 항상			
대개			
어쩌면			
진짜 가능함			
그럴싸함			
적지 않은 확률로			
종종			
높은 확률로			
예상 밖으로			
확실히			
항상			
그럴 리 없음			
꽤 그럴싸함			
드물게			
그럴 수 있음			
가능성 있음			

❷ 네 명의 답변을 비교해보라. 얼마나 일치하는가? (하나만 고르시오.)

상당히 일치   어느 정도 일치   조금 일치   거의 일치하지 않음

❸ 사람에 따라 받아들이는 확률의 차이가 가장 큰 단어는 무엇인가?

_____

_____

❹ 같은 단어에 대한 서로 간의 생각 차이가 커서 놀랐는가?

□ 그렇다   □ 아니다

일상 용어가 주는 혼란

아마도 당신은 가능성을 표현하는 단어에 대한 사람들의 생각이 서로 많이 다르다는 사실을 알게 됐을 것이다. 1,700명을 대상으로 설문조사를 실시한 앤드루와 마이클 모부신도 동일한 결과를 얻었다. 다음 도표는 각 단어가 의미하는 퍼센트 확률에 대한 사람들의 생각을 범위로 나타낸 것이다. (음영 박스 안의 선은 평균값을 가리킨다.)

일부 단어는 놀라울 정도로 사람들 간의 생각 차이가 컸다. 아마

인생을 운에 맡기지 마라

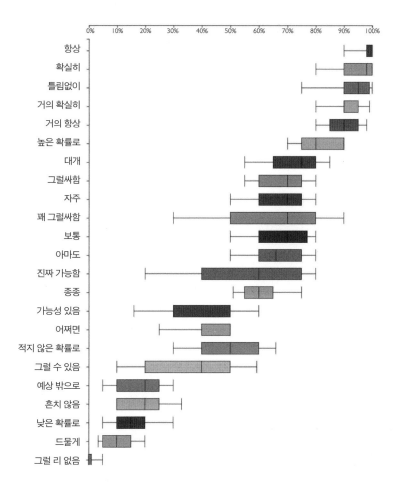

당신이 한 설문조사 결과도 이와 비슷할 것이다. 예를 들어 '진짜 가능함'이라는 단어를 말할 때 어떤 사람에게는 20%의 확률을 의미하지만 또 다른 누군가에게는 80%를 의미할 수도 있다. 설문조사 참여자 중 4분의 1은 '진짜 가능함'이라는 단어가 '40% 이하'의 확률을 가리킨다고 생각했고, 다른 4분의 1은 '40% 초과 60% 이하'를, 또 다른 4분의 1은 '60% 초과 75% 미만'을, 나머지 4분의 1은 '75% 초과'를 가리킨다고 생각했다.

심지어 '항상'과 '그럴 리 없음'이라는 단어에 대해서도 의견이 나뉘었다.

짐작건대 이 같은 결과를 보고 깜짝 놀랐을 것이다. 대부분은 가능성을 표현하는 단어가 사람에 따라 얼마나 다르게 받아들여지는지를 인지하지 않고 살아간다. 내가 어떤 단어를 사용해서 말하면 상대방도 나와 같은 방식으로, 나와 같은 뜻으로 그 단어를 받아들일 것으로 가정한다.

특히 일상 용어를 쓸 때에는 더더욱 그렇다.

이처럼 일상 용어는 확률을 표현하기에는 정말로 무딘 수단이다. 일상 용어는 의미하는 범위가 넓어서 태생적으로 애매할 수밖에 없다. 물론 사람들은 그러한 특성 때문에 일상 용어를 좋아한다. '틀릴까 봐' 걱정스러울 때 애매한 단어를 사용하면 정답의 범위 안에 들어갈 여지가 있는 듯 느껴지기 때문이다. 그러나 바로 그 여지 때문에 큰 대가를 치러야 할 수도 있다. 다른 사람은 그 단어를 나와 다르게 해석할 수 있기 때문이다.

인생을 운에 맡기지 마라

내가 모르는 많은 것을 다른 사람은 알 수도 있다

일상 용어가 지닌 애매함은 '내가 모르는 정보' 상자에 있는 것을 '내가 아는 정보' 상자로 옮기고자 할 때 혼란을 일으킬 수 있다. 내가 가진 생각과 지식 속에 숨은 오류를 찾아서 수정하고 지식을 넓힘으로써, 의사결정의 기초를 튼튼하게 하는 것을 어렵게 한다.

다른 사람의 머릿속에는 내가 모르는 많은 것이 들어 있기 때문에, 타인의 의견을 구하는 것은 나의 지식 세계를 넓히기에 훌륭한 도구이다. 그러나 이때 일상 용어를 사용해서 대화하면 내가 의도한 뜻과 다른 사람이 받아들이는 뜻이 많이 다를 수 있다. 이는 심각한 문제를 낳는다. 내 결정과 생각에 대해 신뢰할 수 있는 피드백을 얻으려면 피드백 제공자와 같은 언어로 소통해야 하기 때문이다.

나는 어떤 일이 일어날 가능성이 30%라고 생각했는데, 내가 조언을 구한 상대방은 그 일이 일어날 가능성이 70%라는 믿을 만한 정보를 갖고 있다면, 내 생각이 틀렸다는 사실을 아는 데 큰 도움이 될 것이다. 내 생각과 지식에서 오류를 찾아서 고치려면 다른 사람의 머릿속에 들어 있는 정보가 필요하다. 그 정보를 뽑아내지 못하면 내 생각의 오류를 바로잡을 기회를 놓치고, 부정확한 지식과 생각을 기초로 내린

의미가 애매한 단어를 사용하면, 서로 다른 언어로 대화를 나누면서도 알아채지 못할 수 있다.

의사결정의 질은 당연히 낮을 수밖에 없다.

퍼센트 확률을 사용해서 내가 생각하는 바를 정확하게 전달하면, 나와 상대방이 가진 정보의 차이가 즉각 드러난다. 나는 그 일이 일어날 확률이 30%라고 말하고 상대방은 70%라고 말한다면 서로의 생각이 다르다는 사실을 분명하게 알 수 있다. 여기에 애매함이라고는 없다.

그러나 퍼센트 확률 대신 "그럴 가능성이 있다고 생각해"라고 말한다면, 상대방은 내가 말한 '가능성이 있다'는 뜻이 30% 확률을 가리키는지 모르고, 나는 상대방이 내 말을 70%의 확률로 이해했다는 사실을 모르기 때문에, 두 사람의 생각 차이가 드러나지 않는다. 서로 다른 언어로 대화를 나눴기 때문에 내 말을 70%의 확률로 알아들은 상대방은 동의의 표시로 그저 고개를 끄덕인 후 내 생각의 오류를 수정해줄 정보를 제공하지 않을 수 있다. 애매한 언어를 사용함으로써 내가 가진 지식과 정보를 업데이트할 기회를 놓친 것이다.

이는 아주 중요하고 소중한 기회다. 평생 이렇게 놓친 기회가 당신의 의사결정에 미친 영향을 누적해서 상상해보라.

정확한 용어는 생각의 차이를 드러낸다. 나와 다른 사람의 지식과 생각이 어디에서, 어떻게 다른지 보여준다. 그것을 알아야 내가 혹시 잘못된 정보를 알고 있는지, 만약 그렇다면 어떻게 고쳐야 할지를 알 수 있다. 즉 정확한 용어는 잘못된 생각을 바로잡을 수 있는 기회를 제공한다.

인생을 운에 맡기지 마라

다음과 같이 생각해보자. 만약 내가 수학 선생님에게 "2+2는 작은 숫자예요"라고 말한다면 나는 수학을 어느 정도는 잘하게 될 수 있어도 전문가는 될 수 없다. '작은 숫자'라는 표현은 틀린 말이 아니지만, 혹시 내가 2+2의 답을 (마찬가지로 작은 숫자에 해당하는) 5나 2나 3으로 알고 있다면 선생님이 그 사실을 알아야 나를 제대로 가르칠 수 있기 때문이다. 애매한 단어를 사용해서 답하면 지금 당장 틀릴 가능성은 낮아지겠지만, 앞으로 수학을 잘하는 것이 목표라면 잘못된 지식을 찾아서 고쳐야 한다.

애매한 표현은 혼자서 확률을 예측할 때에도 도움이 되지 않는다. 화살이 더 넓은 영역을 겨냥할수록, 좀 더 정확한 예측에 필요한 정보를 찾으려는 노력을 적게 들일 가능성이 높기 때문이다. 이처럼 애매함이 제공하는 여지에 기대려는 태도는 다른 사람만이 아니라 자기 자신도 해이해지게 만든다. 그렇기에 정확성이 중요하다.

실제로도 확률을 나타내는 표현의 모호함 때문에 중대한 이해관계가 걸린 문제를 잘못 결정한 사례가 정말 많다. 다음은 2015년 필립 테틀록^{Philip Tetlock}이 저서 《수퍼 예측, 그들은 어떻게 미래를 보았는가》에서 소개한 사례다. 케네디 대통령^{John F. Kennedy}은 피델 카스트로^{Fidel Castro}를 무너뜨리려는 CIA의 계획(피그만 침공)을 승인하기에 앞서, 군 고문관들에게 계획이 성공할 수 있을지 의견을 물었다. 이에 합동참모본부는 성공 가능성이 '꽤' 있다고 보고했다. 보고서 작성자는 25% 확률의 의미로 사용했지만, 케네디는 '꽤'라는 단어가 좀 더 높은 확률을 뜻한다고 생각해서 계획을 승인했다. 피그만 침공은 엉성한 아마추어처럼 보기 좋게 실패했고 냉전시대의 중요한 순간에 미국에 크나큰 수모를 안겼다.

② 근거 있는 추측으로 좀 더 명확하게 정의하라

물론 자연언어를 사용한 가능성 표현이 아예 쓸모없지는 않다. 확률적 사고를 훈련할 때에는 이러한 단어들로 시작하면 좀 더 쉽게 어떤 일이 일어날 가능성을 생각해볼 수 있다. 내가 원하는 결과와 원치 않는 결과가 일어날 가능성을 고민하고 그에 따라 선택지를 비교할 수도 있다. 무엇보다도 스스로에게 '나는 무엇을 아는가? 그리고 무엇을 더 알아낼 수 있는가?'라는 질문을 던져보게 해준다. 이는 분명 긍정적인 변화다.

그러나 일단 이러한 과정이 익숙해지면 얼마 지나지 않아 자연언어보다 좀 더 날카로운 도구를 원하게 될 것이다. 여지를 남겨서 틀릴 가능성을 줄일 수 있다는 점이 이전에는 자연언어의 장점으로 느껴졌는데, 이제는 애매하다고 느껴지는 순간이 올 것이다.

정확하고 구체적으로 예측하기 두려울 수는 있지만 그래도 시도

인생을 운에 맡기지 마라

할 만한 가치는 충분하다. 정중앙을 겨냥하는 훈련을 많이 할수록 정중앙을 맞힐 가능성이 높아지기 때문이다. (그리고 정중앙에 가깝게 맞힐수록 더 많은 점수를 얻을 수 있다.) 그러나 자연언어를 사용한 예측은 그저 넓은 표적을 겨냥한 것일 뿐 정중앙을 겨냥한 것은 아니다.

자연언어로 가능성을 표현하는 단계에서 벗어나 퍼센트 확률로 나타내는 단계에 이르면 이제 눈을 가린 채 당나귀 꼬리 달기 게임을 하는 수준에서는 어느 정도 벗어난 셈이다.

자, 그럼 좋은 소식 하나. 당신은 이미 가능성을 표현하는 단어를 퍼센트 확률로 전환할 수 있는 목록을 가지고 있다.

어디에?

당신이 앞서 작성한 모부신의 설문조사가 바로 그것이다. 어떤 결과가 일어날 가능성을 예측할 때 모부신의 단어 목록 중 하나가 떠올랐다면, 앞에서 쓴 표를 참고해서 당신이 그 단어를 쓸 때 의미하는 퍼센트 확률을 대신 사용하면 된다.

4장에서 살펴봤던 신규직원 채용 문제를 두고 자연언어를 퍼센트 확률로 전환하는 연습을 해보자. 다시 상기하자면 이번 예상 결과에서 가장 중요한 항목은 신규직원의 근속기간이다. 모부신의 설문조사에 응한 사람들의 평균 답변을 이용해서 자연언어를 퍼센트 확률로 바꾸면 다음과 같다. (기존 의사결정 나무에 있던 자연언어는 참고를 위해 적어둔 것이다.)

의사결정	일어날 수 있는 결과(근속기간)	일어날 확률 (자연언어)	일어날 확률(%)
입사지원자 A를 채용	6개월 미만	드물게	10%
	6개월~1년	낮은 확률로	15%
	1년~2년	예상 밖으로	20%
	2년 이상	종종	55%

의사결정	일어날 수 있는 결과(근속기간)	일어날 확률 (자연언어)	일어날 확률(%)
입사지원자 B를 채용	6개월 미만	가능성 있음	35%
	6개월~1년	그럴 수 있음	40%
	1년~2년	드물게	10%
	2년 이상	낮은 확률로	15%

이처럼 자연언어를 퍼센트 확률로 바꾸면 추측 내용이 훨씬 분명해진다. 이는 6단계에서 고를 수 있는 선택지를 서로 비교할 때 특히 유용하다. 답이 아주 명확하게 드러나기 때문이다. 앞의 추측 내용을

인생을 운에 맡기지 마라

보면 입사지원자 A가 회사에 더 오래 다닐 가능성이 크다는 사실을 명료하게 알 수 있다.

❶ 헬스장 등록을 결정했을 때 일어날 수 있는 결과에 대해서도, 이전 의사결정 나무에 자연언어로 나타냈던 것을 퍼센트 확률로 바꿔보라.

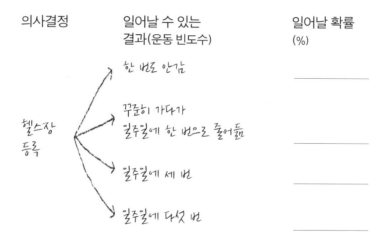

의사결정	일어날 수 있는 결과(운동 빈도수)	일어날 확률 (%)
헬스장 등록	한 번도 안 감	
	꾸준히 가다가 일주일에 한 번으로 줄어듦	
	일주일에 세 번	
	일주일에 다섯 번	

❷ 일어날 확률을 전부 더했을 때 혹시 100%가 넘지는 않는가? 각각의 결과는 서로 배타적이기 때문에, 즉 하나의 결과가 전개되면 나머지 결과는 전개될 수 없기 때문에 확률의 총합은 100%를 넘을 수 없다. 그러나 정확히 100%일 필요는 없다.

내가 예측한 결과가 일어날 수 있는 모든 결과를 하나도 빠짐없이 포함하고 있지는 않기 때문이다. 지금 우리는 합리적으로 생각했을 때 일어날 법한 결과에 집중하려는 것이지, 전개될 수 있는 모든 가능성을 검토하려는 것이 아니다.

물론 보스턴에 있는 회사에 입사했는데 소행성이 보스턴을 강타하거나, 복권에 당첨돼서 평생 일할 필요가 없어지거나, 정치운동을 하는 지하조직에 가입해서 미연방을 탈퇴한 매사추세츠주의 새로운 보스턴 시장이 될 가능성도 전혀 없지는 않다. 그러나 이러한 종류의 결과는 '합리적으로 생각했을 때 일어날 법한' 결과에 해당하지 않으므로 이러한 가능성까지 의사결정 과정에 포함해서 검토하는 것은 대개 도움이 되지 않는다.

정리하면, 일어날 수 있는 결과 세트가 모든 가능성을 포함해야 하는 것은 아니기 때문에 확률의 총합이 100%보다 적을 수는 있다. 하지만 각각의 결과는 서로 배타적이기 때문에 그 합이 100%를 넘을 수는 없다.

인생을 운에 맡기지 마라

③
범위를 활용하라

만약 내가 완벽한 (또는 거의 완벽에 가까운) 정보를 갖고 있다면 어떤 확률도 정확하게 예측할 수 있을 것이다. 정중앙이 어디에 있는지도 알고, 내 예측이 정중앙을 맞히리라고 확신할 수 있다.

동전을 던지면 앞면이 나올 확률이 정확히 50%라는 것을 안다.

마이크 트라우트의 평균 타율이 0.305라는 정보가 있으면, 그가 이번 타석에서 안타를 칠 확률이 30.5%라는 것을 안다.

동전 던지기나 야구선수에 대해 이처럼 잘 알 수 있는 이유는 정보가 많기 때문이다.

그러나 인생은 동전 던지기나 마이크 트라우트의 타율 맞히기와는 거리가 멀다. 그보다는 들소 무게 맞히기에 가깝다.

우리가 하는 추측은 대개, 헬스장을 등록하면 얼마나 자주 운동하러 갈지, 가위의 왕국으로 부자가 될지 아니면 파산할지 등을 예측할 때처럼, 완벽한 정보와는 거리가 먼 상태에서 이뤄진다. 그래서 추측을 최대한 명확하게 하는 것도 중요하지만 내가 한 '근거 있는 추측'이 '얼마나' 근거 있는지를 다른 사람에게, 그리고 스스로에게 분명히 표현하는 것 또한 중요하다.

다시 말해 자신의 생각이 어느 정도 불확실한지를 솔직하게 나타내야 한다.

'아무 정보도 없는 상태'와 '완벽한 정보를 가진 상태' 사이의 어디쯤에 내가 있는지를 간단하게 표현하려면, 명확한(정중앙) 추측 값과 함께 추측 값의 범위도 제공하면 된다. 합리적으로 생각했을 때 정답이될 수 있는 가장 낮은 값(하한^{the lower bound})과 가장 높은 값(상한^{the upper bound})을 제공함으로써 내가 겨냥하고 있는 표적의 크기를 제시한다.

만약 내가 들소의 무게를 추측해야 한다면 내 추측의 정중앙 값은816kg이다. 하한 값은 499kg, 상한 값은 1,588kg이다. 이처럼 추측 값의 범위가 넓은 이유는 내가 사진 속 들소의 무게는 물론 일반적인 들소의 무게에 대해서도 아는 지식이 별로 없기 때문이다. 그러나 일반적인 사물의 무게에 대해서는 많이 알기 때문에 내 추측 값의범위는 그래도 꽤 많은 가능성을 제외하고 있다.

만약 당신이 교통량이 적고, 공사 현장이나 날씨 변화가 거의 없는 작은 마을에 사는데 특정한 날의 출퇴근 소요시간을 예측해야 한다면, 당신의 추측 범위는 그리 넓지 않을 것이다.

그러나 당신이 사는 작은 마을이 콜로라도주의 스노매스 빌리지Snowmass Village라면 이야기가 달라진다. 관광 인파가 몰리고 날씨가험한 겨울에는 눈 덮인 산길을 가다 서다 하면서 위험천만하게 출근을 해야 할 수도 있기 때문이다. 반면 날씨 변화가 적고 관광객이 별로 없는 여름에는, 운전 환경에 영향을 미치는 불확실한 요소가 겨울에 비해 적으므로 상한 값과 하한 값의 차이가 적을 것이다.

로스앤젤레스에서 고속도로를 타고 출퇴근하는 경우라면, 추측 값의 범위는 더욱 넓어진다. 차가 안 막힐 때는 15분밖에 안 걸리는 길이 차가 막히면 한 시간이 넘게 걸릴 수도 있기 때문에, 당연히 당신이 추측한 상한 값과 하한 값도 이를 반영할 것이다.

추측 값의 범위가 넓다고 해서 나쁜 것은 아니다. 범위는 단지 내가 한 추측이 어느 정도 근거 있는 추측인지를 최대한 정확하게 반영하기 위한 것이다. 범위가 넓더라도 내가 아는 것과 모르는 것을 사실대로 반영한 추측이, 범위는 좁지만 자신의 지식 상태를 과장해서 부풀린 추측보다 더 도움이 된다.

추측 값의 범위는 내가 겨냥하고 있는 표적의 크기를 정의하는 것 외에도, 스스로와 다른 사람들에게 내 추측이 얼마나 불확실한지를 알려주는 아주 중요한 역할을 수행한다. 이는 내 지식과 생각이 '아무 정보도 없는 상태'와 '완벽한 정보를 가진 상태' 사이의 어디쯤에 위치하고 있는지를 나타낸다. 내 지식 상태가 '완벽한 정보를 가진 상태'에서 멀리 떨어져 있을수록 내가 겨냥하는 표적의 범위가 넓어지고, 가까울수록 표적의 범위도 좁아진다. 아주 드문 경우지만 내게 만약 완벽한 정보가 있고 내가 가진 정보를 완전히 확신하는 상태라면 내 화살은 하나의 점, 딱 정중앙 값만을 겨냥할 것이다.

범위가 넓다는 것은, 다른 사람뿐만 아니라 스스로에게도 내가 한 추측에 확신이 부족하다는 사실을 보여준다. 이는 추측 범위를 줄이기 위해 필요한 정보를 찾아내려는 의지를 자극한다.

불확실성을 표현하면 새로운 정보(특히 내가 가진 생각과 일치하지 않는 정보)를 얻을 기회를 획득할 수 있다.

1. 불확실성을 잘못 전달하면(예를 들어 정중앙 추측 값만 이야기하면, 비록 의도하지 않았더라도 자신의 추측에 확신이 있는 것처럼 보일 수 있다) 상대방이 내 생각을 바로잡아줄 정보를 제공해 의사결정의 기초에 간 금을 보강해줄 가능성이 낮아진다. 상대방이 자신이 틀렸다고 생각해서 괜히 의견을 말해서 창피를 당하고 싶지 않아서일 수도 있고, 아니면 내 생각이 틀렸다고 생각하면서도 혹시 내가 민망할까 봐 걱정이 돼서 말하지 않을 수도 있다. 만약 내가 연장자거나 팀 내 리더 역할을 하고 있다면 더더욱 그렇다.

2. 추측 값의 범위를 말한다는 것은 상대방에게 나를 도와줄 수 있느냐는 질문을 암시하는 것과 같다. 상한 값과 하한 값을 설정함으로써 내가 '아무 정보도 없는 상태'와 '완벽한 정보를 가진 상태' 사이의 어딘가에 있음을 표현하는 것이다. 내가 가진 불확실성을 전달받은 상대방은 흔쾌히 내게 도움이 될 만한 정보와 관점을 공유할 가능성이 높다. 내가 그렇게 도움을 요청했기 때문이다.

어떤 일이 일어날 가능성을 퍼센트 확률로 표현하고, 정중앙 추측 값을 중심으로 합리적인 범위를 제공하면, '내가 모르는 정보'의 우주에 나를 최대한 노출한 셈이 된다. 그러면 내 생각의 오류를 수정하는 데 도움이 될 만한 정보를 찾아내고, 그로 인해 질 좋은 의사결정을 내릴 가능성이 커진다.

충격 테스트[1]

추측 값의 범위를 정할 때는 합리적으로 생각했을 때 정답이 될 수 있는 가장 낮은 값과 가장 높은 값을 설정해야 한다. 그렇다면 합리적이라는 것은 어떤 의미일까?

여기서 말하는 합리적인 범위란 내가 설정한 상한 값과 하한 값 사이에 정답이 있음을 보장한다는 뜻이 아니다. 정답을 보장하는 범위는 전혀 도움이 되지 않는다.

들소의 무게를 추측해야 한다. "0~무한대 사이"라고 대답하면 정답을 보장할 수 있다.

마이크 트라우트가 다음 타석에서 안타를 칠 확률은? "0~100%." 이 또한 정답을 보장한다.

2+2는? "작은 숫자"라는 말로 범위를 좁힐 필요도 없다. "음의 무한대~양의 무한대"라고 대답하면 무조건 정답을 포함하니까.

우와, 세 개 중 세 개를 다 맞혔다!

이런 식의 답변은 내가 아는 정보와 내가 모르는 정보를 정확하게 반영하지 않기 때문에 정답을 맞혔다고 말하기가 어렵다. 나는 적어도 2+2가 무한대가 아니라는 사실은 분명히 알고 있다.

대부분 나는 뭔가를 알고 있고 추측 값의 범위는 이를 반영해야 한다. 정답을 확실하게 보장하는 범위는 '내가 모르는 정보' 상자를 과장한 것이고, 지나치게 좁은 범위는 '내가 아는 정보' 상자를 과장한 것이다.

과장되게 넓은 범위와 과장되게 좁은 범위 사이에서, 내가 아는 정보와 모르는 정보를 정확하게 반영하는 지점을 찾아야 한다.

이것이 바로 합리적이라는 단어의 의미다.

할 수 있는 한 가장 좁은 범위를 설정하는 것을 목표로 삼는다. 정답이 그 범위 내에 있지 않을 경우, 꽤 충격을 받을 만한 범위를 찾아야 한다.

와튼스쿨의 교수 에이브러햄 와이너 Abraham Wyner에 따르면, 합리적인 상한 값과 하한 값을 정할 수 있는 좋은 방법 중 하나는 스스로에게 이렇게 질문하는 것이다. "실제 정답이 내 추측 범위에서 벗어나면 꽤 충격을 받을까?" 이를 기준으로 추측 값의 범위를 설정하면 내 추측에 얼마나 근거가 있는지를 자연스럽게 반영할 수 있다.

정답이 빗겨났을 때 '꽤 충격을 받는다'는 것은 지나치게 좁은 범위(사실은 그 정도 확신이 없는데)와 정답을 확신할 만큼 안전하게 넓은 범위 사이에서 적절하게 균형을 잡았음을 알려주는 신호이다.

인생을 운에 맡기지 마라

❶ 충격 테스트를 해보자.

다음 열 가지 문제에 대해 최대한 정답에 가깝게 추측한 값(정답을 맞혀야 할 것 같은 부담감이 든다면, 할 수 있는 한 가장 근거 있는 추측을 적으면 된다)을 적고, 정답을 포함하리라고 생각되는 가장 낮은 값과 가장 높은 값, 즉 추측 값의 범위를 정한다.

최대한 좁은 범위, 정답이 그 범위 안에 없으면 꽤 충격을 받을 것 같은 범위를 설정하는 것이 목표라는 사실을 기억하라.

'꽤 충격을 받는다'는 것이 어떤 의미인지 좀 더 구체적으로 생각해보려면, 문제 열 개 중 아홉 개의 실제 정답이 내가 설정한 범위 안에 들어가는 것을 목표로 하면 된다. 정답을 아홉 개 이상 맞히는 것이 목표가 아니다. 그렇게 생각하면 열 개 전부 정답을 맞히는 것도 목표에 해당하므로, 추측 값의 범위가 지나치게 넓어질 수 있다. 각각의 문제마다 정답을 맞힐 확률이 90%가 되는 것을 목표로 한다.

열 개 중 아홉 개는 지나치게 넓은 범위와 지나치게 좁은 범위 사이의 딱 적절한 지점을 찾을 때 쓸 수 있는 유용한 경험칙이다.

한 가지 더 기억해야 할 것이 있다. '아무 정보도 없는 상태'와 '완벽한 정보를 가진 상태' 사이에 있는 내 지식 상태의 위치는 주제에 따라 다르기 때문에 내가 설정한 하한 값과 상한 값의 차이도 그것을 반영해야 한다. 예를 들어, 영화배우 메릴 스트리프Meryl Streep에 대해서는 잘 모르지만 가수 프린스Prince는 잘 안다면, 프린스와 관련된 추측보다는 메릴 스트리프와 관련된 추측 값의 범위가 더 넓을 것이다.

	추측 값	하한 값	상한 값
a. 당신이 태어난 도시의 현재 인구수			
b. 메릴 스트리프가 아카데미상 후보에 오른 횟수			
c. 프린스의 사망 나이			
d. 최초의 노벨상이 수여된 해			
e. NFL 소속 미식축구팀의 수			
f. 미국에 사는 사람이 인구수 100만 초과의 도시에 거주할 확률			
g. 1860년 대통령 선거에서 에이브러햄 링컨Abraham Lincoln의 득표수			
h. 자유의 여신상 높이			

인생을 운에 맡기지 마라

I. 빌보드 차트 1위에 오른 비틀스의 곡 수			
j. 평균적인 미국 성인의 사망 원인이 심장질환일 확률			

정답은 199페이지에서 확인

❷ 열 개 중에서 몇 개의 정답이 당신의 추측 범위 안에 들었는
가?

❸ 충격 테스트를 잘 적용했다고 생각하는가?

☐ 그렇다   ☐ 아니다

❹ '그렇다'라고 답변했다면 그 이유는?

'아니다'라고 답변했다면 그 이유는?

❺ 가장 자신 있는 답은 무엇이었는가?

그 이유는?

당신이 설정한 범위가 그것을 반영했는가?

　　　　　　　　　□ 그렇다　　　　□ 아니다

당신이 설정한 범위에 실제로 정답이 포함돼 있었는가?

　　　　　　　　　□ 그렇다　　　　□ 아니다

❻ 가장 자신 없는 답은 무엇이었는가?

그 이유는?

당신이 설정한 범위에 그것을 반영했는가?

　　　　　　　　　□ 그렇다　　　　□ 아니다

당신이 설정한 범위에 실제로 정답이 포함돼 있었는가?

　　　　　　　　　□ 그렇다　　　　□ 아니다

아마도 당신은 생각보다 많은 답이 자신의 추측 범위를 벗어난 것

인생을 운에 맡기지 마라

을 보고 깜짝 놀랐을 것이다. 만약 정말로 열 개 중에서 한두 개만 벗어났다면 엄청나게 칭찬받을 만한 일이다. 대부분은 정답률이 50%에도 못 미친다.

모부신의 설문조사와 비슷하게, 친구 세 명에게 앞의 열 가지 문제를 주고 얼마나 잘 추측하는지 확인해보라. 충격 테스트를 통과하기가 쉽지 않다는 사실을 확인할 수 있을 것이다.

이를 통해 사람들이 대개 자신의 지식을 과대평가하는 경향을 띤다는 것을 알 수 있다. 대개 사람들은 자신의 지식 상태가 보장하는 것 이상으로, 자신의 추측을 확신한다.

이를 통해, 뭔가를 좀 더 잘 추측할 수 있는 방법과 관련해서 느낀 바가 있기를 바란다. 생각보다 나는 아는 것이 적고, 생각보다 내 생각은 확실하지 않으며, 생각보다 나는 다른 사람의 도움을 더 많이 필요로 한다는 것을 깨달았기를 바란다.

내가 잘 안다고 생각하는 정보를 대할 때에도 좀 더 의심하며 접근하라. 그러면 내 생각과 지식에 질문을 던져보게 되고, 다른 사람들의 머릿속에 있는 정보를 끌어내기 위해서 더 많이 노력하게 된다. 그리고 이는 곧 의사결정의 질을 높여준다.

❶ 지금까지 만든 의사결정 나무 중 하나를 골라서 각 결과가 일

어날 확률의 정중앙 추측 값, 상한 값, 하한 값을 적어보라.

의사결정　일어날 수 있는 결과　일어날 확률　상한 값　하한 값

❷ 추측 값의 범위가 가장 넓은 결과의 경우, 범위를 좀 더 좁히기 위해 어떤 정보를 더 찾을 수 있겠는가?

---

❸ 추측 값의 범위가 가장 좁은 결과의 경우, 내가 설정한 범위가 과도한 자신감을 반영하고 있지는 않은지 확인하기 위해 어떤 정보를 더 찾을 수 있겠는가?

　　　　　　　　　　　　　　　인생을 운에 맡기지 마라

❹ 일어날 수 있는 결과 중 하나를 고른 후, 그 결과가 일어날 확률이 내가 설정한 범위 안에 포함되지 않는다는 사실을 알게 됐다고 상상해보자. 이유가 무엇일 것 같은가?

_____

_____

_____

_____

내가 아는 정보를 실제보다 부풀려서 생각하면 좋은 의사결정을 내리기 어렵다.

대부분은 자신이 가진 지식과 생각을 충분히 검토하지 않는다. 자신이 안다고 생각하는 사실에는 지나치게 확신을 갖는 반면, 무엇을 모르는지에 대해서는 현실을 직시하지 않는다. 그러나 내가 사실이라고 생각하는 정보, 의견, 또는 미래의 전개 방향에 대한 예측 등 모든 것에 적정 수준의 의심을 갖는 것이 좋다.

'만약 내 생각이 틀리다면 무엇 때문일까?'라고 질문하는 습관을 들이면, 내가 아는 정보를 과신하는 대신 내가 모르는 정보에 집중할 수 있으므로, 내 생각과 지식을 좀 더 의심하며 접근하는 데 도움이 된다.

내 생각이 틀릴 수 있다고 생각하고 그 이유를 스스로 질문해보는 습관은 내가 믿는 생각, 내가 가진 의견, 미래에 대한 예측의 정확성을 높여줄 수 있다. 내 생각이 바뀔 만한 정보가 있을지 질문하다 보면 실제로 그런 정보를 찾아 나서게 된다. 그리고 그렇게 자문자답하는 사이 진짜로 그런 정보를 발견할 확률이 높아진다.

행여 내 생각을 바꿀 만한 정보를 지금 당장은 찾지 못하더라도 나중에라도 알게 될 수 있다. 내 생각이 틀릴 수도 있다는 사실을 미리 떠올려봤기 때문에 그런 정보를 찾을 수 있다는 생각을 늘 염두에 두고 경계할 수 있을 뿐만 아니라, 실제로 그런 기회를 만나면 언제든 열린 마음으로 받아들일 수 있기 때문이다.

❶ 앞의 연습문제 ❹에서 답변한 이유에 대한 정확한 정보를 확인할 수 있는지 생각해보라. 만약 가능하다면 지금 즉시 찾아보자.

❷ 내 추측이 틀릴 수도 있는 이유를 질문해봄으로써 내 생각과 믿음에 조금이라도 달라진 점이 있는가? 그에 대해 느낀 점을 다음 빈칸에 적어보라.

인생을 운에 맡기지 마라

④
'정확성'에 대해 꼭 알아두어야 할 것들

● '매우 그럴싸한,' '예상 밖으로' 등과 같이 가능성을 표현하는 자연언어는 유용하긴 하지만 다소 무딘 수단이다.

● 추측의 질을 높이려는 의지는 내가 아는 정보를 확인하고 더 많은 정보를 구하려는 동기를 자극한다. 그러나 일상 언어가 제공하는 안전함 뒤에 숨으면 추측을 개선하고 보정할 이유가 없다.

● 가능성을 표현하는 단어는 같은 말이라도 사람마다 이해하는 뜻이 다를 수 있다.

● 다른 사람에게 조언을 구할 때 모호한 단어를 사용하면 의미를 서로 오해하거나 소통에 혼란이 생길 수 있다.

● 퍼센트 확률을 사용해서 명확하게 표현하면 내 생각의 오류를 바로잡고 지식 세계를 더욱 넓혀줄 정보를 알아낼 가능성이 커진다.

● 당신이 작성한 모부신의 설문조사를 활용하면 자연언어를 퍼센트 확률로 전환할 수 있다.

● 명확한(정중앙) 추측 값과 함께 추측 값의 범위를 제공해서 내가 가진 생각과 정보의 불확실성을 표현해야 한다. 상한 값과 하한 값을 설정해 표적의 크기를 전달하라.

● 상한 값과 하한 값의 차이, 즉 범위의 크기는 내가 얼마만큼 알

고 모르는지를 나타낸다. 범위가 넓을수록, 적은 양의 정보 또는 질이 낮은 정보를 토대로 추측했으며 따라서 내가 알아야 할 정보가 많다는 사실을 가리킨다.

● 범위의 크기를 표현하는 것은 내가 범위를 좁힐 수 있도록 생각과 지식을 공유해달라고 상대방에게 요청하는 신호 역할도 한다.

● 내가 설정한 상한 값과 하한 값이 합리적인지 충격 테스트를 활용해 확인할 수 있다. 실제 정답이 내가 설정한 범위 내에 있지 않을 경우, 꽤 충격을 받을지 생각해보는 것이다. 내 추측의 90%가 객관적인 정답을 포함하는 것을 목표로 범위를 설정한다.

● 스스로에게 '내 추측이나 생각이 틀렸음을 알게 해줄 정보가 있다면 어떻게 확인할 수 있을까?'라고 질문하는 습관을 들여라.

5장 체크리스트

다음과 같이 '명확하게 겨냥하기'를 통해 추측의 질을 높여라.

☐ 가능성을 나타내는 일상 용어에 대한 모부신의 설문조사에 응한다.

☐ 구체적인 수치로 추측하기가 어렵다면, 먼저 일상 용어를 사용해 생각한 후에 설문조사에 적은 답변을 참고해서 일상 용어

인생을 운에 맡기지 마라

를 구체적인 정중앙 추측 값으로 전환한다.

□ 합리적인 상한 값과 하한 값을 설정해 추측 값의 범위를 나타낸다.

□ 충격 테스트를 통해 내가 설정한 상한 값과 하한 값이 합리적인지 확인한다.

□ '내 추측이나 생각이 틀렸음을 알게 해줄 정보가 있다면 어떻게 확인할 수 있을까?' 하고 스스로에게 질문하는 습관을 들인다.

□ 만약 구할 수 있는 정보라면 즉시 찾아보라.

□ 만약 구할 수 없는 정보라면 나중에라도 찾을 수 있도록 계속 지켜봐라.

세무 컨설팅의 불확실성

어떤 분야의 구성원은 명확하지 않은 단어 사용이 문제가 된다는 사실을 안다. 그래서 그들은 전문적인 의사소통에서 사용하는 특정 용어에 정확한 의미를 부여하기로 합의했다. 예를 들어 세무대리인 이 과세항목에 대해 컨설팅을 하면서 현재의 과세항목이 '유지될 것' 이라고 말한다면 그 확률이 90~95%라는 뜻이다. '유지될 것으로 보 인다'고 한다면 70~75%, '유지될 가능성이 상당하다'는 50% 이상, '유지될 수도 있다는 소견이다'는 34~40%, '유지될 가능성도 없지 않 다'는 33%, '유지될 가능성도 검토해야 한다'는 20~30%를 의미한다.[2]

세무대리인의 의견은 의뢰인의 이해관계에 중대한 영향을 미친 다. 의뢰인은 세무대리인의 의견을 기초로, 과세항목의 변동 가능성 에 대한 불확실성을 받아들인다. 과세항목이 변동될 가능성은 물론 이고 그로 인해 가산세를 낼 가능성이 어느 정도인지도 알아야 한다.

인생을 운에 맡기지 마라

한편 세무대리인에게는 의뢰인을 잘못된 방향으로 안내할 수 있다는 위험이 있다.

우리도 이와 같이 노력해야 한다. 의사결정의 결과를 예측하는 것은 세무대리인의 컨설팅만큼이나 불확실하다. 따라서 우리도 세무대리인처럼 그러한 불확실성을 인지한 상태에서 최대한 정확한 예측을 하겠다는 마음으로 정면 대응해야 한다.

정답(188~189페이지 표에 대한):

a. 직접 찾아보길!

b. 메릴 스트리프는 총 스물한 번 아카데미상 후보에 올랐다.

c. 프린스 로저스 넬슨은 2016년 4월 21일, 57세의 나이로 세상을 떠났다.

d. 최초의 노벨상은 1901년에 수여됐다.

e. NFL에 소속된 미식축구팀은 총 32팀이다.

f. 미국에 사는 사람이 인구수 100만 초과의 도시에 거주할 확률은 약 8%다.

g. 186만 5,908명이 1860년 에이브러햄 링컨에게 투표했다.

f. 자유의 여신상 높이는 397.8m이다.

l. 비틀스는 빌보트 차트 1위 곡을 총 20곡 보유하고 있다.

j. 성인 미국인 네 명 중 한 명, 즉 25%가 심장질환으로 사망한다.

관점의 안팎 뒤집기

내부와 외부에서 바라보는 시각의 차이가 필요할 때

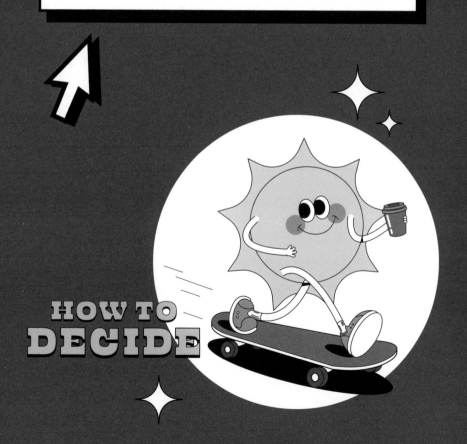

HOW TO DECIDE

❶
폭탄투성이 연애사를 바라보는 관점

언제나 당신에게 연애상담을 하는 오랜 친구가 있다. 친구는 소개팅 어플, 솔로 모임, 헌팅 등 여러 가지 방법으로 이런저런 남자와 데이트를 했지만 하나같이 괴짜나 얼간이였다. 친구가 신세 한탄하는 이야기를 듣다 보면 몇 시간이 훌쩍 지나가버릴 정도다.

아주 드물게 "기적이 일어났어. 지구상에 남아 있는 마지막 정상인을 만났어"라고 말할 때도 있지만 그 관계도 결국에는 엉망진창으로 끝나곤 했다. "하, 알고 보니 똥차 중에 똥차였어. 카멜레온마냥 본모습을 잘 숨겼던 거라고."

이번에도 친구를 만났더니 가장 최근에 겪은 일을 들려줬다.

"조던이라는 남자애 기억나? 중동으로 발령이 났다면서 헤어지자고 했던? 세상에, 알고 보니 그게 거짓말이었어. 어제 마트에 갔다가 조던이 양말을 사고 있는 걸 봤다니까."

"이제 연애는 포기할래." 친구는 벌써 몇 번째 이렇게 말했다. "굿

인생을 운에 맡기지 마라

을 해야 할까 봐. 저주받은 게 아니고서야 이럴 수가 있니?"

다음 중, 친구의 이야기를 들으면서 당신이 떠올릴 만한(그러나 굳이 입 밖으로 내지는 않을) 말이 있다면 전부 동그라미 쳐보자.

"네가 얼간이만
고르는 거 같은데."

"운이 돌아올 거야.
언젠가는 좋은 인연을
만날 거라는 걸
난 알아."

"네가 연애 중에 하는
행동에 문제가 있는 건
아닐까?"

"그러게, 넌 진짜 연애
운이 없나 봐!"

"이쯤 되면 너도 뭔가
느끼는 게 있어야
하지 않니?"

"너한테 얼간이들만
꼬이는 매력이 있는 거
아냐?"

❶ 다음 중, 당신이 친구에게 실제로 건넬 것 같은 말을 전부 골라라.

"네가 얼간이만
고르는 거 같은데."

"운이 돌아올 거야.
언젠가는 좋은 인연을
만날 거라는 걸
난 알아."

"네가 연애 중에 하는
행동에 문제가 있는 건
아닐까?"

"그러게, 넌 진짜 연애
운이 없나 봐!"

"이쯤 되면 너도 뭔가
느끼는 게 있어야
하지 않니?"

"너한테 얼간이들만
꼬이는 매력이 있는 거
아냐?"

❷ 혼자 생각할 것 같은 말과 친구에게 실제로 건넬 것 같은 말
이 다르다면, 그 이유는 무엇이라고 생각하는가?

❸ 당신은 자기 자신의 문제보다 다른 사람의 문제를 잘 해결하
는 편인가?

☐ 그렇다   ☐ 아니다

만약 그렇다면, 그 이유는 무엇이라고 생각하는가?

아마도 당신은 친구가 이상한 남자만 줄줄이 만나는 이유가 단순
히 연애운 때문이라고 생각하지는 않을 것이다. 대개는 타인의 연애
(또는 직장 선택, 친구 관계, 매번 차가 막혀서 지각하는 것 등)에서 반복적
으로 나타나는 문제에 대해서는 그 원인이 단지 불운이나 이상한 우
연, 저주가 아니라는 사실을 잘 알아차린다.

인생을 운에 맡기지 마라

잘못된 연애 방식 때문에 친구가 계속 얼간이만 만난다는 사실을 당사자는 눈치채지 못하지만 나는 알아볼 수 있다. 아마 친구도 자신의 문제를 알았다면 뭔가를 조치를 취할 수 있었을 것이다.

제3의 관찰자로서 나는 친구의 '친구' 위치에 있기 때문에 문제를 명확하게 파악할 수 있다. 그러나 내가 이야기의 주인공이 되면 시야가 흐려진다. 다른 사람의 문제일 때는 쉽게 보였던 것이 내 문제가 되면 찾기가 어렵다. 그래서 대부분은 자기 자신의 문제보다 다른 사람의 문제를 더 쉽게 해결한다.

내가 문제의 중심에 있을 때에는, 나의 시각이 크게 도움이 되지 않는다.

(친구에게 네가 불운의 무고한 희생양이 아니라는 사실을 말해줘야 하는지에 대해서는 이 장의 끝에서 다시 살펴보자.)

❷
내부에서 바라보는 시각 vs.
외부에서 바라보는 시각

지금쯤에는 내가 가진 생각과 정보가 의사결정의 질에 큰 영향을 미친다는 사실을 (수정구슬을 들여다보듯) 명확하게 이해했을 것이다.

아무리 뛰어난 의사결정 과정을 거친다 해도 그 과정에 입력되는 정보의 질이 형편없으면 질 좋은 의사결정이 나올 수 없다.

이때 입력되는 정보가 바로 내가 가진 생각과 지식인데 거기에는 불량품이 많이 섞여 있다.

충격 테스트를 통해 우리는 자신이 무엇을 알고 모르는지 제대로

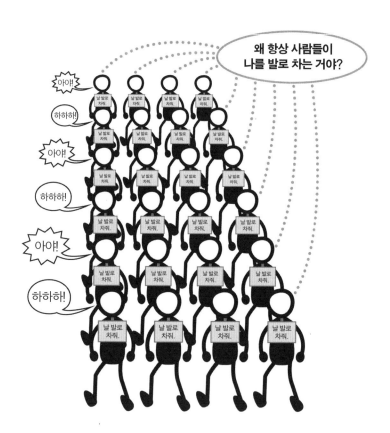

인생을 운에 맡기지 마라

파악하고 있지 않다는 사실을 배웠다. 내 생각이 언제 어떻게 정확하지 않은지 알아차리는 데 서툴며, 내가 안다고 생각하는 사실을 지나치게 자신한다는 것도 알았다.

이러한 경향이 나타나는 이유 중 하나는, 자신의 관점에서 벗어나서 세계를 바라보기가 어렵기 때문이다.

내 생각과 정보에서 오류를 찾는 것은 마치 누군가가 몰래 내 등 뒤에 붙여놓은 '날 발로 차줘'라는 쪽지를 알아채는 것과 같다. 내 눈은 앞만 볼 수 있으니 혼자 힘으로는 절대 쪽지를 발견할 수 없다. 아무리 빠른 속도로 빙글빙글 돌아봐도 등 뒤를 볼 방법은 없다. 사람들이 자꾸 나를 발로 차고 지나가서 짜증이 나는데 나는 도무지 그 이유를 알 수가 없다. 그러나 다른 사람 등에 붙은 '날 발로 차줘' 쪽지는 쉽게 볼 수 있다.

내부의 시각

사람들은 모두 자기 스스로가 처한 구체적인 상황, 즉 자신의 생각과 경험이라는 렌즈를 통해서 세상을 바라본다. 자신의 관점에서 벗어나, 다른 사람의 시선에서는 내 상황이 어떻게 보이는지 이해하기란 누구에게나 어렵다.

그러면 어떻게 해야 할까? 사람은 누구나 자신이 경험한 세상밖에 알지 못한다. 자신이 노출돼온 정보만 접해왔고, 자신이 살아온 인생만 살아봤다.

내부의 시각

자기 자신의 관점,
경험, 생각 안에
갇혀서 세상을
바라보는 시각

나는 다른 누군가가 아니다. 나는 나다.

나는 내부의 시각inside view에 갇혀 있기 때문에 내 생각과 의견과 경험을 객관적으로 바라보기가 어렵다. 내 등에 붙은 '날 발로 차줘' 쪽지는 볼 수가 없다.

'결과로 판단하기' 또한 내부의 시각에 갇혀 있기 때문에 발생한다. 내가 직접 경험하고 관찰한 결과 때문에, 객관적으로 일어날 수 있었던 모든 결과의 맥락 속에서 실제 결과를 이해하는 능력에 그림자가 드리워진 것이다. 이는 교훈의 질에도 영향을 미친다. 만약 내가 다른 결과를 경험했다면 내가 배운 교훈의 내용도, 의사결정의 질에 대한 평가도 달라질 것이다.

자기 자신의 미래에 작용한 운의 역할은 실제보다 크게 느껴진다. 그 결과가 일어날 확률이 객관적으로 얼마였는지는 별로 신경 쓰지 않는다. 중요한 것은 내가 그 결과를 경험했다는 것이다.

내부의 시각 때문에 일어날 수 있는 문제로는 다음과 같은 인지 편향이 있을 수 있다.

● 확증 편향confirmation bias: 이미 갖고 있는 신념을 뒷받침해주거나 더욱 강화해주는 정보에만 관심을 기울이고, 받아들이고, 찾으

인생을 운에 맡기지 마라

려는 경향

● 불확증 편향disconfirmation bias: 확증편향의 자매 격으로, 기존 신념에 반대되는 정보를 대할 때 더 엄격하고 비판적인 잣대를 적용하는 경향

● 과잉확신overconfidence: 자신의 기량, 지능, 능력을 과대평가하는 경향으로, 긍정적인 결과가 일어날 확률을 실제보다 높게 예측함으로써 의사결정에 개입하는 인지 편향

● 가용성 편향availability bias: 기억이 비교적 생생하게 남아 있어서 또는 경험을 많이 해서 쉽게 떠올릴 수 있는 사건의 발생 빈도를 실제보다 높이 판단하는 경향

● 최신 편향recency bias: 최근에 일어난 사건에 영향을 받아서 그와 같은 결과가 일어날 확률을 실제보다 높이 판단하는 경향

● 통제의 환상illusion of control: 자신이 결과를 통제할 수 있다고 믿는 경향, 즉 운의 역할을 과소평가하는 경향

이 같은 인지 편향이 어째서 내부의 시각으로 인해 발생하는지는 직관적으로 이해할 수 있을 것이다.

확증 편향은 내가 이미 믿고 있는 것과 일치하는 정보만 찾고 받아들인다는 뜻이다.

불확증 편향은 내 신념과 어긋나는 정보를 평가할 때 더 엄격한 기준을 적용하는 현상을 가리킨다. 기존 신념을 뒷받침하는 정보를

평가할 때에는 '이 정보가 사실일까?'라고 묻지만 그렇지 않은 정보를 평가할 때에는 '이 정보가 사실이어야만 하는가?'라고 질문한다는 것이다.

가용성 편향은 내가 쉽게 떠올릴 수 있는 사건의 발생 가능성을 실제보다 높게 예측하는 것을 뜻한다.

다른 인지 편향 역시 자신의 경험과 신념에 필요 이상의 무게를 싣기 때문에 나타난다.

외부의 시각

사람들은 본능적으로 자신의 관점에서 의사결정을 내린다. 그러나 외부에서 바라보는 세계는 종종 완전히 다른 모습을 띤다. 나 아닌 누군가가 자신의 왜곡된 관점에 빠져서 허우적대면서도 그 사실을 인지하지 못하는 모습을 지켜본 적이 있을 것이다. 매번 엉망진창인 연애만 하는 친구가 자신의 문제는 알아차리지 못한 채 굿이나 해야겠다고 생각하는 것을 지켜보는 것과 같다.

친구는 어째서 자기한테만 이런 일이 자꾸 일어나는지 감도 잡지 못하지만 나는 친구의 문제를 정확하게 인지할 수 있다. 친구의 등에 붙어 있는 '날 발로 차줘' 쪽지가 내게는 보이기 때문이다.

장담하건대 내부의 시각에 갇힌 사람들을 수도 없이 봤을 것이다. 그리고 그러한 사례가 그렇게 쉽게, 많이 떠오른다는 것은 바꿔 말하면 나 또한 그렇게 하고 있다는 뜻일 테다.

인생을 운에 맡기지 마라

나 자신의 문제보다 다른 사람의 문제를 더 쉽게 객관적으로 보기 쉬운 이유 중 하나는 내가 직면한 문제를 이해하려고 할 때는 자신의 신념을 지키려는 의지가 발동하기 때문이다. 내가 믿는 것들이 모여서 나의 정체성을 이룬다. 자신의 잘못을 발견하고, 자신의 신념에 의문을 갖고, 내가 나쁜 결과를 얻은 이유가 운이 나빠서가 아니라 내 결정이 잘못됐기 때문이라는 사실을 인정하면 내 정체성이 해를 입을 위험이 있다.

사람은 누구나 자신의 정체성을 안전하게 지키려고 한다. 자기 자신의 추론에 관해서라면, 내 생각과 신념이 운전대를 잡고 나의 정체성과 자기서사self-narrative을 보호하는 방향으로 움직인다. (난 얼간이가 아니야! 얼간이는 걔네들이지!) 반면 다른 사람의 문제를 추론할 때에는 그 사람의 신념을 지켜주려는 동기가 발동하지 않는다.

내부의 시각에 갇히는 문제를 해결하려면, 다른 사람의 관점이나 일반적인 통계자료 등을 최대한 받아들여서 내 생각의 오류를 바로잡는 것이 중요하다는 사실을 아마 지금쯤은 충분히 이해했을 것이다. 그것이 바로 외부의 시각outside view이다.

인간은 본능적으로 내부의 시각이 주는 즐거움을 즐긴다. 나도 그렇고, 당신도 그렇다. 우리의 직관은 자신이 사실

외부의 시각

자신의 관점과 무관한 일반적인 사실로, 자신이 처한 상황을 다른 사람이 나를 보듯이 바라보는 시각

이길 바라는 정보에 감염돼 있다.

외부의 시각은 이러한 감염을 치료해주는 해독제 역할을 한다.

다른 사람의 관점을 받아들이는 것이 중요한 이유는, 단지 그들이 내가 모르는, 그러나 내게 도움이 될 만한 정보를 갖고 있을지도 모르기 때문만은 아니다. 행여 같은 정보를 갖고 있다 할지라도 그들은

일반적으로 어떤 의사결정에 접근할 때에는 어떤 것이
옳은 결정인지 이미 마음을 정한 경우가 많다.
대개는 자신의 의견이 이미 형성됐다는 사실조차 알아차리지 못하지만
어쨌든 그 의견은 나도 모르는 사이에 운전대를 잡고
의사결정 과정을 좌우한다. 장단점 목록의 가장 큰 문제점이
여기에서 발생한다. 직관과 마찬가지로, 장단점 목록 또한
내부의 시각이 주는 즐거움에 빠져서 객관적으로 나은 결정보다는
내가 원하는 결정 쪽으로 움직이기 때문이다.
어떤 선택지를 거부하고 싶으면 단점 목록을 더 부각해서 받아들이고,
그대로 결정하고 싶으면 단점 목록은 그림자 속에 숨겨둔 채
장점 목록에만 집중하는 것이다.
장단점 목록은 오롯이 나 자신의 관점에서만 만들어진 것이며
외부의 시각은 부재하기 때문에, 내가 원하는 결론을
지지하는 방향으로 논리가 세워지기 쉽다.
솔직히 말하면 장단점 목록은 인지 편향을 오히려 증폭시키는
의사결정 도구라고 볼 수 있다.[1]

인생을 운에 맡기지 마라

나와 다르게 해석할 수 있다. 완전히 동일한 정보를 바탕으로도 전혀 다른 결론에 도달할 수 있다.

친구의 연애사에 대해 나와 내 친구가 알고 있는 사실은 동일하지만 나는 친구의 상황을 다른 관점에서 볼 수 있는 것과 마찬가지다.

여러 사람의 관점을 모아 서로 충돌하게 하면, 객관적인 사실에 가까워질 수 있다. 그리고 객관적인 사실에 가까워질수록 의사결정 과정에 입력되는 정보에 불량품이 끼어들 가능성을 줄일 수 있다.

다시 말해서 외부의 시각에서 바라봐야 '날 발로 차줘' 쪽지를 발견할 확률이 더 높다.

결혼식에서 가장 환영받지 못하는 하객이 되는 법

내부의 시각과 외부의 시각을 쉽게 이해할 수 있는 방법이 여기 하나 있다.

어떤 커플의 결혼식에 참석했다. 이제 막 부부가 된 커플에게 인사하기 위해 줄을 서서 차례를 기다렸다. 마침내 내 순서가 되자, 문득 이 부부에게 기쁨의 눈물, 입맞춤, 축복의 말, 결혼생활에 도움이 될 조언 등은 이미 충분하다는 생각이 들었다. 그래서 판에 박힌 말 대신 대뜸 이렇게 물었다. "이 결혼이 이혼으로 끝날 확률이 얼마나 된다고 생각해요?"

(노파심에 말하자면, 실제로 이렇게 말하라는 것은 절대 아니다. 단지 다소 냉소적이지만 생생한 사고실험을 해보자는 것일 뿐이다.)

아마도 대부분의 부부는 0%에 가까운 확률을 답할 것이다. "우린 특별해요. 우리가 결혼한 건 운명이에요. 진실한 사랑이죠. 우리의 사랑은 영원할 거예요."

이것이 내부의 시각이다.

이때 뒤에서 누군가가 끼어들었다. 내 질문에 몹시 불쾌함을 느낀 신부의 아버지였다. 그는 내게 당장 나가라고 말했다.

시간도 때울 겸 호텔을 돌아다니던 나는 우연히 또 다른 신혼부부에게 인사하는 줄에 들어섰다.

할 말은 없었지만 방금 한 실수를 다시 반복하지는 않겠다고 결심했기에, 먼저 그들의 결혼식을 칭찬한 후 이렇게 말했다. "아래층 홀에서 하는 결혼식에도 들렀는데 거기는 이렇게 훌륭하지 않더라고요. 아, 그런데 그 부부의 결혼이 이혼으로 끝날 확률이 얼마나 된다고 생각하시나요?"

아마도 그들은 평균적인 부부의 실제 이혼율인 약 40~50%라고 대답할 것이다. 같은 호텔에서 결혼하는, 알지도 못하는 부부를 위해 "그들은 특별해요. 그들이 결혼한 건 운명이에요. 진실한 사랑이죠.

인생을 운에 맡기지 마라

그들의 사랑은 영원할 거예요"라고 말하는 사람은 없다.

이것이 외부의 시각이다.

❶ 친구나 가족이나 회사 동료가 내부의 시각에 갇혀 있는 모습
을 지켜본 경험을 써라.

_____

_____

_____

_____

❷ 상대방에게 그 사실을 알려줬는가?

☐ 그렇다　　☐ 아니다

❸ 알려줬다면/알려주지 않았다면, 그 이유는?

_____

_____

_____

_____

❹ 자신이 내부의 시각에 갇혔던 것 같다고 생각되는 경험을 써라.

_____

_____

_____

❺ 내부의 시각에 갇혔던 것이 어떤 방식으로 의사결정에 부정적인 영향을 미쳤는가?

❻ 앞으로 며칠간 다른 사람들이 내부의 시각에 갇혀 있는 모습을 관찰해보라. 내부의 시각이 얼마나 흔한지, 또 어떤 영향을 미치는지 등에 대해 전반적인 의견과 사례를 기록하라.

인생을 운에 맡기지 마라

내부의 시각과 외부의 시각 간의 결합

● 90% 이상의 교수가 스스로를 평균 이상의 선생이라고 평가
한다.[2]

● 약 90%의 미국인이 자신의 운전 실력을 평균 이상이라고 생각
한다.[3]

● 겨우 1%의 학생만이 자신의 사회적 능력을 평균 이하라고 생
각한다.[4]

당연한 말이지만 90% 이상이 뭔가에 평균 이상일 수는 없다. 그
러나 평균이라는 단어의 정의상, 우리 중 50%는 평균 이하에 해당한
다는 사실을 알면서도(외부의 시각), 내가 그 50%에 속할 수 있다는
생각은 별로 하지 않는다(내부의 시각).

이러한 현상을 평균이상 효과better-than-average effect [5]라고 한다.

문제는, 자신의 수준을 정확하게 파악하지 못하면 의사결정의 질
이 떨어질 수 있다는 것이다. 예를 들어 자신의 멀티태스킹 능력이
평균 이상이라고 생각해서 운전 중에 문자를 보내다가 큰 사고를 당
할 수 있다.

물론 당신이 가진 능력 중에 평균 이상인 것도 많겠지만, 사람이

모든 영역에서 평균 이상일 수는 없다. 그러나 당신은 인구 전체에 대한 데이터가 아닌, 당신이 직접 경험한 세계 안에서만 살기 때문에 자신이 어떤 분야에서 평균 이상이고, 또 어떤 분야에서는 평균 이하인지 스스로 알기가 매우 어렵다.

정확성은 내부의 시각과 외부의 시각이 교차하는 지점에 존재한다.

그렇기에 외부의 시각을 받아들이는 것이 중요하다.

만약 세계의 모든 지식을 완벽하게 보여주는 수정구슬이 존재한다면, 특정 능력의 전체 분포 중 나는 정확히 어디에 위치해 있는지를 분명히 알 수 있을 것이다. 가령 운전 능력은 75%, 사회적 능력은 50%, 교수 능력은 25%에 속한다는 것을 알 수 있다.

그러나 실제로 그런 수정구슬은 존재하지 않기 때문에 우리는 내부의 시각, 즉 자신의 경험과 관점에만 의존해서 스스로를 평가한다. '20년간 무사고니까 난 평균 이상의 운전자인 게 틀림없어', '내 친구들은 전부 날 좋아하고 나랑 사이좋게 지내니까 내 사회적 능력은 평균 이상인 게 확실해', '학생들이 다들 나를 잘 따르고, 나 역시도 수업하는 것이 즐거우니, 난 최고의 교수일 거야' 하고 말이다.

외부의 시각은 내부의 시각에 도사리고 있는 왜곡을 바로잡는다. 그렇기에 사람들에게 일반적으로 인정되는 사실이 무엇인지, 제3자

인생을 운에 맡기지 마라

가 보기에는 내 상황이 어떤지 등을 고려함으로써, 먼저 외부의 시각
에 닻을 내리는 것이 중요하다.

정확성은 어디에 존재하는가?[6]

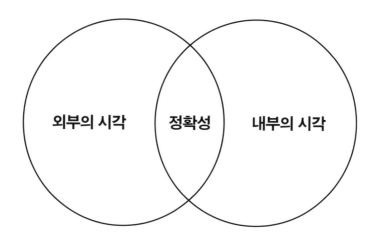

외부의 시각과 내부의 시각 간의 결합 또한 (결혼과 마찬가지로) 성
공하려면 노력이 필요하다. 신념은 정체성을 형성하며, 내가 세계를
바라보는 방식은 정체성을 보호하려는 동기를 가지므로, 특히 외부
의 시각이 내 신념과 정체성을 해치려고 할 때는 외부의 시각을 받아
들이기가 몹시 어렵다. 거의 50%에 가까운 부부가 이혼하지만, 고작
5%밖에 안 되는 예비부부만이 혼전계약서를 작성하는 이유 중 하나
도 이 때문일 것이다.

결혼에 대한 객관적인 사실(40~50%의 이혼율)과 내가 바라고 희

망하는 사실(우리 사랑은 평균 이상일 것이라는 믿음)이 서로 상충하기 때문에, 외부의 시각을 참고해서 의사결정을 내리기가 어렵다. 그러나 실패의 가능성을 생각하면 마음이 불편하기는 하지만, 혹시 일이 뜻대로 풀리지 않더라도 그에 대한 준비를 미리 할 수 있다는 점을 고려하면 그러한 불편함을 감수할 만한 가치가 있다.

내부의 시각과 외부의 시각을 잘 결합할 수 있다면, 현재 내 위치가 어디에 있는지, 앞으로 어디까지 올라갈 수 있을지, 미래가 어떻게 펼쳐질지 등을 좀 더 선명하게 파악할 수 있다. 그리고 이는 곧 과거에서 얻은 교훈의 질과 앞으로 내릴 의사결정의 질을 높여줄 것이다.

똑똑한 사람일수록 실수하기 쉽다

좋은 소식이 있다. 이제 우리는 내부의 시각이 의사결정의 질에 좋지 않은 영향을 미친다는 사실을 이해했다. 더 좋은 소식도 있다. 이 책을 선택한 당신은 그만큼 똑똑하리라는 것이다.

이번에는 나쁜 소식. 똑똑하다고 해서 내부의 시각에 덜 좌우되지는 않는다. 아니, 오히려 더 위험하다. 똑똑한 사람일수록 자기 자신의 신념이 운전대를 있는 힘껏 붙들고 있는 경우가 많기 때문이다.

다양한 배경에서 진행된 연구에 의하면, 똑똑한 사람일수록 의도적 합리화motivated reasoning, 즉 자기가 가진 신념을 뒷받침해주는 방향으로 정보를 처리해 자신이 원하는 결론에 더 잘 도달한다고 한다.[7]

인생을 운에 맡기지 마라

혹시나 해서 말하자면, 의도적 합리화를 '잘한다'는 것은 좋은 뜻이
아니다.

● 총기규제 등과 같이 정치적으로 양극화된 주제에 관한 자료를
해석할 때, 많은 사람이 자신의 입장과 반대되는 자료를 두고 사실
은 자신의 관점을 지지하는 자료라고 해석한다. 의외로, 일반적인
자료(정치적으로 양극화되지 않은 주제에 관한 자료)를 정확하게 해석
하는 능력이 뛰어난 사람조차도 정치적인 주제에 관해서는 자신
의 입장에 맞게 데이터를 왜곡해서 해석하는 문제에서 자유롭지
못하다. 아니, 솔직히 말하자면 그런 사람일수록 잘못 해석할 확률
이 더 높다.

● 스스로의 인지 편향에 관한 한, 모든 사람에게는 사각지대가 있
다. 다른 사람의 논리 편향은 그렇게 쉽게 발견하면서 내 논리의
문제점은 알아차리지 못한다. 이 또한 내부의 시각이다. 똑똑함이
사각지대를 밝혀주지는 않는다. 사실 오히려 더 어둡게 만든다.

● 정치적인 신념 관련 주제에 대한 논리적인 문제를 풀 때는 정답
이 자신의 신념에 부합하지 않아도 자신의 신념과 일치하는 결론
에 도달하기 쉽다. 만약 논리적 사고를 이전에 경험했거나 훈련을
받은 적이 있다면 그 같은 오류를 저지를 가능성이 더 높아진다.

생각해보면 그럴듯한 이야기다. 똑똑한 사람은 주로 자기 생각과

의견을 높이 평가한다. 내가 아는 정보에 혹시 고칠 점이 있는지 의문을 가질 가능성도 적다. 직관적으로 떠오르는 생각을 훨씬 더 확신한다. 어쨌든 그들은 정말로 똑똑한 사람이다. 자신감이 부족할 이유가 어디에 있겠는가? 당연하게도 똑똑한 사람은 자신이 믿는 사실에 별로 의심을 품지 않는다.

나를 잘못된 방향으로 이끌어갈 가능성이 제일 높은 사람은 바로 나 자신이다. 그리고 나는 내부의 시각에 갇혀 있기 때문에 나의 상태를 알아차리지 못한다.

게다가 똑똑한 사람은 자신의 관점을 지지하고 더욱 견고하게 뒷받침해줄 근거를 제시하는 일에 더 뛰어나다. 다른 사람에게 자신의 의견이 옳다고 설득할 수 있는 논리를 펼치는 능력이 우수하다. 이는 물론 다른 사람들을 오류에 빠뜨리고 싶어서가 아니라 자신의 정체성을 보호하기 위한 행동이다.

의도적 합리화, 스스로를 오도하는 경향, 직관에 대한 과신, 이 세 가지가 합쳐진 탓에 똑똑한 사람은 다른 사람에게 의견을 잘 묻지 않는다. 행여 피드백을 구하더라도, 청산유수로 그럴싸한 논리를 펼치는 사람 앞에서 반대 의견을 내놓을 수 있는 사람은 많지 않다.

따라서 똑똑한 사람일수록 더욱 적극적으로 외부의 시각을 받아들여야 한다.

인생을 운에 맡기지 마라

기저율: 외부의 시각을 얻을 수 있는 쉬운 방법

외부의 시각에 접근할 수 있는 좋은 방법 중 하나는, 특정 관점과 상관없이 일반적인 사실로 받아들여지는 정보를 찾는 습관을 의사결정 과정에 포함시키는 것이다.

내가 처한 것과 비슷한 상황에서 다른 결과가 나올 가능성에 대한 정보가 있는지 확인해보라. 그러한 정보를 기저율base rate이라고 한다.

연애, 건강, 투자, 사업, 교육, 채용, 소비 등 나의 고민 분야가 무엇이든 간에, 각종 설문조사 결과와 연구 및 통계 자료를 찾아보면 참고할 만한 정보를 얼마든지 확인할 수 있다. 사실 이 책에서도 이미 몇 가지 기저율이 등장했다.

● 미국의 초혼 이혼률은 40~50% 사이다.[8]
● 성인 미국인의 사망 원인이 심장질환일 확률은 25%이다.[9]
● 미국 전체 인구의 8%가 인구수 100만 초과의 도시에 거주한다.[10]

기저율의 예를 좀 더 들어보면 다음과 같다.

● 고등학교를 졸업한 학생이 바로 대학교에 진학할 확률은 63.1%이다.[11]
● 새로 개업한 식당의 60%가 1년 내에 망한다.[12]

기저율

내가 고려하고 있는 것과 비슷한 상황에서 특정 사건이 일어날 확률

특정 결과(또는 상승잠재력과 하강잠재력)가 일어날 확률을 예측할 때는 기저율을 먼저 참고하면 좋다. 물론 내 예측과 기저율이 항상 일치해야 하는 것은 아니다. 지금쯤이면 충분히 이해하고 있겠지만, 내가 처한 상황의 구체적인 사실, 즉 내부의 시각도 무시해서는 안 된다. 그러나 만약 내가 식당 개업을 고민하면서 성공 확률을 90%라고 예측한다면 평균적으로 새로 개업한 식당 중 40%만이 1년 이상 살아남는다는 사실이 과도한 자신감을 바로잡는 데 도움이 될 것이다.

내가 미래를 어떻게 예측했든지 간에, 그 예측은 어느 정도 기저율의 궤도 안에 머무를 필요가 있다. 기저율이 중력의 중심이 돼야 한다.

❶ 4장에서 헬스장 등록과 관련해 당신이 예측한 내용을 다시 확인해보라. 이제 다음 기저율을 검색해보라.

▒ 헬스장에 등록한 후, 처음 6개월 이내에 그만두는 사람의 비율은? _____%

▒ 헬스장에 등록한 후, 헬스장을 한 번도 이용하지 않는 사람의 비율은? _____%

인생을 운에 맡기지 마라

░░ 헬스장에 등록한 후, 일주일에 1회 이하로 헬스장에 방문하는 사람의 비율은? _____ %

온라인에서 검색한 결과, 헬스장 등록이 규칙적인 운동에 도움이 될 가능성과 관련해 찾은 정보가 더 있다면 아래에 적어보라.

_____

_____

❷ **이렇게 확인한 기저율을 염두에 두고 의사결정 나무를 다시 보니, 예측이 달라졌는가? 만약 그렇다면 그 이유를 간략하게 써라.**

_____

_____

헬스장 등록과 관련된 기저율 자료를 몇 가지 소개하면 다음과 같다.

2019년 1월, 〈더허슬The Hustles〉의 기자 재커리 크로켓Zachary Crockett은 미국의 설문조사 기관인 SBRIStatistic Brain Research Institute의 결과[13]를 인용하면서, 헬스장에 등록한 사람 중 82%가 일주일에 1회 이하로 방문한다고 전했다. 그리고 그 82% 중에서 77%는 헬스장을 한 번도 이용하지 않는다고 한다.

(온라인 쿠폰 제공 사이트인 쿠폰캐빈CouponCabin에 따르면) 1월에 헬스장에 등록한 사람, 아마도 새해 다짐으로 운동을 하겠다고 결심한 사람 가운데 80%가 5개월 이내에 그만둔다고 한다. 한편 국제 스포츠 기구 협회International Health, Racquet & Sportsclub Association(IHRSA)는 헬스장 신규 회원 중 50%가 6개월 이내에 그만둔다고 전했다.[14]

만약 당신이 의사의 조언에 따라 일주일에 세 번 이상 헬스장에 갈 확률이 90% 이상이라고 예측했다면, 위와 같은 데이터를 확인한 후에는 자신의 예측을 진지하게 재고해야 할 것이다. 본인이 생각하기에 운동하고자 하는 의지가 아무리 강하다 해도, 당신이 기저율과 전혀 무관하게 행동할 가능성은 몹시 낮다.

나와 비슷한 상황에서 대부분의 사람이 어떻게 행동하는지를 파악하면, 외부의 시각으로 다양한 선택지(가정용 운동기구 구매, 헬스장 등록, 그 외의 다른 방법 등)를 비교하는 능력을 개선할 수 있다.

또한 기저율을 확인한 결과 내가 지금 계획하고 있는 일의 성공률이 낮다는 사실을 알면, 좀 더 현실적인 관점에서 미래를 예측함으로써 앞서 같은 시도를 했던 대부분의 사람이 실패한 이유를 미리 분석할 수 있다. 그러면 내 미래에도 놓여 있을지 모를 장애물을 방지 또는 극복할 방법을 준비해 성공 가능성을 높일 수 있다.

인생을 운에 맡기지 마라

외부의 시각을 얻을 수 있는 또 다른 방법: 다른 사람들에게 적극적으로 피드백 구하기

테너시 윌리엄스Tennessee Williams의 작품 속 등장인물인 블랑슈 뒤부아의 마지막 대사("전 늘 낯선 이의 친절에 기대어 살아왔죠."-옮긴이)를 살짝 바꿔 인용하자면, 우리는 모두 낯선 이의 친절에 기대어 살아야 한다. 그러나 외부의 시각을 얻을 수 있도록 도와줄 낯선 이가 주변에 부족하지 않음에도 우리는 종종 무엇이 진짜 친절인지 헷갈린 탓에 제대로 된 도움을 받지 못하곤 한다.

당신도 다음과 같은 일을 겪은 적이 있지 않은가?

누군가가 내게 와서 치아에 커다란 시금치 조각이 끼었다고 알려줬다. 그러면서 그는 미안하다는 표정으로 사과의 말을 덧붙였다. 그가 알려준 사실 때문에 내가 부끄러워할까 봐 말하기를 몹시 망설였던 것 같다.

고맙다고 인사하고 얼른 시금치를 제거한 후에 기억을 되돌려본다. "내가 언제 시금치를 먹었더라?" 그러고는 시금치를 먹은 것이 한참 전이었으며, 이미 꽤 여러 사람이 그 사실을 알아차렸지만 아무도 내게 말해주지 않았다는 것을 깨달았다.

왜 누군가 좀 더 일찍 말해주지 않았을까 원망스러운 마음이 든다. 그러나 사람들이 그 사실을 알려주지 않은 이유는 내가 오후 내내 시금치 낀 미소를 짓고 다니며 창피를 당하길 바랐기 때문이 아니다. 치아에 시금치가 끼었다고 알려주면 내가 부끄러워할까 봐 오히려 친절을 베푼 것이었다.

다른 사람이 내 치아에 뭔가가 끼었다고 말해주면 그 순간에는 몹시 창피하다. 그러나 그 사실을 아무도 알려주지 않아서 종일 치아에 뭔가가 긴 채로 지내는 것은 그보다 훨씬 더 창피하다. 사람들은 '친절'을 베풀었지만, 그로 인해 당신은 치아에서 시금치를 뺄 수 있는 기회를 얻지 못한 것이다.

의사결정 과정에서도 이와 같은 일이 일어난다.

대부분이 이 장의 첫 번째 연습문제에서, 항상 엉망진창인 연애만 하는 친구에게 실제로 건넬 말과 속으로만 생각하는 말이 다르다고 대답하는 이유도 마찬가지다.

친구의 기분을 상하게 하지 않으려고, 친구에게 친절을 베풀려고 그렇게 한다. 그러나 그로 인해 친구는 앞으로의 연애에서도 더 나은 의사결정을 하지 못할 가능성이 크다. 지금 내 눈앞에 있는 친구에게는 그것이 친절일지 몰라도, 새로운 연애와 함께 또 다른 의사결정을 내려야 하는 미래의 친구에게는 전혀 그렇지 않다.

이렇게 생각하면 내 생각을 솔직하게 말하지 않는 것이 오히려 친구를 더 힘들게 한다는 사실을 알 수 있다. 이와 마찬가지로, 그 순간에 기분이 나쁘다는 이유로 내 생각과 맞지 않는 의견이나 정보로부터 귀를 닫으면 나중에 더 큰 피해가 돌아온다. 지금 당장은 내 정체성을 보호할 수 있을지도 모른다. 그러나 나와 다른 의견을 발견하고 받아들이는 태도에는 내가 앞으로 마주할 모든 의사결정의 질을 개

인생을 운에 맡기지 마라

선하는 힘이 있기 때문에, 장기적으로 보면 그 편이 오히려 내 정체성을 더욱 견고하게 해줄 것이다.

사람들에게 그저 조언이나 피드백을 구하는 것만으로는 외부의 시각을 얻기에 충분하지 않다. 대부분은 상대방의 기분을 상하게 할까 봐, 상대방의 의견에 이의를 제기해서 창피를 줄까 봐, 상대방이 바라지 않는 관점을 제공하게 될까 봐 걱정돼서, 상대방의 생각과 다른 의견을 내기 꺼리기 때문이다. 게다

다른 사람이 좋은 의도로 내 의견에 반대할 때에는 오히려 그들의 친절에 감사해야 한다.

가 우리 모두는 내부의 시각과 일치하는 의견을 듣기 좋아해서 자신과 같은 방식으로 세상을 보는 사람들을 일부러 찾아다니기도 한다.

결국 같은 의견만 메아리치는 방 안에 서 있는 셈이다. 특히 객관적인 조언을 해주리라 생각되는 제3자가 그저 친절을 베풀기 위해 내 의견에 동조한다면 내부의 시각이 마치 외부의 시각인 것처럼 받아들여지기 때문에 더욱더 기분 좋게 느껴진다. 그러나 이와 같은 피드백은, 다른 사람에게도 객관적으로 인정받은 의견이라는 생각 때문에 오히려 내부의 시각을 증폭할 뿐이다.

이 책에서 소개하는 여러 전략은 내 목소리만 메아리치는 방에서 벗어나서, 생각의 오류를 바로잡아줄 정보와 나와 다른 관점을 발견할 기회를 극대화하는 것을 목표로 한다. 내게 외부의 시각을 전해줄

수 있는 사람을 통해 세상과 소통할수록, 내가 세계를 바라보는 관점 또한 더욱 정확해질 것이다.

열린 마음으로 외부의 시각을 구하라. 내 등에 붙어 있는 '날 발로 차줘' 쪽지와 치아에 낀 시금치, 그리고 내 관점에만 사로잡혀 골머리를 앓고 있는 여러 문제에 대해 더 많은 것을 알아낼 수 있을 것이다. 의사결정 과정에 입력되는 정보에 섞여드는 불량품을 줄일 수 있으며, 따라서 의사결정의 질 또한 높아질 것이다.

❶ 현재 고민하는 문제를 하나 떠올려보라. (어쩌면 그게 이 책을 집어 든 이유일지도 모르겠다.)

내 연애는 왜 항상 엉망인지, 나는 왜 매번 직장 동료들과 잘 지내지 못하는지 등처럼 과거의 고민일 수도 있고, 어느 대학교에 진학해야 할지, 어떻게 하면 평생을 함께할 사람을 만날 수 있을지, 진로를 바꿔야 할지, 영업실적을 올리려면 어떻게 접근해야 할지 등처럼 앞으로의 일에 대한 고민일 수도 있다.

이제 관점 추적perspective tracking이라는 것을 해보자.

다음 페이지에 두 개의 빈칸이 있다. '외부의 시각' 칸에는 내가 처한 상황을 최대한 제3자의 입장에서 설명하라. '내부의 시각' 칸에는 말 그대로 내부의 시각에서 바라본 상황을 적으면 된다.

인생을 운에 맡기지 마라

관점 추적 도구를 사용할 때는 먼저 외부의 시각을 살펴본 다음에 내부의 시각으로 옮겨가는 것이 중요하다. 외부의 시각부터 생각해야 일반적이고 객관적인 사실, 다른 사람들의 입장에서 본 내 상황을 고려할 수 있다. 그러나 내부의 시각에 먼저 닻을 내리면, 거기에 지나치게 단단히 고정돼서 빠져나오기 힘들어진다.

외부의 시각을 살펴보려면 다음 두 가지 방법을 활용할 수 있다.

(1) 직장 동료나 친구나 가족이 그 같은 고민을 하고 있다면 나는 어떻게 생각할지 스스로에게 물어본다. 나의 관점은 그들과 어떻게 다를 것인가? 어떤 조언을 할 것인가? 어떤 해결책을 제시할 것인가?

(2) 나와 같은 상황에서 다른 사람은 어떤 결과를 얻었는지를 알 수 있는 기저율이나 정보를 찾아본다.

관점 추적장치

외부의 시각	내부의 시각

❷ 다음 빈칸을 활용해서 외부의 시각과 내부의 시각을 결합해 보자. 당신이 생각하기에 두 가지 관점이 정확하게 교차하는 지점을 설명하면 된다.

_____

_____

_____

_____

_____

_____

_____

_____

❸ 이번 연습문제를 통해 자신이 처한 상황을 바라보는 방식이 달라졌는가?

☐ 그렇다   ☐ 아니다

만약 그렇다면, 그 이유는?

_____

_____

_____

인생을 운에 맡기지 마라

사실 추적장치를 통해, 내가 아는 정보와 모르는 정보를 구분하고, 더 많은 정보를 찾아야겠다는 자극을 받고, 의사결정 당시의 생각을 기록해서 내가 한 결정에 책임을 지고, 기억잠행을 막을 수 있는 것처럼, 관점 추적장치 역시 유용한 장점이 매우 많다.

의사결정 과정에서 관점 추적장치 사용을 습관화하면 내부의 시각이 운전대를 독식하는 것을 막을 수 있다. 자신의 직관을 좀 더 의심스러운 눈으로 볼 수 있다. 외부의 시각을 고려할 수 있다. 그리고 외부의 시각을 고려하려면 내 결정에 대한 다른 사람들의 피드백과 일반적인 사실, 정보를 찾아 나설 수밖에 없다.

의사결정으로 인해 일어날 수 있는 결과나 잠재적 보상을 생각할 때도, 일이 좋은 방향 또는 나쁜 방향으로 풀릴 확률을 예측할 때도, 외부의 시각과 내부의 시각을 분리해서 각각 검토하는 시간을 가지면 정확성의 영역에 좀 더 깊이 들어설 수 있을 것이다.

또한 외부의 시각과 내부의 시각을 기록하는 습관을 들이면 의사결정 당시에 내가 어떻게 생각했는지를 두고 좀 더 나은 피드백을 얻을 수 있다. 왜냐하면 미래가 전개될수록 사람의 관점도 변화하기 마련인데, 당시 입장에 대한 객관적인 기록이 남아 있으면 좀 더 질 좋은 피드백이 가능할 뿐만 아니라 자신이 한 의사결정에 책임감도 가질 수 있기 때문이다.

관점 추적장치: 경험의 역설을 해결할 수 있는 또 다른 도구

승진에서 탈락했든, 영업실적을 채우지 못했든, 줄줄이 얼간이만 만나든 간에, 관점 추적장치를 활용하면 그런 일이 일어난 이유를 좀 더 정확하게 파악할 수 있다. 그리고 정확한 원인을 알면 이후 비슷한 상황이 일어났을 때 더 나은 의사결정을 내릴 수 있다.

결과가 좋지 않을 때, 내부의 시각은 의사결정의 문제가 아니라 나쁜 운을 탓하는 쪽으로 우리의 생각을 끌고 간다. 어쨌든 운은 자기서사를 보호하기 위해 숨을 수 있는 가장 쉬운 도피처이기 때문이다. 그러나 내 상황의 주요 원인으로 운을 지목하면 정작 문제 해결에는 크게 도움이 되지 않는다.

만약 운이 범인이라면 의사결정은 책임을 면한다. 내가 통제할 수 없었던 결과이기 때문이다. 세상은 얼간이들로 가득 찼고, 계속해서 그런 인간들만 만날 만큼 내 운이 나쁘다는 것 외에는 얻을 교훈이 없다.

그러나 결과가 좋지 않을 때, 외부의 시각은 내가 한 의사결정이 나를 어디로 이끌었는지를 생각한다. 내가 운을 바꿀 수는 없다. 내가 바꿀 수 있는 것은 의사결정뿐이다. 그리고 외부의 시각은 내가 바꿀 수 있는 요인에 집중한다.

결과가 좋을 때

결과가 좋을 때에는 정반대의 일이 일어난다.

인생을 운에 맡기지 마라

꿈꾸던 회사에 취업했든, 목표를 한참 웃돌게 실적을 달성했든, 평생의 동반자를 만났든 간에, 내부의 시각은 그것이 전부 의사결정 덕분이라고 보고 운의 역할은 무시한다. 그렇게 하면 자기서사를 유지하는 데에는 확실히 도움이 되겠지만, 내가 거둔 성공이 앞으로도 계속 이어질 것이라고 과신하게 된다.

만약 당신이 원하는 것이 앞으로의 성공 가능성을 점점 줄여나가는 것이라면, 내부의 시각에만 의존한 채 자신의 의사결정 기술을 과대평가하고 운은 과소평가하면서 살면 된다. 그러나 외부의 시각은 운의 역할에 좀 더 집중한다. 결과가 좋을 때에도 관점 추적장치를 사용하는 것이 그토록 중요한 이유다.

현재를 위해 미래를 팔지 마라

성공이나 실패와 관련해서, 특히 내부의 시각이 더 달콤하게 느껴진다면 외부의 시각으로 세상을 보기가 괴로울 수 있다. 그러나 거기에는 고통을 감수할 만한 가치가 있다. 주어진 선택지는 두 가지다. 하나, 지금 당장 자신의 정체성을 보호하기 위해서 나쁜 결과에 내 의사결정이 미친 영향, 좋은 결과에 운이 미친 영향을 외면한다. 둘, 외부의 시각을 포용함으로써 앞으로의 의사결정 과정에 입력될 정보에서 불량품을 더 많이 걸러내고 결국에는 정체성까지 더욱 단단하게 강화하는 쪽을 선택한다.

하나를 얻으면 다른 하나는 잃을 수밖에 없다.

'관점 뒤집기'에 대해 꼭 알아두어야 할 것들

● 내부의 시각은 자기 자신의 관점과 신념과 경험을 통해 세상을 바라보는 것이다.

● 흔히 나타나는 인지 편향 중 상당수가 부분적으로는 내부의 시각으로 인해 발생한다.

● 장단점 목록은 내부의 시각을 증폭시킨다.

● 외부의 시각은 자기 자신의 관점과는 독립적으로 존재하며, 제3자가 내 상황을 보는 방식 또는 일반적이고 객관적인 사실을 통해 세상을 바라보는 것이다.

● 스스로 자신의 상황을 객관적으로 보고 있다고 생각할 때도 외부의 시각을 검토하는 것은 중요하다. 똑같은 정보를 갖고도 사람마다 다른 결론을 도출할 수 있기 때문이다.

● 내부의 시각에 뿌리를 내리고 있는 인지 편향과 오류는 외부의 시각이 바로잡을 수 있기 때문에, 외부의 시각에 먼저 닻을 내려야 한다.

● 정확성은 내부의 시각과 외부의 시각이 교차하는 지점에 존재한다. 내가 처한 상황의 구체적인 사실도 중요하지만 그러한 사실을 일반적인 사실과 결합해서 고려하는 것은 더욱 중요하다.

인생을 운에 맡기지 마라

● 세상을 이해하는 논리에 관한 한, 운전대는 나의 신념과 생각이 꽉 붙들고 있다.

● 의도적 합리화는 무엇이 진실인지보다는 내가 원하는 결론을 도출하는 방향으로 정보를 처리하는 경향을 뜻한다.

● 똑똑한 사람도 의도적 합리화와 내부의 시각 문제에서 자유롭지 않다. 솔직히 말하면 그들은 자신의 직관에 자신감을 갖고 있으며, 자신의 관점이 옳다고 다른 사람들을 설득하는 능력이 뛰어나기 때문에 오히려 더 위험할 수 있다.

● 외부의 시각을 얻을 수 있는 좋은 방법 중 하나는 내가 처한 상황에 적용할 수 있는 기저율을 찾아보는 것이다.

● 외부의 시각을 얻을 수 있는 또 다른 방법은 다른 사람들에게 조언과 피드백을 구하는 것이다. 이때 중요한 것은, 상대방이 나와 다른 정보를 갖고 있거나 내 생각에 동의하지 않을 때도 자유롭게 의견을 말할 수 있는 분위기를 만들어주는 것이다. 그러지 않으면 자신의 의견을 객관적으로 인정받았다고 오해해 오히려 내부의 시각이 증폭될 수도 있다. 다른 사람에게 피드백을 요청할 때에는 나와 생각이 다른 사람의 목소리에 귀를 기울여야 하며 상대방이 거리낌 없이 자기 생각을 말할 수 있도록 격려해야 한다.

● 관점 추적을 습관화하라. 내가 처한 상황을 처음에는 온전히 외부의 시각에서 관찰한 후 내부의 시각에서 살펴보면 두 가지 시각을 아우르는, 좀 더 정확한 시각을 확보할 수 있다.

6장 체크리스트

☐ 내가 처한 상황을 온전히 외부의 시각에서 살펴보라. 외부의 시각은 (a)이와 같은 상황에서 적용할 수 있는 기저율과 (b) 다른 사람의 관점을 포함해야 한다.

☐ 내가 처한 상황을 온전히 내부의 시각에서 살펴보라.

☐ 외부의 시각과 내부의 시각이 교차하는 지점을 찾음으로써 자신의 위치를 좀 더 정확하게 파악하라.

인생을 운에 맡기지 마라

날씨와 행복의 상관관계?

───────────────────────────────

    날씨가 좋은 지역에 사는 사람들이 더 행복하다고 믿는 사람이 많다. 그러나 노벨상 수상자 대니얼 카너먼^{Daniel Kahneman}과 그의 동료 데이비드 샤케이드^{David Schkade}가 그러한 믿음을 확인한 결과, 지역의 날씨는 사람의 행복에 거의 영향을 미치지 않는다는 사실을 발견했다.[15] 그들은 오하이오 주립대학교, 미시건 주립대학교, UCLA, 캘리포니아 어바인 주립대학교 학생 약 2,000명을 대상으로 행복도를 측정했다. 대부분은 캘리포니아 지역의 학생들이 더 행복할 것이라고 예상했지만, 연구 결과 (객관적으로 날씨가 좋다고 볼 수 없는) 중서부 지역의 학생과 캘리포니아 지역의 학생 간에 행복도 차이는 거의 나타나지 않았다.

    이는 내부의 시각과 외부의 시각이 서로 충돌하도록 허용했을 때 얻을 수 있는 이점을 잘 보여주는 사례다. 우리는 날씨가 사람에게 미치는 영향을 잘 알고 있다고 생각하고 또 그 믿음을 제법 확신한다. 그러나 과학적인 실험을 통해 진실을 확인해보니 우리의 직관은(우리가 날씨에 반응하리라는 믿음이 실제로 우리의 행동과 감정에 영향을 미칠 수 있음에도 불구하고) 꽤 부정확한 것으로 드러났다.

보스턴에 있는 회사에 취업할 것인지를 고민하는 사례와 같이, 사람들이 날씨를 고려할 때에는 대부분 남쪽이나 서쪽의 따뜻한 지역에서 북동쪽의 추운 지역으로 옮기는 것이 자신에게 좋지 않은 선택이리라고 생각한다. 날씨가 행복에 미치는 영향이 크다고 믿기 때문이다. 그리고 만약 당신이 추운 지역으로 이사할 경우, 바로 그 잘못된 믿음 때문에 실제로 덜 행복해질 수도 있다.

조금만 시간을 들여서 외부의 시각을 살펴봤다면, 날씨가 내 행복에 미치는 영향을 훨씬 현실적인 관점에서 이해할 수 있었을 것이다. 물론 일반적으로 행복에 날씨가 미치는 영향이 크지 않다고 해서, 내 행복에도 아무런 영향을 미치지 않으리라는 뜻은 아니다. 그러나 대부분이 날씨와 행복의 상관관계를 믿는다고 해서 그 믿음에 반드시 의존할 필요는 없다는 것 정도는 깨달을 수 있다.

인생을 운에 맡기지 마라

7장

분석 마비에서 탈출하기

의사결정의 시간을 좀 더 현명하게 사용하려면

HOW TO
DECIDE

다음 사항을 결정하는 데 사람들이 일주일에 몇 분이나 사용하고 있을지 추정해보라.

	일주일에 몇 분
1. 무엇을 먹을까?	
2. 넷플릭스에서 무엇을 볼까?	
3. 무엇을 입을까?	

평균적으로 사람들이 이러한 결정을 하는 데 쓰는 시간은 다음과 같다.

- 무엇을 먹을까? - 일주일에 150분[1]
- 넷플릭스에서 무엇을 볼까? - 일주일에 50분[2]
- 무엇을 입을까? - 일주일에 90~115분[3]

　　　　　　　　　　　　인생을 운에 맡기지 마라

만약 당신도 여느 사람과 크게 다르지 않다면 굉장히 많은 시간을 분석 마비analysis paralysis에 쓰고 있다는 뜻이다.

사람들이 무엇을 먹을지, 볼지, 입을지 결정하는 데 쓰는 시간을 전부 합하면 연간 평균 250~275시간에 달한다. 얼핏 생각해도 별로 중요하지 않은 일에 쓰기에는 너무 많은 시간이다.

이처럼 사소하고 일상적인 일을 결정하느라 여기저기에서 조금씩 낭비하는 시간이 그다지 크게 느껴지지 않은 이유는 가랑비에 옷 젖듯이 은근하게 이뤄지기 때문이다. 이렇게 소소한 낭비가 오랜 시간 쌓이고 쌓여서 결국 주당 근무시간(일주일에 40시간-옮긴이)으로 치면 1년에 7주에 해당하는 시간을 무엇을 먹을지, 볼지, 입을지를 결정하는 데 쓰는 것이다.

시간은 한정된 자원이므로 현명하게 써야 한다. 내가 의사결정에 쓰는 시간은, 가령 친구들과 함께 밥 한 끼 하면서 밀린 수다를 떠는 등의 다른 소중한 일에 쓸 수도 있는 시간이다. 따라서 의사결정을 언제 더 빠르게 (또는 언제 더 신중하게) 해야 할지를 구분하는 능력을 갖추는 건 매우 중요하다.

과속 비용

그러나 여기서부터 조금 까다로워진다. 지나치게 신중하게 결정하느라 발생하는 비용이 다른 일(잠재적 이득이 더 많을지도 모르는 의사결정을 내리는 일 등)에 쓸 수 있는 시간이 줄어드는 것이라면, 지나

시간-정확성 상충관계

정확성을 높이면 의사결정에 소요되는 시간도 늘어난다. 반면 시간을 아끼면 정확성이 떨어진다.

치게 빨리 결정해서 생기는 비용도 있다. 의사결정 시간이 짧을수록 정확성이 희생되기 때문이다.

의사결정자는 두 가지를 동시에 얻기를 원한다. 시간을 너무 많이 낭비하고 싶지도 않고, 정확성을 너무 많이 희생하고 싶지도 않다. 골디락스goldilocks(뜨겁지도 차갑지도 않은 호황-옮긴이)처럼 시간과 정확성이 '딱 적절하게' 균형을 이루는 지점을 찾는 것이 의사결정자의 목표다. 그리고 대부분의 사람에게 무엇을 먹을지, 볼지, 입을지를 결정하는 문제에서 '딱 적절한 지점'이란 빠른 결정을 의미한다.

이러한 의사결정 체계가 결정 속도를 높여준다고?

우리가 일상적으로 마주하는 의사결정 문제 중 상당수는 빨리 결정하는 편이 좋다는 데 아마 이견이 없을 것이다. 그러나 이 책에서 제공하는 의사결정 과정이 도대체 무슨 수로 의사결정 속도를 높여준다는 것인지에 대해서는 의아해하고 있을 것이다. 의사결정 나무를 만들고, 확률을 예측하고, 반사실적 사고를 하는 등 일련의 과정을 거치면서 지금쯤 이런 생각을 하고 있을지도 모르겠다. '사흘에 하나씩만 결정해도 다행이겠네.'

인생을 운에 맡기지 마라

동의할 수 없는 이야기처럼 들리겠지만 이 책에서 제공하는 의사결정 체계는 실제로 의사결정 속도를 높여주는데, 그 이유는 다음과 같다.

시간-정확성 간에 적절한 균형을 이루려면, 긴 시간을 들여 신중하게 결정했을 때와 비교해서, 빠르지만 질이 낮은 결정을 내렸을 때 얻게 될 페널티가 무엇인지 파악해야 한다.

페널티가 적을수록 의사결정 속도를 높일 수 있고, 페널티가 클수록 신중하게 결정해서 정확성을 확보해야 한다. 결과가 좋지 않을 때의 잠재적 영향력이 약할수록 의사결정 속도를 높일 수 있고, 잠재적 영향력이 강할수록 더 신중하게 결정해야 한다.

더 나은 의사결정을 위한 6단계를 통해 우리는 일어날 수 있는 결과를 상상해보고, 결과로 인한 보상을 고려하고, 각각의 결과가 일어날 확률을 예측하는 과정을 거쳤다. 이 책에서 소개하는 의사결정 체계가 시간-정확성 상충관계를 다루는 데 도움이 되는 이유가 여기에 있다. 상승잠재력과 하강잠재력의 측면에서 의사결정을 검토하도록 이끌어주기 때문이다. 이는 잠재적 영향력을 고려하게 해준다는 뜻이기도 하다.

어떤 의사결정을 내 생각대로 진행했을 때 미래가 어떻게 전개될지를 상상해보면, '올바른' 의사결정을 내리지 못했을 때 치러야 할 비용이 언제 적은지 구분하기가 더 쉽다.

저녁 메뉴를 고르는 것보다 좀 더 중요한 결정을 할 때도, 이 같은 의사결정 체계가 의사결정 속도를 높일 수 있도록 도와줄 것이다. 이 책에서 소개하는 의사결정 도구를 활용하면 직관이나 질 낮은 지름길을 통해 의사결정을 할 때보다 시간은 오래 걸릴 것이다. 그러나 그건 시간을 들여서 신중하게 결정하는 것이 적절한 때에 해당한다.

의사결정 시간을 아껴서 할 수 있는 것: 새로운 것을 경험하기![4]

반복해서 강조하지만 질 좋은 의사결정을 내리기 위해서는, 세계에 대해 더 많은 것을 배우고 경험함으로써 '내가 모르는 정보' 상자에 있던 것을 '내가 아는 정보' 상자로 옮길 방법을 찾는 데 집중해야 한다. 여기서 말하는 '정보'는 단지 새로운 사실을 배우고, 일이 어떻게 돌아가는지 파악하고, 미래를 좀 더 정확하게 예측하는 것만을 뜻하지 않는다.

나의 선호, 즉 내가 무엇을 좋아하고 싫어하는지를 파악한다는 뜻이기도 하다.

자신의 선호를 잘 알수록 더 좋은 의사결정을 내릴 수 있다. 그리고 내가 무엇을 좋아하고 싫어하는지 확인할 수 있는 훌륭한 방법 가운데 하나는 직접 경험해보는 것이다. 의사결정에 쓰는 시간을 아낄수록 더 많은 것을 시도해볼 수 있다. 이런저런 것을 실험하고 경험하는 기회를 더 많이 얻을 수 있다. 자기 자신에 대한 것 외에도 여러 많은 새로운 사실을 배울 수 있다.

자, 그러니 이제부터는 의사결정 속도를 높이는 법을 알아보자.

인생을 운에 맡기지 마라

❶
잠재적 영향력이 적은 일을 결정할 때

당신과 내가 식당에서 같이 밥을 먹었다. 당신은 한참을 고민하다가 마침내 메뉴 하나를 골라서 주문했고, 이윽고 주문한 음식이 나왔다. 신중하게 고른 음식은 기대만큼 아주 훌륭했을 수도 있고, 그럭저럭 괜찮았을 수도 있고, 입맛에 별로 맞지 않았을 수도 있다. 혹은 너무 맛이 없어서 한입 먹고 접시를 밀어낼 정도였을 수도 있다.

❶ 1년 후, 길에서 우연히 마주친 당신에게 내가 이렇게 물었다. "1년 동안 잘 지냈어요?" 당신은 좋았다거나 끔찍했다거나 아니면 그 중간쯤의 대답을 할 것이다. 당신의 한 해가 좋았든 나빴든, 내가 이렇게 질문한다고 상상해보라. "1년 전에 우리가 같이 식사했던 거 기억해요? 그날 먹은 음식이 지난 1년간 당신의 행복에 어느 정도 영향을 미쳤나요?"

0에서 5까지의 숫자로 평가해보라. 0은 '아무런 영향도 미치지 못했음'을 뜻하고 5는 '지대한 영향을 미쳤음'을 뜻한다.

영향 없음　　0　1　2　3　4　5　　지대한 영향을 미침

❷ 이번에는 함께 식사한 지 한 달 후, 내가 우연히 당신을 만나서 똑같은 질문을 던졌다고 생각해보자. 그날 먹은 음식이 지난 한 달간 당신의 행복에 미친 영향을 0에서 5까지의 숫자로 평가해보라.

영향 없음　0　1　2　3　4　5　지대한 영향을 미침

❸ 이번에는 함께 식사한 지 일주일 후, 내가 우연히 당신을 만나서 똑같은 질문을 던졌다고 생각해보자. 그날 먹은 음식이 지난 일주일간 당신의 행복에 미친 영향을 0에서 5까지의 숫자로 평가해보라.

영향 없음　0　1　2　3　4　5　지대한 영향을 미침

당신이 대부분의 사람과 같다면, 그날 먹은 음식이 이후 1년간의 행복에 미친 영향은 별로 크지 않다고, 어쩌면 전혀 없다고 대답할 것이다. 아마 한 달 뒤나 일주일 뒤에 질문해도 마찬가지일 것이다. 그 음식이 맛있었든 없었든, 그것이 당신의 장기적인 행복에 상당한 영향을 미칠 가능성은 거의 없다. 넷플릭스에서 재미없는 영화를 골랐다거나, 막상 입고 나가보니 불편한 바지를 골랐다고 해도 상황은 비슷할 것이다.

다시 말해서, 무엇을 먹을지, 볼지, 입을지는 잠재적 영향력이 적

인생을 운에 맡기지 마라

은 의사결정이라는 것이다.

이처럼 행복 테스트happiness test를 활용하면 어떤 것이 잠재적 영향력이 적은 의사결정인지 확인할 수 있다.

세상에는 내가 어떤 것을 선택하든(닭고기냐 생선이냐, 회색 정장이냐 푸른색 정장이냐, 영화 〈오스틴 파워〉냐 〈프린세스 브라이드〉냐), 그 결과가 장기적인 행복에(때로는 단기적인 행복에도) 별로 영향을 미치지 않는 것도 많다.

고민하고 있는 의사결정이 행복 테스트를 통과하면, 다소 '올바르지 않은' 결정을 하더라도 그로 인한 페널티가 적기 때문에 의사결정 속도를 높여도 된다는 뜻이다. 넓은 의미에서, 행복은 어떤 결정이 장기적인 목표를 달성하는 데 미치는 영향을 판단할 때 좋은 기준점이 된다. (행복도로 측정한) 잠재적 이득 또는 손실이 적다면, 그 의사결정의 결과는 잠재적 영향력이 적으므로 빨리 결정해도 무방하다.

행복 테스트

의사결정의 결과가 좋든 나쁘든, 그것이 1년 후 나의 행복에 상당한 영향을 미칠지 스스로에게 질문해본다. 만약 그렇지 않다면, 그 의사결정은 행복 테스트를 통과한 것이므로 의사결정 속도를 높이는 것이 좋다. 한 달 후, 일주일 후의 행복에 미치는 영향에 대해서도 생각해본다. '아니, 내 행복은 그 결과와 별로 상관이 없을 것 같아'라고 생각된다면 의사결정 속도를 높이기 위해 정확성을 희생할 수 있다.

그렇게 절약한 시간은 좀 더 중요한 의사결정을 하는 데 쓰거나, 위험도가 낮은 실험적인 선택을 시도해봄으로써 새로운 정보를 습득하는 데 쓸 수 있다.

그보다 더 빠르게 결정하기: 선택지가 반복될 때

닭고기를 먹을지 생선을 먹을지 고민에 빠졌다. 결국 생선을 주문했는데 엄청나게 맛없고 말라비틀어진 음식이 나왔다. "아, 닭고기를 시켰어야 했는데!"

저녁에 파티 약속이 있다. 아주 말쑥한 옷과 좀 더 캐주얼한 옷 중에서 고민하다가 정장을 차려입고 갔는데 다른 사람들은 전부 다소 캐주얼한 의상을 입고 왔다. 다른 선택을 하지 않은 것을 후회했다.

잘못된 의사결정이 장기적인 행복에 크게 영향을 미치지 않는 경우에도 단기적으로는 여전히 비용이 발생할 수 있다. 그것은 바로 후회이다.

후회(또는 후회할지도 모른다는 두려움)는 거의 모든 순간에 결정 장애를 가져올 수 있다.

결과가 좋지 않을 때 사람들은 후회의 감정을 느낀다. 그리고 바로 그 후회할지도 모른다는 걱정 때문에 분석 마비에 빠진다. 더 많은 시간을 들여서 신중하게 결정하면 나쁜 결과를 얻을 가능성이 줄어들고 따라서 후회할 일도 적으리라고 생각하기 때문이다.

(진짜로 고려해야 할) 장기적인 영향력을 생각하기보다는 눈앞의

인생을 운에 맡기지 마라

걱정, 즉 후회할지도 모른다는 두려움 때문에 쉽사리 결정하지 못하는 것이다. 그리고 후회를 두려워하는 마음은 그 대가로 시간을 가져간다.

그러나 반복적인 선택repeating options은 후회의 감정을 메우는 데 도움이 된다. 이는 동일한 의사결정 사항을 두고 선택지가 반복적으로 주어지는 경우를 가리키는데, 특히 다음 기회가 돌아올 때까지 걸리는 시간이 짧을수록 효과가 좋다. 예를 들어, 식당에서 내가 메뉴를 잘못 골라서 정말 맛없는 음식이 나왔더라도 몇 시간 후 또 저녁 메뉴를 고를 수 있다고 생각하면 후회의 감정을 줄일 수 있다.

수강신청 과목을 결정하는 것도 반복적인 선택이다.

데이트 상대를 고르는 것도 반복적인 선택이다.

어떤 길로 운전해서 갈지를 정하는 것도 반복적인 선택이다.

어떤 영화를 볼 것인지 고르는 것도 반복적인 선택이다.

고민 중인 의사결정이 행복 테스트를 통과하면 빠르게 결정할 수 있다. 반복적인 선택에 해당한다면 그보다도 더 빠르게 결정할 수 있다. 잠재적 영향력

반복적인 선택

같은 종류의 의사결정 순간이 되풀이해서 다가온다면 다양한 선택을 할 수 있는 기회가 반복적으로 주어지므로, 이전에는 생각조차 하지 않았던 선택지를 고르는 모험을 시도해볼 수도 있다.

이 적은 의사결정 문제에서는 혹시 잘못된 결정을 하더라도 금세 다음 기회가 돌아와서 그로 인한 비용 손실, 즉 후회가 적기 때문이다.

반복적인 선택은 확신이 없는 것, 예를 들어 한 번도 먹어본 적 없는 음식이나 한 번도 시청한 적이 없는 TV 프로그램을 시도해볼 수 있는 기회도 제공한다. 모험을 한다고 해서 별로 잃을 것이 없기 때문이다. 적은 비용으로, 오히려 자신의 선호에 대한 새로운 정보를 얻고 깜짝 놀랄지도 모른다.

그렇게 습득한 정보는 앞으로의 모든 의사결정에 영향을 미친다. 실패 비용이 낮을 때 도전해보지 않았더라면 절대 알지 못했을 정보를 토대로, 잠재적 영향력이 더 크고 중요한 의사결정을 더욱 현명하게 내릴 수 있다.

❶ 현재 고민하는 또는/그리고 과거에 힘겹게 고민했던 의사결정 문제 중에서, 지금 생각해보니 잠재적 영향력이 낮은 의사결정에 해당하는 사례가 있다면 적어보자.

_____

_____

_____

_____

인생을 운에 맡기지 마라

의사결정 속도를 높일 수 있는 문제였는가? 어떻게 하면 더 빠르게 결정할 수 있었을까?

---

❷ 위에서 적은 사례 외에도, 오랫동안 고민해온 문제 중에서 행복 테스트를 통과한 것이 있다면 최대 다섯 개까지 적어보자. 그중 적어도 한 가지는 행복 테스트를 통과한 것인 동시에 반복적인 선택에도 해당해야 한다.

---

❷
잠재적 손실이 적을 때는 빠르게 결정하라

잡학상식 퀴즈를 즐기는 남자

길을 걷고 있는데 어떤 남자가 다가와서 말을 걸었다. "내가 잡학
상식 퀴즈를 하나 내지. 만약 당신이 정답을 맞히면 만 원을 주겠소."

당신은 의심스러운 눈초리로 되물었다. "제가 틀리면요? 그러면
제가 만 원을 드려야 하나요?"

"그렇지 않소! 난 그저 퀴즈 내는 걸 좋아해서, 사람들이 정답을 맞
히면 상품으로 돈을 주면서 즐거움을 느끼는 것일 뿐이오."

아무것도 잃을 것이 없다는 사실을 확인한 당신은 "그럼 할게요"
라며 남자의 제안을 받아들였다.

"주도의 인구수가 가장 적은 주가 어디인지 아시오?"

"버몬트주?"라며 당신은 추측했다. 남자는 기쁜 듯이 박수를 치더
니 정답을 맞힌 대가로 당신에게 만 원을 건넸다.

"자, 그럼 다시 만 원을 걸고, 그 주도의 이름은?"

음, 딱히 아는 바가 없는 당신은 버몬트주에서 유일하게 이름을
알고 있는 도시를 말했다.

"벌링턴!"

안타깝다는 표정으로 남자는 고개를 저었다. "아쉽군. 정답은 몬트

필리어라네."

비록 정답을 맞히지는 못했지만 약속대로 당신은 아무것도 잃지 않았다. 이후 다시는 그 남자를 보지 못했지만 어쨌든 만 원만큼 더 부자가 됐다.

이것이 프리롤freefoll이다.

마음에 드는 이성에게 데이트 신청을 할까 말까 고민하는 친구에게 "그냥 물어봐. 어쩌면 평생의 연인이 될지도 모르잖아. 기껏해야 거절당하기밖에 더하겠어?" 이렇게 말한 경험이 있지 않은가? 만약 그렇다면 당신은 프리롤이라는 단어는 처음 들어봤어도 그 개념 자체는 이미 이해하고 있는 셈이다.

프리롤의 개념은 밑져야 본전인 상황을 포착하는 데 유용한 심적 모형이다. 프리롤의 핵심은 제한적인 손실limited downside, 즉 잃을 게 별로 없다는 것이다 (반면 얻을 것은 많을 수도). 일반적으로는 의사결정 속도를 높이면 나쁜 결과를 얻을 가능성이 커지지만, 프리롤 상황일 때는 그러한 페널티가 적용되지 않는다.

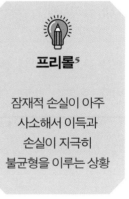

프리롤[5]

잠재적 손실이 아주 사소해서 이득과 손실이 지극히 불균형을 이루는 상황

다음 질문 중 하나 또는 두 가지 전부를 스스로 생각해보면 제한적인 손실만 존재하는 의사결정인지를 파악할 수 있다.

1. 일어날 수 있는 최악의 상황은?
2. 결과가 좋지 않을 경우, 의사결정 전보다 상황이 나빠지는가?

이득과 손실의
불균형이 심할수록,
즉 잠재적 손실은
제한적인 반면 잠재적
이득은 클수록,
더욱 명백한 프리롤
상황으로 볼 수 있다.

일어날 수 있는 최악의 상황이 그렇게 나쁘지 않다면, 또는 결과가 좋지 않더라도 지금보다 더 나빠질 것이 없다면, 그 의사결정 문제는 프리롤에 해당한다. 따라서 정확성을 희생하더라도 잃을 것이 별로 없으므로 의사결정 속도를 높이는 것이 좋다.

물론 모든 의사결정에는 약간의 비용이 존재한다. 그것이 설령 잡학상식 퀴즈를 즐기는 남자의 질문에 대답하느라 소비한 시간일 뿐이라도 말이다. 프리롤 개념을 적용한다는 것은 하강잠재력이 아예 0인 상황을 찾는 것이라기보다는 하강잠재력과 상승잠재력이 불균형한 의사결정인지를 확인한다는 뜻에 가깝다.

사실, 공짜 점심은 진짜로 존재한다

프리롤 상황이 현실에서 존재하기에는 지나치게 이상적인 것 아니냐고 생각할지도 모르겠다. 그러나 막상 찾아보면 생각보다 꽤 쉽게 발견할 수 있다.

인생을 운에 맡기지 마라

대학교 지원서류를 접수하는 중이다. 내가 원하는 대학교는 합격할 확률이 매우 낮다. 그래도 한번 지원해봐야 할까? 지원 비용이 크게 부담되지 않는다면, 떨어진다고 해서 손해 볼 것도 없고, 만에 하나 합격한다면 꿈에 그리던 대학교에 다닐 수 있다.

살 집을 찾고 있다. 늘 그렇듯이 부동산 중개인이 소개한 집은 아주 멋지고 훌륭하지만 매매가가 내 예산 범위보다 20%나 높다. 내가 지불할 수 있는 금액대로도 거래가 가능한지 한번 물어볼까? 혹시 매도인이 거절하더라도 내가 잃을 것은 없다. 받아들이면 대박인 거고.

프리롤 상황에서는 주어진 기회를 빠르게 낚아채는 것이 유리하다. 더 빨리 결정할수록, 의사결정의 상승잠재력을 현실화하는 데 더 많은 시간을 쓸 수 있기 때문이다.

일단 프리롤 상황임을 파악하고 나면 그 기회를 잡을지 말지는 고민할 필요가 없다. 그런데도 사람들은 자꾸만 시간을 더 끌려고 한다. 그럴 바에는 얼른 기회를 잡은 후, 바라는 결과를 현실로 만들기 위한 노력에 그 시간을 쓰는 것이 낫다. 합격 가능성이 낮은 대학교에 지원할지 말지는 빠르게 결정하고, 지원서를 훌륭하게 쓰는 데 시간을 써라. 원하는 집을 사기 위해 가격 절충을 시도할지 말지는 빠르게 결정하고, 어떻게 하면 매도인을 잘 설득할 수 있을지를 고민하는 데 시간을 써라.

그렇게 절약한 시간은 또 다른 프리롤 기회를 잡는 등 새로운 좋은 의사결정을 내리는 데에 쓸 수도 있다. 그러나 마음에 드는 이성에게 데이트 신청을 고민하는 친구와 마찬가지로, 사람들은 프리롤 상황을 두고 망설이다가 기회를 놓치기도 한다. 사람들이 프리롤 상황을 구분하지 못하는(그러다가 기회를 놓치는) 이유는 무엇일까?

설득력 있는 이유 중 하나는, 일반적으로 프리롤 상황이 행복 테스트를 통과하지 못하기 때문이라는 것이다. 방금 막 예로 든 사례만 봐도, 잡학상식 퀴즈를 즐기는 남자 덕분에 1~2만 원을 버는 것보다는 훨씬 더 의미 있고 중요한 일이다. 대학교 진학 문제, 매매할 집을 결정하는 문제 등은 모두 잠재적 영향력이 몹시 큰 의사결정이다. 다시 말해서 의사결정이 가져올 수 있는 후폭풍이 크기 때문에 분석 마비에 걸릴 수 있다는 것이다.

다음 그림과 같이 의사결정의 영향력이 너무 크면, 사람들은 자기

프리롤

인생을 운에 맡기지 마라

가 잠재적 손실이 제한적인 프리롤 상황에 있다는 사실을 쉽게 알아차리지 못한다. 그러다 보면 그 의사결정이 내 행복에 미칠 수 있는 거대한 잠재적 영향력이 나한테 유리한 방향으로만 치우쳐 있다는 사실을 놓치고 만다.

이와 더불어 실패 또는 거절에 대한 두려움이 분석 마비를 일으키기도 한다. 원하는 대학교에서 불합격 통지서를 받으면 그 순간에는 당연히 속상한 마음이 든다. 또한 부동산 중개인에게 "집주인이 말도 안 되는 제안이라고 하더군요"라는 말을 전해 듣고 싶은 사람은 아무도 없을 것이다.

만약 프리롤 기회를 놓쳤거나 사소하고 일시적인 감정 때문에 의사결정을 망설인 적이 있다면, 당신은 거절의 순간을 부풀려서 받아들이느라 자신에게 유리한 방향으로 치우친 잠재적 이득과 손실의 불균형을 무시한 셈이다. 그런 기회를 그냥 흘려보내면, 일시적인 감정으로부터 스스로를 보호할 수는 있겠지만, 대신 의미 있고 장기적인 성장을 이룰 수 있는 기회도 같이 사라진다.

❶ 현재 고민하는 또는/그리고 과거에 힘겹게 고민했던 의사결정 문제 중에서, 지금 생각해보니 잠재적 이득만 많고 잠재적 손실은 제한적인 프리롤 상황인데도 빨리 결정하지 못한 사례가 있다면 적어보자.

의사결정 속도를 높일 수 있는 문제였는가? 어떻게 하면 더 빠르게 결정할 수 있었을까?

❷ 과거의 의사결정 중 프리롤에 해당하는 사례를 몇 가지 더 떠올려보라.

경고: 공짜 도넛은 프리롤이 아니다

어떤 의사결정의 하강잠재력이 제한적인지를 판단할 때는 일시적

인생을 운에 맡기지 마라

이고 단기적인 잠재적 손실만이 아니라 같은 결정을 반복했을 때 누적되는 효과 또한 고려하는 것이 중요하다.

좀 더 몸에 좋은 음식을 먹기로 결심했는데 회사에서 누군가가 도넛을 사 왔을 때, 우리는 그 도넛이 프리롤이라고 생각하기 쉽다. 어쨌든 달콤한 도넛 하나를 먹는다고 해서 내 건강이 크게 나빠지지는 않을 것이다. 도넛 한 개가 건강에 미치는 영향에 비하면, 그 달콤함이 주는 즐거움이 훨씬 더 크다.

그러나 내가 그와 같은 결정을 계속해서 반복하면 이야기가 달라진다. 같은 논리로 어제는 피자 한 조각을 먹었고, 그저께 저녁에는 영화관에서 커다란 팝콘 한 봉지를 먹었고(즐거운 데이트 시간을 망치고 싶지 않았다), 지난주에는 치즈케이크를 먹었다(남자친구와 싸워서 너무 우울했다). 짜잔, '이번 한 번만'의 사소한 손실이 반복돼 결국에는 상당한 크기로 누적됐다.

복권을 사는 것도 마찬가지다. 로또 구매에 쓰는 몇천 원은 장기적인 행복에 크게 문제가 되지 않는다. 만에 하나 당첨이라도 되면 그야말로 인생역전을 노릴 수도 있다. 이렇게 생각하면 복권 역시 프리롤에 해당하는 것처럼 느껴진다. 그러나 장기적으로 봤을 때 복권이 가져오는 재정상의 손해는 잠재적 이득을 훨씬 뛰어넘는다. 매주 복권을 사느라 쓰는 돈을 전부 더해보면 복권은 전혀 프리롤이 아니며, 오히려 손실이 더 큰 의사결정임을 알 수 있다.

프리롤을 구분하는 질문인 '일어날 수 있는 최악의 상황은?'에 대한 답을 찾을 때는, 같은 결정이 반복됐을 때 나타날 수 있는 효과 또한 검토하도록 유의해야 한다. 그렇게 해야 공짜 도넛은 프리롤이 아님을 알아차릴 수 있다.

어려워 보이지만
알고 보면 간단한 의사결정

내년에 일주일간 휴가를 얻어서 여행을 한번 제대로 가보기로 결심했다. 여행지는 파리나 로마 중 한 곳으로 결정하려고 한다. (당신이 특별히 가보고 싶은 다른 장소가 있거나 버킷리스트에 넣어둔 곳이 있다면 그 두 곳으로 대체해서 상상해도 좋다.)

❶ **파리 또는 로마**(또는 당신이 원하는 다른 두 곳)**로 선택지를 좁힌 후에 그 둘 중에서 하나를 선택하는 일이 얼마나 어려운지 0에서 5까지의 숫자로 평가해보라.**

전혀 어렵지 않다   0   1   2   3   4   5   매우 어렵다

인생을 운에 맡기지 마라

❷ 당신이 여행을 다녀온 지 1년 후, 나는 길에서 우연히 당신을 마주쳤다. "1년 동안 잘 지냈어요?" 당신은 좋았다거나 끔찍했다거나 아니면 그 중간쯤의 대답을 할 것이다. 당신의 대답에 내가 이렇게 물었다. "저번 휴가가 지난 1년간 당신의 행복에 어느 정도 영향을 미쳤는지를 0에서 5까지의 숫자로 표현한다면 어떤가요?"

영향 없음　0　　1　　2　　3　　4　　5　　지대한 영향을 미침

❸ 당신이 여행을 다녀온 지 한 달 후, 나는 길에서 우연히 당신을 마주쳤다. "한 달 동안 잘 지냈어요? 저번 휴가가 지난 한 달간 당신의 행복에 어느 정도 영향을 미쳤는지를 0에서 5까지의 숫자로 표현한다면 어떤가요?"

영향 없음　0　　1　　2　　3　　4　　5　　지대한 영향을 미침

❹ 당신이 여행을 다녀온 지 일주일 후, 나는 길에서 우연히 당신을 마주쳤다. "저번 휴가가 지난 일주일간 당신의 행복에 어느 정도 영향을 미쳤는지를 0에서 5까지의 숫자로 표현한다면 어떤가요?"

영향 없음　0　　1　　2　　3　　4　　5　　지대한 영향을 미침

이와 같은 의사결정을 해야 할 때 대부분의 사람들은 어느 하나를 쉽게 선택하지 못한다.

어쨌든 파리와 로마 중에서 여행지를 결정하는 일은 행복 테스트를 통과하지 못할 것이다. 얼마나 멋진 휴가를 보냈는지에 따라 일주일이나 한 달, 어쩌면 1년까지도 행복도가 달라질 수 있기 때문이다. 돈 걱정 없이 세계 각국을 여행 다니는 부자가 아닌 이상, 반복적인 선택에 해당하지도 않는다. 어쩌면 평생에 단 한 번뿐인 기회일지도 모른다. 그리고 여행이 실패했을 때 얻는 손실도 크다. 파리와 로마 둘 다 돈이 많이 드는 여행지다.

살다 보면 누구나 이처럼 잠재적 영향력이 큰 의사결정의 순간을 시시때때로 직면한다. 가고 싶은 대학교 두 곳에 동시에 합격할 수도 있고, 마음에 드는 집을 두 군데 발견할 수도 있고, 꿈꾸던 직장 두 곳 모두에서 입사 제안을 받을 수도 있다. 그러면 사람들은 둘 사이의 아주 작은 차이점까지 고민하면서 어느 쪽이 조금이라도 더 나은지 심각하게 고민한다. 무엇이 '올바른' 선택인지 알아내기 위해서 각각의 선택지를 끝도 없이 검토하고, 새로운 비교 기준을 자꾸 추가하고, 점점 더 많은 사람에게 조언을 구하면서 하루에도 열두 번씩 마음이 바뀐다.

그러면 다소 특이하지만 간단한 사고실험을 하나 해보자. 만약 파

인생을 운에 맡기지 마라

리와 로마 중에 고르는 것이 아니라, 파리에서 보내는 휴가와 통조림 공장에서 보내는 휴가 중 하나를 선택해야 하는 상황이라면 어떨까? 결정하는 데 어려움이나 걱정이 있을까?

아마도 아닐 것이다.

즉 파리와 로마 중에서 결정하기가 어려운 이유는 두 선택지 간의 **차이가 거의 없기 때문이다.** '파리에서의 일주일 vs. 생선 폐기물 사이에서의 일주일'과 같이 잠재적 보상이 극과 극일 경우에는 의사결정이 전혀 힘들지 않다.

이러한 종류의 의사결정을 내릴 때, 어째서 결정 속도를 높일 수 있는지 그리고 왜 높여야 하는지에 대한 실마리가 바로 여기에 있다.

어려운 의사결정이 곧 쉬운 의사결정이다[6]

각 선택지 간의 수준 차이가 별로 없어서 의사결정 속도가 더딘 경우라면 이는 사실 신속한 의사결정이 가능하다는 신호다. 두 선택지의 상승잠재력과 하강잠재력이 서로 비슷하기 때문에 어떤 결정을 내리든 크게 잘못된 선택이 될 수 없기 때문이다.

그러나 사람들은 대개 두 선택지의 잠재적 보상 규모가 비슷하다는 점을 떠올리기보다는 하강잠재력에만 집중하며 불안해한다. 내 결정의 결과가 별로 좋지 않으면 어떡하지?

택시 운전사가 내 재산을 갈취한 후 인적도 드문 낯선 곳에 나를 내려놓고 그냥 가버릴지도 모른다. 북동쪽으로 이사하고 첫눈이 내린 날, 길에서 미끄러져서 다리가 부러지는 사고를 당할 수도 있다. 꿈에 그리던 집을 고르고 골라서 샀는데 알고 보니 옆집에 웬 미치광이가 살고 있을 수도 있다.

이처럼 하강잠재력에만 집중하면 '결과로 판단하기'가 다시 스멀스멀 기어 나와서 의사결정 속도를 느리게 한다. 물론 신중하게 결정해서 얻는 것도 있지만 잃는 것 또한 많다. 어느 쪽을 택하든 나쁜 결과가 일어날 확률은 거의 같다는 사실을 사람들은 자주 망각한다. 그러고는 만약 여행이 즐겁지 않으면 내가 잘못된 결정을 내렸기 때문이라고 생각한다. 그런 큰 실수를 하지 않으려고 사람들은 그토록 많은 시간을 들여가며 고민한다.

의사결정자 입장에서는 지금 내가 직면한 의사결정 문제가 커다란 늑대만큼이나 위험하고, 잠재적 영향력도 크고, 반복할 수도 없고, 잠재적 손실도 큰 것처럼 느껴진다. 그러나 사실 이러한 종류의 의사결정 문제는 늑대의 탈을 쓴 양이다.

각 선택지의 질을 절대적으로 평가해서 판단하면 관점이 달라진다. 서로 간의 사소한 차이점을 분석하려고 엄청나게 많은 시간을 허비하는 대신 "어느 쪽을 택하든, 얼마나 나쁜 결과가 일어날 수 있을까?"라는 질문과 함께 의사결정을 재구성해보라.

이러한 질문은 여러 가능한 결과 중에서 어떤 것이 실제로 일어날 것인지가 아니라 각 선택지가 지닌 잠재력이 의사결정에 있어서 중요하다는 것을 이해하게 함으로써 미래지향적으로 생각하게 해준다.

인생을 운에 맡기지 마라

둘 다 비슷한 수준의 좋은 선택지이므로 어떤 결정을 내리든 나쁜 결정일 수 없다는 사실을 깨달을 수 있다는 것이다.

이렇게 보면 선택지 간의 차이가 적은 의사결정은 사실 숨어 있는 프리롤이다. 주어진 선택지가 서로 비슷하기 때문에 어느 쪽이든 자유롭게 결정하면 된다. 그리고 무엇을 선택하든 잘못된 결정일 수가 없다.

풍차에 덤비기

비슷한 선택지를 두고 고민하는 일은 마치 풍차에 덤비느라 시간을 낭비하는 것과 같다. 기껏 해봐야 잠재적 보상 간의 근소한 차이를 파악하는 것일 뿐인데, 구분하기도 어려운 아주 작은 차이를 분석하느라 소중한 시간을 버리고 있는 셈이다.

내가 실제로 파리와 로마 중에 어디를 더 좋아할지는 사실 오래 고민한다고 해서 알 수 있는 문제가 아니다. 행여 두 군데 모두 이전에 가본 적이 있다고 해도 이번에는 어느 곳이 더 만족스러울지 알 수 없다. 아무리 많은 사람에게

**어려운 결정이
곧 쉬운 결정**

서로 수준이 비슷한 선택지를 두고 고민할 때에는 선택지 간의 차이가 적기 때문에 어떤 선택을 하든 나쁜 결정이 될 수 없다. 그렇기에 알고 보면 매우 쉽고 빠르게 선택할 수 있는 의사결정 문제에 해당한다.

조언을 구해도, 아무리 많은 후기를 읽어봐도, 그 사람들이 내가 될 수는 없다. 각자의 취향을 지닌, 나와는 다른 사람들이기 때문에 그들의 의견과 경험은 단지 참고만 할 수 있을 뿐이다. 내가 어떤 곳을 더 좋아할지는 그들도 알 수 없다.

보스턴에 있는 회사에 입사 결정을 하기 전에, 내가 그 회사와 도시에 잘 적응할 수 있을지 알아내기 위해 시공간을 넘나들며 확인할 수는 없는 노릇이다. 비슷한 수준의 집 두 곳 중에서 어떤 집을 구입해야 앞으로 10년간 더 행복할지, 비슷한 수준의 대학교 두 군데 중에서 어디에 진학해야 앞으로 4년간 더 행복할지를 미리 확인할 수 있는 방법 또한 존재하지 않는다.

사람은 누구나 '아무 정보도 없는 상태'와 '완벽한 정보를 가진 상태' 사이의 어딘가에 위치하고 있기 때문에 어떤 선택지가 더 좋은지 알아낼 수 있으리라는 생각은 허황된 바람이다.

'100% 확실한 결정'이라는 환상을 좇느라 그렇게 많은 시간을 낭비하고 있는 것이다.

설령 충분한 시간을 들이면 무엇이 최선의 선택인지 알아낼 수 있다 한들, 어쨌든 시간이라는 한정된 자원을 할애할 만큼 가치 있는 일은 아니다. 만약 유럽에서 보낸 멋진 일주일이 앞으로 1년간의 행복도를 평균 5% 증가시키는 잠재력을 갖고 있다고 가정하자. 그리고 많은 시간을 들여서 얻은 완벽한 정보를 토대로, 파리에서의 휴가는 행복도를 4.9%, 로마에서의 휴가는 5.1% 증가시켜준다는 사실을

인생을 운에 맡기지 마라

알게 됐다.

그렇다면 겨우 0.2%밖에 안 되는 차이를 알려고 그 많은 시간을 소비한 것이다. 그리고 거기에 쓴 시간은 내 행복이나 장기적인 목표를 이루는 데 0.2%보다 좀 더 크게 영향을 미치는, 다른 의사결정이나 활동을 하는 데 쓸 수도 있었던 귀한 자원이다.

교착상태에서 벗어나기: '유일한 선택지라면' 테스트[7]

심리학자 배리 슈워츠Barry Schwartz는 저서 《선택의 역설The Paradox of Choice》에서, 늑대의 탈을 쓴 양과 같은 의사결정 문제는 고를 수 있는 선택지가 많을 때 주로 나타난다고 지적했다. 가능한 선택지가 많을수록 괜찮아 보이는 선택지가 둘 이상일 가능성이 높고, 괜찮아 보이는 선택지가 많을수록 분석 마비에 더 많은 시간을 뺏긴다는 것이다.

유일한 선택지라면 테스트

고민 중인 선택지에 대해 "이것이 내게 주어진 유일한 선택지라면 나는 만족할 것인가?"라는 질문을 던져본다.

괜찮은 선택지가 많을수록 걱정이 늘어나는 것, 이것이 선택의 역설이다.

만약 파리와 송어 통조림 공장 중에서 여행지를 골라야 한다면 아무도 어려워하지 않을 것이다. 그러나 가능한 선택지가 파리, 로마, 암스테르담, 산토리니, 마추픽추라면? 무슨 뜻인지 이해했을 것이다.

이처럼 교착상태에 빠졌을 때는 '유일한 선택지라면 테스트$^{only-}$ $^{option\ test}$'를 유용하게 활용할 수 있다.

이것이 내가 주문할 수 있는 유일한 메뉴라면…. 이것이 내가 오늘 밤 넷플릭스에서 볼 수 있는 유일한 영화라면…. 이곳이 내가 여행지로 선택할 수 있는 유일한 도시라면…. 이곳이 내가 합격한 유일한 대학교라면…. 이곳이 내가 입사 제안을 받은 유일한 회사라면….

유일한 선택지라면 테스트를 활용하면 의사결정을 복잡하게 하는 쓸데없는 생각을 전부 치워버릴 수 있다. 파리가 유일한 선택지라도 만족한다면, 그리고 로마가 유일한 선택지라도 만족한다면, 그냥 동전을 던져서 둘 중 하나로 결정해도 상관없다는 뜻이다.

❶ 다음 일주일간 식당에 갈 때마다 유일한 선택지라면 테스트를 해보자. 메뉴판을 보면서 각각의 메뉴가 유일한 선택지라면 만족할지 생각해본다. 유일한 선택지라면 테스트를 통과한 메뉴 중에서 동전을 던져서 하나를 결정한다. 그 결과가 어땠는지, 어떤 생각이 들었는지 다음 빈칸에 적어보자.

인생을 운에 맡기지 마라

메뉴 전략

이와 같은 전략은 메뉴판에서 주문할 음식을 고를 때뿐만 아니라 일반적인 의사결정 상황에서도 얼마든지 적용할 수 있다. 무엇을 결정하든, 일단 좋아하는 것과 좋아하지 않는 것을 분류하는 시간을 가져라. 그다음에는 빠르게 결정하면 된다.

이러한 분류 과정에서 많은 것을 얻을 수 있다. 내가 중요하게 생각하는 가치와 목표를 기준으로, 어째서 그 선택지가 '좋은지' 파악할 수 있기 때문이다. 분류 과정은 힘들고 시간도 많이 걸리지만 그만한 시간과 노고를 들일 만한 가치가 제일 확실한 일이기도 하다.

일단 분류 과정을 통해 하나 또는 그 이상의 좋은 선택지를 고르고 나면, 이후에는 의사결정 속도를 높여도 발생할 수 있는 페널티가 그리 크지 않다. 남은 선택지의 잠재적 보상 규모가 거의 비슷하다면 간단하게 동전 던지기로 결정해도 무방하다. 이미 내 기준을 충족한 선택지 중에서 마지막 하나를 결정하기 위해 시간을 더 투자한들, 그것이 그중에서 아무거나 하나를 골랐을 때보다 더 정확할 것이라는 보장은 전혀 없다.

메뉴 전략

처음 선택지를
분류하는 일에 시간을
들이고, 그중 하나를
고르는 일에는
시간을 아껴라.

그렇기에 잠재적 영향력이 낮은 의사결정, 특히 반복되는 선택에 해당하는 의사결정을 구분하는 것이 중요하다. 잠재적 손실이 적은 의사결정은 새로운 시도를 해볼 수 있는 기회다. 그러다 보면 세상에 대해 더 많은 것을 배울 수 있고, 자기 자신의 선호, 즉 내가 무엇을 좋아하고 싫어하는지를 파악하는 데도 도움이 된다.

이처럼 위험 요소가 낮은 의사결정으로 미리미리 새로운 정보를 습득해두면, 앞으로의 의사결정 과정에서 더욱 정확하게 선택지를 분류할 수 있다.

그만두는 용기가 필요한 순간도 있다

근처 영화관에 가서 오후 7시, 1번 상영관에서 상영하는 영화를 봤다. 이 말은 같은 시간대에 2번~18번 상영관에서 하는 영화는 볼 수 없다는 뜻이다.

인생을 운에 맡기지 마라

4년간 대학교 학위를 땄다. 그 기간에는 내 모든 관심과 열정을 밴드 활동에만 쏟아부울 수 없다.

윈스턴 처칠Winston Churchill의 공식 전기(두 세대의 전기 작가들이 26년에 걸쳐 쓴 책으로 총 여덟 권에 8,562페이지로 이뤄진)를 읽느라, 다른 책 35권을 읽지 못했다. 또는 법학대학원 2학기를 마치지 못했다.

내가 하는 모든 선택에는 기회비용 opportunity cost이 발생한다. 어느 한 선택지를 고르면, 나머지 선택지와 그로 인한 상승잠재력은 포기해야 한다. 내가 포기한 선택지의 잠재적 이득이 클수록 기회비용도 크다. 기회비용이 클수록 신속한 결정 때문에 치러야 할 대가도 커진다.

기회비용

하나의 선택지를 결정하면, 나머지 선택지가 제공할 수 있었던 잠재적 이득은 사라진다.

식당에서 주문한 음식이 입맛에 안 맞는다면 즉시 기회비용을 인지할 수 있다. 다른 음식을 시켰더라면 더 맛있었을 수도 있고, 좀 더 신중하게 결정했더라면 메뉴를 '잘못' 고르지 않았을지도 모른다. 내가 고른 영화가 지루하거나, 내가 선택한 회사나 집이 마음에 들지 않을 때도 마찬가지다.

기회비용과 잠재적 영향력

기회비용은 의사결정의 잠재적 영향력을 일정 부분 결정하기 때문에 시간-정확성 상충관계를 다룰 때 반드시 고려해야 하는 요소다. 내가 포기한 선택지의 잠재적 이득이 크다면 그만큼 기회비용도 크다는 뜻이다. 다시 말해서 의사결정 속도를 높이느라 정확성을 희생한 대가가 크다는 의미다. 반면 기회비용이 적으면 내가 포기한 이득도 적으므로, 의사결정 속도를 높이더라도 그로 인한 페널티가 크지 않다.

행복 테스트도 이와 비슷한 맥락이다. 고민 중인 일의 잠재적 영향력이 적으면, 가능한 선택지 중 어떤 것을 골라도 그로 인한 기회비용이 적다. 즉 어떤 결정을 하든 얻을 것이 (또는 잃을 것이) 많지 않다.

반복적인 선택은 기회비용을 상쇄한다. 의사결정 순간이 반복되면, 다시 돌아가서 처음과는 다른 선택을 해볼 수 있기 때문이다. 내가 포기한 선택지의 상승잠재력을 되돌릴 수 있는 기회가 금세 다시 주어진다. 따라서 이번 의사결정에서 어떤 선택지를 포기한다고 해서, 그 선택지의 상승잠재력을 영원히 포기하는 것은 아니다.

그런데 그 외에도 기회비용을 상쇄할 수 있는 방법이 또 하나 있다. 바로 '중도 포기quitting'다.

끈기 vs. 중도 포기

"중도 포기자는 절대 승리할 수 없고 승리자는 절대 중도 포기하지 않는다." 토마스 에디슨Thomas Edison이나 테드 터너Ted Turner와 같은

인생을 운에 맡기지 마라

비즈니스 선구자들부터 빈스 롬바르디Vince Lombardi, 미아 햄Mia Hamm 등의 운동선수, 데일 카네기Dale Carnegie, 나폴레온 힐Napoleon Hill 등의 작가, 제임스 코든James Cordon, 릴 웨인Lil Wayne 등의 연예인에 이르기까지, 많은 사람이 이와 같은 메시지를 강조한다.

끈기 있는 자가 성공한다는 건 널리 인정받는 진리인 듯하다. 그러나 끈기 있게 도전하는 것만큼이나 중도 포기 또한 중요하다.

사실 중도 포기는 이렇게 거의 전 세계적으로 부정적인 평가를 받을 만큼 나쁜 것이 아니다. 중도 포기는 기회비용을 상쇄하고 정보를 수집할 수 있는 강력한 도구이며, 그렇게 모은 정보는 훗날 진짜로 끈기 있게 밀어붙여야 할 때 더욱 질 좋은 의사결정을 내릴 수 있는 밑거름이 돼준다.

하나의 선택지에 한정된 자원, 즉 시간을 투자하기로 결정할 때는 제한적인 정보를 토대로 그러한 결정을 내린다. 그러나 내가 한 선택이 조금씩 진행됨에 따라 새로운 정보가 모습을 드러낸다. 그리고 때로는 그로 인해서 내가 한 의사결정이 최선의 선택이 아니었다는 사실을 알게 되기도 한다.

새로운 정보가 나타날수록, 좋은 선택이라고 믿었던 내 결정이 사실은 생각보다 하강잠재력이 큰 선택지였고 그래서 오히려 목표에서 더 멀어질 가능성이 높다는 사실을 알게 될 수 있다. 또는 내가 한 선택도 나쁘지는 않지만 그보다 더 좋은 선택이 있다는 사실을 알게 될 수도 있다.

그럴 때에는 중도 포기를 고려해보는 것이 좋다.

포커 선수라면 누구나 "언제 패를 버려야 할지도 알아야 하네"라는 케니 로저스Kenny Rogers의 노랫말에 공감할 것이다. 내가 가진 한정된 자원을 투자하기로 결정한 선택지가 알고 보니 최선이 아닌 것 같다는 생각이 든다면, 그리고 이제라도 진행 방향을 바꿀 수 있다면 아직 늦지 않았다. 지금이야말로 손실을 멈추고 '패를 버려야 할 때'다.

물론 중도 포기에도 비용이 뒤따른다. 돈을 잃을 수도 있고, 호감이나 평판, 소셜 화폐, 시간 등을 잃을 수도 있다.

그러나 첫 번째 데이트 후에 관계를 끝내는 것이 결혼한 후에 이혼하는 것보다는 낫다.

세를 든 집이 마음에 안 들어서 이사하는 비용이 내 소유의 집을 매매하고 이사하는 비용보다는 적게 든다.

다른 동네로 이사했다가 마음을 바꾸는 비용이 다른 나라로 옮겼다가 마음을 바꾸는 비용보다는 적게 든다.

좋은 의사결정 과정은 다음과 같은 질문을 포함해야 한다. "만약 내가 이 선택지로 결정했다가 중도 포기한다면, 그때 발생할 수 있는 비용은?" 그리고 그 비용이 적을수록 의사결정 속도를 높일 수 있다. 중도 포기라는 선택지가 기회비용을 낮춰서 잘못된 결정의 잠재적 영향력을 줄여줄 수 있기 때문이다.

결혼 상대를 고르는 것보다는 데이트 상대를 고르는 문제를 더 빨리 결정할 수 있다. 매매할 집을 고르는 것보다는 임차할 집을 고르

인생을 운에 맡기지 마라

는 문제를 더 빨리 결정할 수 있다. 다른 나라로 이민 가는 것보다는 다른 동네로 이사 가는 문제를 더 빨리 결정할 수 있다.

중도 포기는 직관적으로 떠오르는 선택지가 아니다

인간의 마음이 움직이는 방식 때문에 사람들은 이미 결정한 것, 특히 그 잠재적 영향력이 큰 의사결정을 영구적이고 최종적인 선택으로 간주하는 경향이 있다. 그러나 '중도 포기'라는 선택지를 고려하기 시작하면, 내가 감히 되돌릴 수 없다고 믿었던(또는 그냥 단순하게 그렇게 생각했던) 의사결정 중 상당수가 사실은, 엄두도 못 낼 만큼 중도 포기 비용이 비싼 의사결정은 아니었다는 사실을 발견할 수 있다.

대학교 선택이 어려운 이유는 지금의 선택이 앞으로의 4년을 좌우할 것이며 그 선택은 영원히 바꿀 수 없다고 생각하기 때문이다. 그러나 외부의 시각에서 살펴보면, 약 37%의 학생이 도중에 다른 학교로 편입하며 그중 거의 절반은 두 번 이상 편입한다는 것을 알 수 있다.[8]

편입이라는 선택지가 있다는 사실을 깨달으면, '중도 포기를 고려조차 하지 않았던 상태'에서 '중도 포기 시 비용을 미리 가늠해보는 상태'로 생각의 틀을

중도 포기

중도 포기 시 발생하는 비용이 낮을수록 기존 결정을 번복하고 다른 선택(처음에 버렸던 선택지 포함)을 하기가 쉽기 때문에, 더욱 신속하게 의사결정을 할 수 있다.

바꿀 수 있다. 기존 학교에서 이수한 학점이 편입 시에도 인정될까? 이미 사귄 친구들과 멀어지게 되면서 발생할 손실은? 편입한 학교에서 새 친구들을 사귀기 힘들지는 않을까? 이사 비용은? 전보다 더 좋은 대학교에 들어갈 수 있을까?

이에 대한 답이 뭐든 간에, 중도 포기 비용이 생각보다 낮으리라는 데 내기를 걸어도 좋다. 아마 이전에는 중도 포기라는 선택지를 생각조차 못 했을 것이기 때문이다.

이처럼 중도 포기라는 선택지를 고려하면 의사결정의 질이 올라간다.

양방향 의사결정: 빠르게 결정하고 더 많이 경험하기

중도 포기 비용이 감당할 만한 수준인 의사결정은 새로운 시도와 경험을 통해 정보를 수집할 기회를 제공한다. 아마존의 창립자 제프 베이조스Jeff Bezos와 버진 그룹의 창립자 리처드 브랜슨Richard Branson은 의사결정 과정 중에 '양방향two-way-door(양방향으로 열리는 문, 즉 밀어도 당겨도 모두 열리는 문-옮긴이)' 의사결정이라는 개념을 포함시켰다.[9] 양방향 의사결정이란 쉽게 말해서 중도 포기 비용이 낮은 의사결정을 뜻한다.

고민 중인 문제가 양방향 의사결정에 해당한다는 사실을 파악하면, 확신이 부족한 선택지를 골라도 기회비용이 적기 때문에 좀 더 가벼운 마음으로 새로운 경험에 도전해볼 수 있다. 그리고 그렇게 모

인생을 운에 맡기지 마라

은 정보는 이후 메뉴 전략을 구사할 때, 내가 좋아하는 것과 싫어하는 것을 분류하는 과정의 정확성을 높여줄 것이다.

중도 포기할 수 있는 의사결정을 고민할 때는 새로운 것을 시도해보라. 내가 무엇을 좋아하고 싫어하는지 알아보고, 어떤 방법이 더 효과적인지 확인해보라.

내가 피아노 연주를 좋아할지 그렇지 않을지 알고 싶으면 레슨을 몇 번 받아본다. 해보고 재미가 없으면 그만두면 된다. 피아노를 배우기로 결정했다고 해서 영원히 피아노를 쳐야 할 필요는 없다. 즉흥연기 수업에 등록하거나 소금 덩어리로 요리하는 법을 배우는 것도 마찬가지다.

물론 끈기 있게 계속하고 싶은 일도 있을 것이다. 아무런 투지나 끈기도 없이 성공하기 어려운 것은 사실이다. 그러나 필요하다면 중도 포기라는 선택지도 있다는 사실을 알아야, 내가 진짜 투지를 불태워야 하는 순간에 더 나은 선택을 할 수 있다.

의사결정 쌓기

중도 포기라는 선택지의 존재를 염두에 두고 세상을 바라보면, 의사결정의 질을 높이는 데 의사결정 쌓기decision stacking라는 전략이 효과적이라는 사실을 발견할 수 있다.

살다 보면 잠재적 영향력이 크고 결정을 번복했을 때 드는 비용이 비싼, 일방향one-way door 의사결정(집 매매, 이민, 이직 등)을 내려야 하는 순간이 있다. 그러한 결정을 앞두고 있을 때는, 그전에 먼저 중도 포기 비용과 잠재적 영향력이 적은 의사결정을 통해 일방향 의사결정에 도움이 될 만한 정보를 모을 수 있는지 생각해보는 것이 좋다.

데이트는 의사결정 쌓기를 자연스럽게 적용한 대표적인 사례다. 데이트 경험이 많을수록 내가 어떤 성향의 사람을 좋아하고 싫어하는지에 대한 정보가 충분해지기 때문에, 진지한 관계를 고민할 때에도 더 현명하게 결정할 수 있다. 마찬가지로 특정 지역에 집을 사볼까 고려하고 있다면, 먼저 그 지역에 집을 빌려서 살아볼 수 있다.

의사결정 쌓기

잠재적 영향력이 크고 중도 포기가 어려운 의사결정을 내리기 전에, 잠재적 영향력이 적고 중도 포기가 비교적 쉬운 의사결정을 통해 필요한 정보를 모으는 것

동시 선택으로 빠르게 결정하고 더 많이 경험하기

이반 보에스키Ivan Boesky는 부당 내부 거래로 1억 달러의 벌금을 내고 수감되기 전까지, 1980년대 (다소 지나치게) 성공한 월스트리트 증권 투자자의 상징이었다. 한 시대를 상징하는 인물이었던 만큼 그와 관련된 요란하고 과장된 이야기 또한 수없이 쏟아졌다. 풍문에 의하면 보에스키는 하루에 세 시간만 잤으며, 직장에서는 절대 의자에 앉는 법이 없었고, 어느 경영대학원 졸업식에서 "탐욕은 선이다Greed is

인생을 운에 맡기지 마라

good"라는 말을 처음으로 한 사람이었으며, 영화 〈월 스트리트〉에 등장하는 고든 게코의 실제 모델이었다고 한다.[10] 그중에서도 최고는, 보에스키가 뉴욕의 유명 레스토랑인 태번 온 더 그린Tavern on the Green에 식사하러 가서 전 메뉴를 주문한 후 한 입씩만 먹었다는 일화다.

아마도 그저 뜬소문에 불과할 테지만 어쨌든 이는 유용한 의사결정 원칙을 하나 보여준다. 하나의 선택지를 고르기 어려울 때에는 동시에 둘 이상의 선택지를 고르는 방법도 있다는 것이다.

동시에 여러 선택지를 고르면, 다양한 선택지가 제공하는 상승잠재력을 한꺼번에 얻을 수 있기 때문에 기회비용을 낮출 수 있을 뿐만 아니라 하강잠재력도 줄일 수 있다.

이반 보에스키만큼 부유하지 않더라도, 같이 식당에 간 사람들에게 음식을 나눠 먹자고 설득해서 애피타이저나 앙트레 여러 개는 충분히 여러 가지 주문할 수 있다.

같은 시간대에 야구 경기도 보고 싶고 농구랑 축구도 보고 싶다면, 모니터를 여러 대 설치하거나 스포츠 바에 갈 수 있다.

두 가지 홍보 방법을 두고 고민 중이라면 모의시장에서 두 가지 모두를 시도해보고 어떤 것이 더 효과가 좋은지 확인할 수 있다.

파리와 로마를 모두 방문하는 여행 일정을 계획할 수도 있다.

동시에 둘 이상의 선택을 하면 새로운 경험을 할 기회도 더 많이 가질 수 있고 더 많은 정보를 얻을 수도 있다.

동시에 둘 이상의 선택을 하면 하강잠재력에 노출될 가능성 또한 낮출 수 있다. 나쁜 결과가 나올 확률이 10%에 불과한 의사결정이라고 해도 어쨌든 결과가 좋지 않을 가능성이 10%는 존재한다. 그러나 나쁜 결과가 나올 확률이 10%인 의사결정을 동시에 여러 가지 할 수 있으면, 내가 선택한 모든 의사결정이 바람직하지 않게 풀릴 가능성은 거의 없다. 따라서 의사결정 속도를 높였을 때 발생할 수 있는 페널티 또한 자연스럽게 낮아진다.

물론 치러야 할 대가도 있다. 메뉴판에 있는 모든 음식을 주문하면 하나만 시킬 때보다 돈이 더 많이 든다. 또한 동시에 둘 이상의 일을 하면 수행능력의 질이 떨어진다. 사람의 관심과 집중력은 유연하지만 무한정하지는 않기 때문이다. 그러므로 동시에 둘 이상을 선택해서 얻을 수 있는 이득과 그로 인해 잃을 수 있는 돈, 시간 등의 자원이나 수행능력의 질 사이에서 균형을 잘 잡아야 한다.

TV에서 두 사람과 동시에 데이트를 하는 시트콤을 본 적이 있다면, 동시에 둘 이상의 선택을 할 수 있다고 해서 반드시 그렇게 해야 한다는 것은 아니라는 사실을 잘 이해할 수 있을 것이다.

중도 포기 비용이
낮으면 의사결정
속도를 높일 수 있다.
동시에 둘 이상의
선택지를 고를 수
있을 때는 그보다
더 빠르게
결정할 수 있다.

인생을 운에 맡기지 마라

잠재적 영향력이 커서 오랫동안 고민해온 또는 과거에 오랫동안 고민했던 의사결정 문제를 하나 떠올려보자. 중도 포기의 심적 모형을 활용해서 의사결정을 판단해보라.

❶ 의사결정 상황과 결정 가능한 주요 선택지를 써라.

❷ 의사결정 이후에 중도 포기하거나 선택지를 바꿀 경우, 발생할 수 있는 비용은?

❸ 중도 포기 비용이 감당할 만한 수준인 양방향 의사결정인가?

☐ 그렇다　　　☐ 아니다

❹ 만약 그렇다면, 중도 포기 비용은 무엇인가?

_____

_____

_____

_____

❺ 만약 그렇지 않다면, 일방향 의사결정 전에 먼저 중도 포기 비용이 낮은 의사결정을 시도함으로써 필요한 정보를 수집할 수 있는 방법으로 어떤 것이 있을까?

_____

_____

_____

❻ 동시에 둘 이상의 선택을 할 수 있는 방법이 있는지, 있다면 어떻게 할 수 있을지 설명해보라.

_____

_____

_____

_____

인생을 운에 맡기지 마라

시간-정확성 상충관계를 관리하는 방법에 대해 이번 장에서 제공한 내용을 간략하게 순서도로 정리하면 다음과 같다.

얼마나 빨리 결정할 수 있는가?

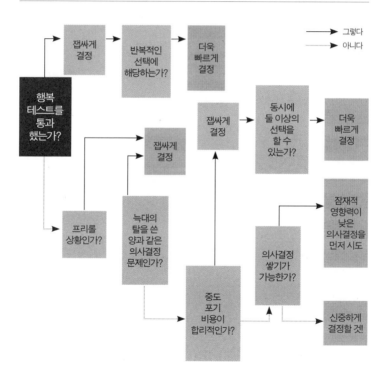

5

의사결정 과정을 완료해야 할 때

1950년대 말부터 1960년대 초 방영된 〈비버는 해결사〉[11]는 '전형적인' 교외 지역 가족을 다룬 TV 시트콤으로 당시 큰 사랑을 받았다.

'비버'는 두 형제 중 막내의 별명으로, 이야기는 주로 비버의 사소한 장난을 중심으로 진행된다. 예를 들어 한 에피소드에서는 비버가 혼자서 미용실에 다녀오겠다고 나서다가 머리를 자르라고 준 돈을 잃어버린다. 결국 비버는 형 월리에게 머리를 잘라달라고 부탁한다.

월리가 가위질을 하자 비버의 머리카락이 바닥에 쌓이기 시작한다. 비버가 물었다. "형, 다 잘랐어?"

비버의 모습이 처음으로 화면에 등장한다. 머리카락 한 뭉텅이가 우스꽝스럽게 사라진 모습이었다. 월리가 대답했다. "어… 글쎄, 다 잘랐는지는 모르겠지만 어쨌든 여기서 멈추는 게 나을 것 같아."

사람들이 의사결정을 마무리하는 과정에서 느끼는 감정도 이와 비슷하다. 이 정도 검토했으면 이제 최종 결정을 내려도 되는 걸까?

만약 100% 확신할 수 있는 의사결정이 목표라면 당신은 영원히 의사결정 과정을 완료할 수 없을 것이다. 확실성을 추구하면 분석 마비에 빠진다. 이 장의 핵심은 확실성이라는 허황된 목표에서 벗어나 좀 더 빠르게 의사결정 하는 법을 터득하는 것이다.

인생을 운에 맡기지 마라

충분히 괜찮은 선택지 하나로 어느 정도 마음을 정하고 나면, 그것이 동전 던지기로 정한 것이든 오랜 시간 신중하게 고민해서 정한 것이든, 선택지 간의 선호가 비슷한 상황이든 아니면 마음이 어느 한쪽으로 일방적으로 기울어 있는 상황이든 간에, 어쨌든 스스로에게 다음과 같이 마지막 질문을 던지는 단계를 거쳐야 한다. 그래야 좋은 의사결정을 내릴 수 있다.

"혹시 내 마음을 바꿀 만한 정보가 더 있지는 않을까?"

동전 던지기로 파리에서 휴가를 보내기로 결정했다. 내 선택을 다시 로마로 바꿔야 할 정보가 있지는 않을까?

꼼꼼한 채용 절차를 통해 입사지원자 A를 최종 합격자로 결정했다. 다른 지원자를 채용하거나 더 적합한 인재를 계속 찾아보는 쪽으로 결정을 바꿔야 할 정보가 있지는 않을까?

세상의 거의 모든 의사결정은 불완전한 정보를 바탕으로 이뤄진다. 그때 이 마지막 질문은, 만약 내가 세상 모든 것을 다 알고 있다면 또는 내게 수정구슬이 있다면, 어떤 정보가 의사결정에 도움이 될 것인지를 상상해볼 기회를 제공한다.

내가 만약 '완벽한 정보를 가진 상태'에 도달할 수 있다면 거기서 내 선택을 바꿀 만한 정보를 발견할 수 있을까? 이에 대한 답이 '그렇다'라면 실제 현실에서도 그 정보를 확인할 수 있는지 생각해보라.

그러나 대개 마지막 질문에 대한 답은 '그렇지 않다'일 때가 많다. 일주일간 파리에 가야 할지 로마에 가야 할지를 확실하게 선택할 수 있으려면, 각각의 휴가가 어떤 모습일지를 미리 알아야만 한다. 그러나 한낱 인간에 지나지 않는 우리는, 타임머신이 개발되지 않는 이상 그런 종류의 정보를 알 수도, 자신의 결정을 100% 확신할 수도 없다.

마지막 질문에 대한 답이 "아니, 이제 내가 더 이상 알아낼 수 있는 정보는 없어"라면 결정한 대로 진행하면 된다. 의사결정 과정이 끝났다. 이제는 그만 멈출 시간이다.

만약 선택을 바꿀 만한 정보가 존재하고 그 정보를 확인할 수 있다면, 후속 질문을 통해 그 정보를 찾는 것이 정말로 유용한지 판단해야 한다. 설령 구할 수 있는 정보라고 해도, 다양한 이유로 그 정보를 구하는 데에 시간, 돈, 소셜 화폐 등의 비용이 지나치게 많이 들 수도 있다.

보스턴에 있는 회사에 입사 여부를 결정하기 전에, 먼저 내가 북동쪽의 겨울을 잘 버틸 수 있을지 알아보는 일이 아예 불가능하지는 않다. 하지만 그러려면 직접 겨울에 보스턴에서 생활해봐야 한다. 보스턴에서 지내는 동안 드는 금전적인 비용은 둘째치고 보스턴의 겨울이 견딜 만한지를 확인하고 나면 아마 입사 기회는 진작에 사라져버렸을 것이다. 정보를 얻기 위한 대가가 지나치게 비싸다.

새로운 직원을 뽑기 위해서 같은 후보자를 두고 1차, 2차, 3차 면접을 끝도 없이 반복하고, 헤드헌터를 고용하고, 계속해서 새로운 지원자들을 검토할 수도 있다. 그러나 할 수 있다고 해서 반드시 그렇게

인생을 운에 맡기지 마라

해야 하는 것은 아니다. 그러는 동안 회사는 계속 인원이 부족한 채로 굴러가야 하고, 채용 절차에 드는 돈과 시간도 지나치게 늘어난다. 합격자 발표가 지연되면서 가장 유력한 후보자(또는 '유일한 선택지라면 테스트'를 통과한 다른 후보자들)가 지원 의사를 철회할 수도 있다.

만약 내 선택을 바꿀 만한 결정적인 정보를 구할 수 있고, 그럴 가치가 있으며, 그럴 형편이 된다고 생각한다면, 정보를 확인하라.

그러나 그렇지 않다면, 최종 결정을 내려라.

어느 한 선택지로 마음을 정한 후에 거쳐야 할 단계를 간략하게 순서도로 정리하면 다음과 같다.

의사결정의 마지막 단계

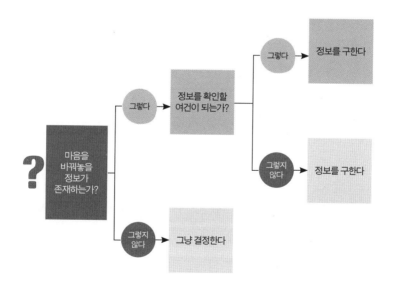

6
'분석 마비'에 대해 꼭 알아두어야 할 것들

● 대개는 일상적이고 별로 중요하지 않은 의사결정을 내리는 데에 굉장히 많은 시간을 소비한다. 무엇을 먹을지, 볼지, 입을지를 결정하는 데 연간 평균 250~270시간을 쓴다. 주당 근무시간으로 치면 1년에 6~7주에 해당하는 시간이다.

● 시간-정확성 상충관계: 정확성을 높이면 의사결정에 소요되는 시간도 늘어난다. 반면 시간을 아끼면 정확성이 떨어진다.

● 시간과 정확성 사이에서 적절하게 균형을 잡으려면 올바른 결정을 하지 못했을 때 발생하는 페널티를 파악하는 것이 중요하다.

● (일어날 수 있는 결과, 보상, 확률을 판단하는 과정을 통해) 의사결정의 잠재적 영향력을 먼저 이해하면, 페널티가 적거나 없는 상황일 때는 정확성을 희생하는 대신 의사결정 속도를 높이는 쪽을 택할 수 있다.

● 무엇이 잠재적 영향력이 적은 의사결정인지 구분하면 새로운 경험을 시도할 기회를 최대화함으로써 몰랐던 정보를 습득하고 자신의 선호를 좀 더 잘 파악할 수 있으며, 이를 바탕으로 앞으로 더 나은 의사결정을 내릴 수 있다.

● 잠재적 영향력이 적은 의사결정인지 구분하는 방법 중 하나는

인생을 운에 맡기지 마라

행복 테스트를 해보는 것이다. 의사결정으로 인한 결과가 앞으로 1년간, 한 달간, 일주일간 내 행복도에 어떤 영향을 미칠지를 스스로 질문해본다. 고민 중인 문제가 행복 테스트를 통과하면 의사결정 속도를 높일 수 있다.

● 어떤 의사결정이 행복 테스트를 통과했을 뿐만 아니라 반복되는 선택에도 해당한다면, 의사결정 속도를 더욱 높일 수 있다.

● 프리롤이란 의사결정으로 인해 일어날 수 있는 손실이 제한적인 경우를 가리킨다. 일단 프리롤 상황임을 파악하고 나면 그 기회를 잡을지 말지 고민하는 시간은 아끼고, 그 기회를 어떻게 살릴 것인지를 고민하는 데 시간을 써라.

● 잠재적 보상 규모가 비슷한 선택지가 둘 이상 존재하는 의사결정 문제는 늑대의 탈을 쓴 양과 같다. 잠재적 영향력이 크고 선택지 간의 차이가 거의 없으면 분석 마비에 빠지기 쉽지만 사실 이는 오히려 신속한 의사결정을 할 수 있다는 신호다.

● 고민 중인 의사결정 문제가 늑대의 탈을 쓴 양인지 확인하려면 유일한 선택지라면 테스트를 해보면 된다. 각각의 선택지에 대해 '이것이 내게 주어진 유일한 선택지라면 나는 만족할 것인가?' 생각해보는 것이다. 만족한다는 선택지가 둘 이상 나오면 그중에서 어떤 선택을 하든 크게 잘못될 리 없으므로 동전 던지기로 결정해도 무방하다.

● 메뉴 전략에 시간을 할애하라. 마음에 드는 선택지와 그렇지 않

은 선택지로 분류하는 일에 시간을 써라. 좋아하는 선택지를 고르고 나면 그중에서 하나를 고르는 일은 빠르게 결정한다.

● 어느 한 선택지를 고르면 나머지 선택지와 그로 인한 잠재적 이득은 포기해야 하는데, 이것이 바로 기회비용이다. 기회비용이 높을수록 정확성이 낮은 의사결정을 했을 때 발생하는 페널티도 크다.

● 도중에 마음을 바꿔서 처음에 한 결정을 포기하거나 다른 선택지로 바꿀 경우 그로 인해 발생하는 비용이 합리적이라면, 필요에 따라 중도 포기라는 선택지를 활용해 기회비용을 상쇄할 수 있으므로 의사결정 속도를 높일 수 있다.

● 양방향 의사결정, 즉 중도 포기 비용이 낮은 의사결정 문제에서는 적은 비용으로 실험적인 결정을 시도함으로써 새로운 정보를 수집하고, 내가 중요하게 생각하는 가치와 선호를 파악하는 기회로 삼을 수 있다.

● 중도 포기 비용이 매우 높은 의사결정을 앞두고 있을 때는 그전에 먼저 양방향 의사결정으로 의사결정 쌓기를 해볼 수 있다.

● 동시에 둘 이상의 선택지를 고르면 기회비용을 줄일 수 있다.

● 완벽한 정보를 가진 상태에 도달하거나 의사결정의 결과를 100% 확신하기란 거의 불가능에 가까우며, 따라서 세상의 거의 모든 의사결정은 불완전한 정보를 바탕으로 이뤄진다. 시간을 더 들여서 검토하더라도 의사결정의 정확성이 더 이상 높아질 수 없

인생을 운에 맡기지 마라

는 단계에 이르렀는지를 확인하려면, '내 마음을 확실히 결정해줄, 또는 이미 어느 한쪽으로 기울어진 내 마음을 바꿔놓을 만한 (그리고 합리적인 비용으로 구할 수 있는) 추가 정보가 있지는 않은가?'라는 질문을 스스로에게 던져본다. 만약 있다면 그 정보를 확인하라. 그렇지 않다면 이제 그만 최종 결정을 내릴 시간이다.

7장 체크리스트

의사결정 속도를 높일 수 있는 문제인지를 확인하려면 다음과 같은 질문을 생각해본다.

☐ 행복 테스트를 통과했는가? 그렇다면 신속하게 결정하라.

☐ 행복 테스트를 통과했을 뿐만 아니라 반복되는 선택에도 해당하는가? 그렇다면 더욱 신속하게 결정하라.

☐ 프리롤 상황인가? 그렇다면 재빨리 결정하고, 그 기회를 어떻게 살릴지 고민하는 데 시간을 들여라.

☐ '유일한 선택지라면 테스트'를 통과한 선택지가 둘 이상인, 늑대의 탈을 쓴 양과 같은 의사결정 문제인가? 그렇다면 동전 던지기로 정해도 괜찮다. 신속하게 결정하라.

☐ 중도 포기 비용이 합리적인가? 그렇다면 신속하게 결정하라.

그렇지 않다면, 의사결정 쌓기를 할 수 있는지 생각해보라.

☐ 동시에 둘 이상의 선택지를 진행할 수 있는가? 그렇다면 신속하게 결정하라.

☐ 내 마음을 확실히 결정해줄, 또는 이미 어느 한쪽으로 기울어진 내 마음을 바꿔놓을 만한 (그리고 합리적인 비용으로 구할 수 있는) 추가 정보가 있는가? 있다면 그 정보를 구하라. 그렇지 않다면 최종 결정을 내려라.

충분히 괜찮은 결정으로도 충분한가?:
충분히 만족스러운 결정 vs. 최대한 좋은 결정

대개는 실제로 필요한 것보다 더 많은 시간을 의사결정(잠재적 영향력이 큰 것이든 적은 것이든)에 소비한다. 그래서 이 장에서는 좀 더 시간을 들여서 고민할 만한 가치가 있는 의사결정 문제인지를 구분하는 데 도움이 되는 전략을 살펴봤다. 만약 당신이 불완전한 정보를 바탕으로 '완벽한' 의사결정을 내리겠다는 불가능한 목표를 좇고 있는 게 아니라면, 언제쯤 자신의 의사결정이 '충분히 괜찮은지'를 알고 싶을 것이다.

최대한 100%에 가까운 확신이 드는 선택지를 고르는 것이 목표인 의사결정을 최대한 좋은maximizing 결정[12]이라고 한다. 사람들은 보통 이러한 결정을 내리고자 하며, 자신의 선택을 확신하기 위해 많은 시간을 쏟는다.

당연하게도 '완벽한 정보를 가진 상태'에 도달하는 것은 거의 불가능하다. 이룰 수 없는 환상을 좇느라, 또는 거의 티도 나지 않을 만큼 근소하게 정확성을 높이느라 시간을 낭비하면, 잠재적

최대한 좋은 결정

최고의 선택지를 고르는 것이 목표인 의사결정. 가능한 모든 선택지를 검토하기 전에는 의사결정을 내리지 않으며, 완벽한 의사결정을 위해 노력한다.

보상이 더 큰 의사결정 문제를 고민하는 데, 또는 분류 과정의 정확

성을 개선하는 데, 또는 앞으로의 의사결정을 위해 실험적인 선택을 시도해보는 일에 쓸 수 있는 시간이 그만큼 사라진다. 이 장에서 소개한 여러 전략이 충분히 만족스러운satisficing('만족시키다satisfy'와 '충분하다suffice'를 합쳐서 만든 단어) 결정을 목표로 하는 이유가 바로 여기 있다.

충분히 만족스러운 결정

만족스러운 첫 번째 선택지를 고르는 것이 목표인 의사결정

이 책에서 다루는 의사결정 과정을 활용하면, '올바른 결정'과 '잘못된 결정' 사이에 존재하는 '충분히 만족스러운 결정'에 좀 더 편안하게 도달할 수 있을 것이다.

인생을 운에 맡기지 마라

터미네이터와 프리롤

제임스 캐머런^{James Cameron} 감독의 영화 <터미네이터>[13] 속 우울한
미래 세계에서는 컴퓨터 네트워크인 스카이넷이 자아를 얻어서 인류
를 말살하려고 한다. 그러나 생존자 존 코너를 중심으로 하는 저항 세
력이 나타나 스카이넷과 그의 기계 군대와 전쟁을 벌인다.

스카이넷은 1984년 로스앤젤레스의 어느 식당 종업원인 사라 코
너에게 초점을 맞춘다. 당시에는 아무도 몰랐지만 그녀는 언젠가 존
코너를 낳을 운명이다. 2029년 스카이넷은 살인 로봇 T-800 모델
101(터미네이터)을 1984년으로 보내서 사라 코너가 아이를 낳기 전에
그녀를 찾아 죽일 것을 지시한다. 그에 맞선 저항 세력 또한 카일 리
즈라는 이름의 군인을 과거로 보내서 터미네이터로부터 사라 코너를
보호하는 임무를 맡긴다.

터미네이터를 1984년 로스앤젤레스로 보냄으로써 일어날 수 있

는 결과는 두 가지다. 하나는 사라 코너를 죽여서 스카이넷의 숙적이 아예 태어나지도 못하게 막는 것이고, 다른 하나는 스카이넷의 계획이 실패하는 것이다. 그러나 사라 코너가 살아남아서 존 코너가 태어나더라도, 스카이넷은 여전히 세계를 점령하고, 핵전쟁을 시작하고, 인류 대부분을 휩쓸어버릴 수 있다. 즉 계획이 실패해도 스카이넷의 상황이 지금보다 더 나빠질 수는 없다는 것이다. 존 코너가 이끄는 저항 세력과 싸워야 하는 문제가 남긴 하지만 어쨌든 그것은 지금도 이미 일어나고 있는 일이다. 따라서 2029년 스카이넷이 터미네이터를 과거로 보내기로 결정하는 당시의 시점에서 봤을 때, 그의 의사결정으로 일어날 수 있는 최악의 결과는 고작 현상 유지다.

만약 터미네이터가 사라 코너를 죽이는 데 성공한다면? 스카이넷은 지금보다 훨씬 나은 미래를 즐길 수 있다.

스카이넷과 터미네이터는 프리롤 상황에 있는 것이다.

인생을 운에 맡기지 마라

부정적 사고가
도움이 될 때

효율적 목표 달성을 위해 필요한 나쁜 생각들

HOW TO
DECIDE

10년여 전에는 굳게 믿었는데 지금 생각해보니 그리 확고하지 않거나 생각이 바뀐 신념이 있는지 생각해보자.

❶ 그중 다섯 가지를 나열해보라.

1.

2.

3.

4.

5.

❷ 지금 굳게 믿고 있는 신념을 생각해보라. 그중에서, 10년이나 20년 후에 돌이켜 보면 지금처럼 그리 확고하지 않거나 생각이 바뀔 수도 있겠다는 생각이 드는 신념을 다섯 가지 나열해보라.

인생을 운에 맡기지 마라

1. _____

_____

2. _____

_____

3. _____

_____

4. _____

_____

5. _____

_____

❸ '오래전에는 믿었지만 지금은 생각이 달라진 신념을 떠올리는 것'과 '지금은 믿고 있지만 10년 후에는 생각이 달라질 수도 있을 것 같은 신념을 떠올리는 것' 중에 어떤 것이 더 쉬웠는가?

(하나만 고르시오.)

　　　10년 전 생각　　　10년 후에 돌이켜 볼 지금의 생각

　　보통은 오래전에는 굳게 믿었지만 지금은 아닌 신념을 쓰라는 질문에는 답을 적을 공간이 부족할 만큼 많은 사례를 떠올릴 수 있지만, 지금은 믿지만 나중에는 바뀔 수도 있는 신념을 다섯 가지 쓰라는 질문에는 어느 한 가지도 쉽게 떠올리지 못한다.

이에 대해서는 나중에 다시 다루도록 한다.

① 긍정적으로 생각하고, 부정적으로 계획하기

새해부터는 너무 늦게 잠자리에 들지 않겠다는 목표를 세웠다. 그러나 1월 둘째 주 수요일, 친한 친구의 생일을 축하하느라 12시가 되도록 깨어 있는 자신을 발견했다.

새해 결심이 오래가지 못하는 사람이 당신만은 아니다. 새해 결심의 23%가 일주일 이내에 깨진다고 한다. 그리고 92%의 사람들이 결국 목표를 지키지 못한다.[1] 목표를 향해 나아가는 과정에서 대부분은 실천에 어려움을 겪는다.

몸에 좋은 음식을 먹겠다는 결심도 그렇고, 아침 알람이 울리면 뭉그적대지 말고 바로 일어나겠다는 결심도 그렇다.

주식 시장이 폭락해도 당황하지 않겠다거나 내가 산 주식의 주가가 5% 하락하더라도 팔지 않고 유지하겠다는 결심도 마찬가지다.

목표달성을 위해 어떻게 해야 하는지 아는 것과 실제로 그 일을 실천하는 것 사이에는 커다란 격차가 존재한다. 2012년 재무설계사 칼 리처즈Carl Richards는 이러한 개념에 행동 격차behavior gap라는 용어

를 붙인 후, 동명의 책을 발간해 사람들에게 널리 알렸다.[2]

행동 격차는 실천에 관한 이야기다. 좋은 소식은 행동 격차를 줄일 의사결정 도구가 있다는 것이다. 부정적 사고negative thinking는 그중에서도 무척 효과적인 도구 중 하나다.

생각이 생각을 끌어당긴다?: 긍정적 사고의 힘

나폴레온 힐Napoleon Hill의 《놓치고 싶지 않은 나의 꿈 나의 인생》과 그 유명한 노먼 빈센트 필Norman Vincent Peal의 《노먼 빈센트 필의 긍정적 사고방식》[3] 등 긍정적 사고를 다룬 책은 거대하고도 인기가 많은 장르다. 특히 필의 작품은 그 인기가 얼마나 대단했는지 미국 전 대통령 아이젠하워Dwight Eisenhower와 닉슨Richard Nixon도 열렬한 팬일 정도였다. 또한 필은 도널드 트럼프의 첫 번째 결혼식에서 주례를 맡기도 했다.

이러한 책들은 긍정적 사고와 긍정적 시각화가 성공 확률을 높인다고 주장한다. 반면 부정적 사고는 성공 확률을 낮추며, 심지어 실패를 유도할 수도 있다고 (암시적으로든 명시적으로든) 말한다.

긍정적 사고를 궁극적으로(다소 극단적이기는 하지만) 표현한 책이 바로 《시크릿》이다. 홈페이지 소개 글에 따르면 《시크릿》은 무려 190주 동안 〈뉴욕타임스〉 베스트셀러 목록에 올랐으며 전 세계적으로 총 2,000만 부가 넘게 팔렸다. 《시크릿》은 긍정적 사고의 힘을 더욱더 강력하게 주장했다. 긍정적 사고와 성공 또는 부정적 사고와 실패 간에 인과관계가 있다고 명시적으로 주장했을 뿐만 아니라 '끌어당김의 법칙magnetism'이라는 것을 소개했다.

《시크릿》에 따르면 인간의 뇌파는 자석과 같은 힘이 있어서 긍정적 사고는 긍정적인 것을, 부정적 사고는 부정적인 것을 끌어당긴다고 한다. 왼손 넷째 손가락에 다이아몬드 반지가 끼어 있는 것을 상상하면, 당신의 연인이 반지와 함께 프러포즈를 할 것이다. 출근길 교통체증이 얼마나 짜증 날지 상상하면, 다음 날 아침 꽉 막힌 도로 한가운데에서 오도 가도 못 하는 자신을 발견할 것이다.

(중요한 팁 하나: 재미있는 생각이긴 하지만 안타깝게도 생각이 실제로 그런 결과를 자석처럼 끌어당길 수는 없다.)

《시크릿》의 발상이 유난히 독특하긴 하지만, 어쨌든 사고와 결과 간에 인과관계가 있다는 전제가 그 분야에서는 논란의 여지가 없는 사실로 받아들여지고 있음은 확실하다. 그리고 이러한 책을 접한 사람은 대부분 긍정적인 생각이 긍정적인 결과를 가져오고 부정적인 생각이 부정적인 결과를 가져온다는 이야기를 그럴싸한 논리로 이해하고 받아들인다.

목적지와 경로를 헷갈리지 마라

긍정적 사고를 다룬 책의 상당수는 긍정적인 목적지를 설정한 후 그 길을 따라가면서 매 순간 성공하는 자신을 상상하라고 요구한다. 그리고 도중에 실패할지도 모른다는 상상을 하면 그 실패가 현실로 나타날 거라고 암시한다. 이러한 태도는 목적지와 경로의 경계를 불분명하게 한다. '나는 실패할 거야!'라고 생각하는 것과 '만약 내가 실패한다면 그 이유가 무엇일까?'를 생각해보는 행위는 완전히 다르다.

따라서 이 두 가지를 헷갈리지 않는 것이 중요하다.

실패의 이유나 방식을 상상해본다고 해서 그 실패가 실제로 일어나지는 않는다. 목표를 향해 나아가는 속도를 더디게 만들거나 또는 길을 놓쳐서 아예 목적지에 도달하지도 못하도록 막는 장애물을 미리 상상해보는 것은 오히려 유용하고 가치 있는 일이다.

이는 마치 종이 지도만 들고 목적지를 찾아가는 것과 내비게이션의 도움을 받는 것의 차이와 같다. 종이 지도로도 목적지의 위치와 거기까지 갈 수 있는 여러 가지 경로를 확인할 수는 있다. 그러나 종이 지도는 모든 경로를 그저 깨끗한 길로만 보여준다. 일시적으로 폐쇄된 길, 교통체증이 심한 길, 사고 차량이 서 있는 길, 과속 카메라가 설치된 길 등에 대한 정보는 제공하지 않는다. 가는 길에 어떤 문제가 있을 수 있는지는 전혀 알려주지 않는 것이다. 그러나 내비게이션은 알려줄 수 있다. 이 때문에 사람들은 더이상 종이 지도를 쓰지 않는다.

부정적 사고는 마치 내비게이션과 같이, 목적지까지 가는 길을 더욱 신뢰할 수 있게 안내해주는 유용한 도구다.

의사결정을 위한 내비게이션: 정신적 대조

부정적 사고의 힘을 입증하는 정신적 대조mental contrasting[4]에 대한 연구가 활발하게 이뤄지고 있는 곳이 있다. 정신적 대조란 목적지까지 가는 길에 나타날 수 있는 장애물을 미리 상상해보는 과정을 가리킨다. 마치 의사결정을 위해 내비게이션을 쓰는 것과 비슷하다.

정신적 대조

내가 무엇을 성취하고 싶은지 상상하고, 그것을 성취하는 과정에 나타날 수 있는 장애물을 직면하는 것

뉴욕대학교 심리학 교수 가브리엘 외팅겐Gabriele Oettingen은 목적지까지 가는 길에 맞닥뜨릴 수 있는 문제 상황을 예측하면 오히려 목표달성에 도움이 된다는 사실을 보여주는 연구를 20년 넘게 진행해왔다. 예를 들어 최소 20kg 이상 체중감량을 목표로 하는 다이어트 프로그램에 참여한 사람들을 상대로 실험한 결과, 긍정적인 시각화만 시도한 사람들보다 실패로 이어질 수 있는 문제 상황을 미리 상상해본 사람들이 평균 12kg가량 더 감량에 성공했다. 다이어트뿐만 아니라 성적 올리기, 제시간에 과제 제출하기, 취업하기, 수술 후 회복하기, 심지어 데이트 신청하기 등 여러 다른 영역에서도 정신적 대조는 그와 비슷한 힘을 발휘했다.

오늘날 내비게이션이 종이 지도를 거의 완전히 대체했듯, 사람들은 자신의 의사결정이 어디서 잘못될 수 있는지, 또 어디쯤에서 나쁜 운이 개입할 수 있는지를 미리 알고 싶어 한다. 그러면 실제로 그런 일이 일어나더라도 당황하지 않을 것이며, 그에 대한 대비책도 미리

인생을 운에 맡기지 마라

계획할 수 있기 때문이다.

이것이 바로 부정적 사고의 힘이다.

정신적 대조가 지닌 장점이 이렇게 분명한데도, 부정적 사고의 힘이 긍정적 사고의 힘만큼 사람들의 마음을 사로잡지 못했다는 사실이 그리 놀랍지는 않다.

성공하는 모습을 상상하면 나에게 정말로 목표달성을 위해 필요한 역량과 능력이 있는 것처럼 느껴진다. 또한 직접 성공을 경험한 것처럼 근사한 기분이 들기도 한다.

이처럼 긍정적 시각화는 실제로 목표를 달성했을 때와 비슷한 감정적 행복을 제공한다. 반면 실패를 상상하면 마치 진짜로 실패한 것처럼 착잡한 마음이 든다. 나쁜 기분은 피하고 좋은 기분만 느끼도록 격려하는 자기계발서에 사람들의 마음이 이끌리는 것은 지극히 당연하다.

그러나 정신적 대조에 대한 연구 결과는, 실패를 상상함으로써 느끼는 일시적인 불쾌감을 감수할 만큼 정신적 대조가 지닌 힘이 크다고 말한다. 그 잠깐의 불편함을 받아들이면 실제 현실에서는 성공을 경험할 가능성이 더 커지기 때문이다.

정신적으로는 괴로워도 실제로는 더 큰 보상이 되어 돌아올 것이다.

정신적 시간 여행: 정상에서 내려다봐야 더 많이 볼 수 있다

정신적 대조는 정신적 시간 여행mental time travel과 함께 활용하면 더 효과적이다.

정신적 시간 여행이란 쉽게 말해 과거 또는 미래의 어느 한 시점에 있는 자신을 상상하는 것이다. 사람들은 누구나 시간 여행을 한다. 어린 시절을 돌이켜 보기도 하고 10년이나 20년 후, 또는 내가 죽은 후에 세상이 어떻게 변할지를 떠올려보기도 한다. (재산상속 유언도 일종의 정신적 시간 여행이다.)

이처럼 과거 또는 미래의 나를 상상하는 것은 인간의 자연스러운 행동인데 이를 잘 활용하면 예기적 사후 가정prospective hindsight이라는 생산성 높은 의사결정 도구로 탈바꿈시킬 수 있다.

목표달성을 위한 경로를 계획할 때에는 출발점에서 서서 앞을 내다보는 것보다는 목적지에 도달해서 뒤를 돌아보는 것이 더 효율적이다. 정신적 대조의 효과를 극대화하기 위해 예기적 사후 가정을 함께 활용해야 하는 이유가 여기에 있다.

예기적 사후 가정

미래의 어느 한 시점에 있는 자신이 목표달성에 성공한 또는 실패한 모습을 상상하면서, 어떻게 거기에 이르게 됐는지를 돌이켜 보는 것

산 정상에 오르려면 바닥에서부터 시작해야 한다. 그러나 산 아래에서는 바로 눈앞에 있는 경치에 시야가 막혀서, 정상까지 갈 수 있는 여러 가지 경로와 각각의 길에서 마주칠 수 있는 장애물을 제대로 볼 수 없다. 그러나 일단 정상

인생을 운에 맡기지 마라

에 도착해서 출발 지점을 내려다보면, 쓰러진 나무, 길을 막고 있는 바위 등 산 밑에서는 볼 수 없었던 것이 전체 경치와 함께 눈에 들어온다. 내가 올라온 길보다 더 안전하고 효율적인 경로도 명확하게 볼 수 있다.

그래서 등산을 할 때는 이미 정상에 가본 적 있는 사람의 안내를 받는 것이 좋다.

의사결정을 고민할 때 사람들은 현재의 조건과 상황이 앞으로도 계속되리라고 가정하는 경향이 있다. 이를 현상유지 편향status quo bias 이라고 한다.

당연한 말이지만, 세상에 존재하는 거의 모든 것은 시간에 따라 변화한다. 감정적인 상태, 경제적인 수입, 정치 풍토가 그렇다. 패러다임이 달라지고, 시장 환경이 진화하며, 기술이 발전해서 새로운 문제를 일으키기도 하고 새로운 해결책을 내놓기도 한다.

지금의 위치에서 앞을 내다보면 현상유지 편향이 시야를 왜곡한다.

그러나 미래의 한 지점에서 현재를 돌아본다고 상상하면, 지금 당장 내 앞에 보이는 것을 넘어서, 먼 앞날에 마주할지도 모를 장애물은 물론 현재의 환경이 어떻게 달라질지도 좀 더 잘 예측할 수 있다.

행복 테스트 또한 정신적 시간 여행

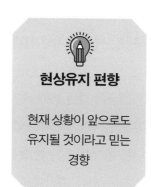

현상유지 편향

현재 상황이 앞으로도 유지될 것이라고 믿는 경향

을 활용한 예다. 행복 테스트를 통해 미래의 시점을 상상해보면, 무엇을 먹을지, 볼지, 입을지 등과 같은 일상적인 의사결정이 지금은 몹시 중요하게 느껴지지만 시간이 지난 후에 보면 아무것도 아니라는 사실을 상기할 수 있다.

정신적 시간 여행의 또 다른 장점: 외부의 시각 얻기

앞에서 10년 전 신념과 지금의 신념을 비교했던 것을 기억하는 가? 일반적으로 사람들은 지금은 믿고 있지만 나중에는 변할 수도 있는 신념보다 과거에는 굳게 믿었지만 지금은 그렇지 않은 신념을 더 잘 떠올린다.

이는 정신적 시간 여행이 제공하는 또 다른 장점을 드러낸다. 즉 정신적 시간 여행은 타인의 관점에서 자신의 상황을 검토할 수 있는 외부의 시각을 허용한다.

사람들은 모두 자기 자신의 정체성을 보호하려는 동기를 갖고 있기 때문에 객관적인 시각에서 자신을 바라보기가 어렵다. 그러나 다른 사람의 정체성과 믿음을 지켜주려는 마음은 그리 강하지 않다.

지금의 나에 비해 과거의 나는 좀 더 타인에 가깝다. 매번 얼간이 같은 남자만 만난다고 불평하는 친구 이야기를 들을 때처럼, 과거의 나를 대할 때에는 한 걸음 뒤로 물러서서 좀 더 객관적인 입장을 유지할 수 있다. 과거에는 믿었지만 지금은 달라진 신념을 떠올리기가

인생을 운에 맡기지 마라

더 쉬운 이유도 바로 이 때문이다.

예기적 사후 가정은 미래의 내가 현재의 나를 돌아볼 때 무엇이 보이는지를 상상하게 한다. 그러면 지금 이 순간의 중력에서 벗어나 좀 더 객관적인 관찰자의 위치에서 '그 사람'의 목표와 결정을 판단할 수 있다.

❷
실패와 성공의 원인 미리 알기

사전부검⁵: 환자가 죽기 전에 부검하기

형사물이나 의학 드라마를 본 적 있다면 사망 원인을 밝히기 위해 시체를 검사하는 일을 가리키는 사후부검이라는 단어를 많이 들어봤을 것이다. 비즈니스 분야에서도 사후부검을 하는데, 이는 주로 나쁜 결과가 나타난 원인을 파악하여 과거의 실수에서 교훈을 얻는 것을 목표로 한다.

그러나 사후부검은 이미 사건이 벌어진 후에 이뤄지기 때문에 거기서 얻은 교훈은 미래에만 한정적으로 적용할 수 있다. 그뿐 아니라 결과로 판단하기 등과 같은 인지 편향의 영향으로 교훈의 질이 불완전하다는 사실도 이제 우리는 알고 있다.

무엇보다도 사후부검은 환자가 이미 죽은 후에 진행되기 때문에 어떻게 해도 시체를 다시 살릴 수는 없다는 한계가 있다. 비즈니스에서의 사후부검 또한 실패를 경험한 후에 이뤄지기는 마찬가지다.

이와 같은 이유 등으로, 심리학자 게리 클라인Gary Klein은 사전부검premortem이라는 개념을 도입해서 의사결정 도구로 활용할 것을 제안했다. 사전부검은 환자가 아직 살아 있을 때 죽음의 원인을 밝힌다는 점에서 사후부검과 차이가 있다. 내가 한 의사결정이 생각처럼 풀리지 않거나 목표를 이루지 못할 가능성과 그 원인을 미리 상상해보는 것이다. 정신적 시간 여행과 마찬가지로, 사전부검은 이미 실패를 경험한 미래의 내가 현재를 돌이켜 보면서 어째서 이런 결과에 이르렀는지를 파악하도록 이끈다.

사전부검

미래의 어느 한 시점에서 목표달성에 실패한 내가 어떻게 그런 결과에 이르렀는지 돌이켜 보는 상황을 상상하는 것

앞으로 6개월간 매일 아침 헬스장에 가는 것을 목표로 세웠다. 지금이 그 6개월 후이고 그때부터 지금까지 헬스장을 총 세 번밖에 가지 않았다고 상상해보자. 이유가 뭘까?

매번 과제 제출 기한을 놓치곤 해서 다음 과제는 반드시 제시간에 내겠다고 굳게 다짐했다. 그러나 제출 기한이 지나고 다음 날, 아직도 과제를 끝내지 못한 자신을 상상해보자. 이유가 뭘까?

인생을 운에 맡기지 마라

구직자 정보 검색을 통해 A라는 사람을 채용하기로 결정했다. 무작정 입사 제안을 하기에 앞서서, 1년 후 A가 퇴사를 한다면 그 이유는 무엇일지 상상해보는 시간을 갖는다.

사전부검 방법

(1) 달성하고자 하는 목표 또는 고민 중인 의사결정 내용을 구체적으로 정한다.
(2) 목표달성까지, 또는 의사결정이 결과를 낼 때까지 필요한 적정기한을 파악한다.
(3) 그 기한의 다음 날, 목표를 달성하지 못했거나 의사결정이 생각대로 풀리지 않은 상황을 상상한다. 미래의 내가(또는 팀이) 과거를 돌이켜 보면서, 내가(또는 팀이) 한 결정이나 행동 때문에 실패하는 상황을 다섯 가지 정도 떠올려본다.
(4) 통제할 수 없는 요인 때문에 실패하는 상황을 다섯 가지 정도 떠올려본다.
(5) 만약 팀 활동으로 사전부검을 한다면, 실패 원인을 다 같이 논의하기 전에 (3)단계와 (4)단계는 팀원들이 각자 독립적으로 생각해보는 시간을 갖는 것이 중요하다.

사전부검의 방법과 그 결실

의사결정 과정에서 사전부검을 활용할 수 있는 방법은 다음과 같다(게리 클라인이 추천한 방식 적용).

목표달성을 방해하는 요인은 크게 두 가지로 나눌 수 있다.

- 통제할 수 있는 요인: 내가 한 결정이나 행동, 또는 우리 팀이 한 결정이나 행동 등이 여기에 해당한다.
- 통제할 수 없는 요인: 운을 비롯해서 내가 영향을 미칠 수 없는 사람들의 결정이나 행동 등이 여기에 해당한다.

사전부검의 효과를 극대화하려면, 통제할 수 있는 요인과 없는 요인에 해당하는 원인을 모두 살펴야 한다.

내일 아침에는 중요한 회의가 있어서 회사에 일찍 도착해야 한다. 그러나 결국 지각해서 회의에도 늦은 상황을 상상해보자. 그 이유는 무엇이었을까?

- 내 의사결정과 관련된 이유: 알람이 울릴 때마다 '다시 알림' 버튼을 누르다가 늦게 일어났다. 알람 맞추는 것을 깜빡했다. 차가 막힐 때를 대비해서 출근 시간을 조금 여유롭게 잡았어야 했는데 그러지 않았다. 운전하면서 핸드폰을 보다가 사고가 났다.
- 내가 통제할 수 없는 이유: 밤새 정전이 일어나서 핸드폰이 꺼지는 바람에 알람이 울리지 않았다. 갑작스레 눈보라가 쳤다. 평소에는 전혀 막힐 일이 없는 길인데 오늘따라 사고가 나서 교통체증

이 심했다. 누군가가 운전 중에 핸드폰을 보다가 내 차를 박았다.

가위의 왕국이라는 어플을 개발해서 스타트업 회사를 차렸다. 1년 후 회사가 망한다면, 그 이유는 무엇이었을까?

● 내 의사결정과 관련된 이유: 까칠한 성격 탓에 좋은 직원들이 계속 퇴사했다. 투자자를 만날 때마다 욕심을 부리고 타협하지 않으려 해서 가족과 친구들 외에는 더이상 투자를 받지 못했다. 자신이 직접 자르겠다고 고집을 부리다가 머리가 엉망이 됐고 덕분에 잠재적 고객에게 부정적인 인상을 남겼다.

● 내가 통제할 수 없는 이유: 초기 자금을 구하려는 순간 경기불황이 닥쳐서 스타트업 지원 자본금이 씨가 말랐다. 크고 유명한 카풀 회사에서 같은 서비스를 시작하는 바람에 내 사업이 밀려났다.

❶ 현재 목표하고 있는 일이나 고민하는 의사결정 문제 중에 하나를 골라라.

_____

_____

❷ 목표달성까지, 또는 의사결정으로 인한 결과가 나타날 때까지 소요되는 적정기간은 얼마인가?

그 기간이 지났고 일은 잘 풀리지 않았다. 이유는 무엇일까?

1.

2.

3.

4.

5.

❸ 내가 한 결정이나 행동 때문에 실패한 경우를 다섯 가지 정도 나열하라.

1.

2.

3.

인생을 운에 맡기지 마라

4.

5.

❹ 내가 통제할 수 없는 요인 때문에 실패한 경우를 다섯 가지 정도 나열하라.

1.

2.

3.

4.

5.

❺ 사전부검을 통해 이전에는 파악하지 못했던 장애물을 하나라도 더 발견했는가? (하나만 고르시오.)

☐ 그렇다   ☐ 아니다

사전부검은 이전에는 생각하지 못했던 실패의 원인을 파악하는 데 도움이 된다.

연구에 따르면 정신적 시간 여행과 정신적 대조를 함께 활용하면, 일어날 수 있는 실패 원인을 30% 이상 더 찾아낼 수 있다고 한다.[6] 수정구슬이 더 맑아지는 것이다. 사전부검은 미래를 예측하는 시야를 깨끗하게 만든다. 그리고 미래를 보는 시야가 선명할수록 의사결정의 질도 올라간다.

그룹 단위 사전부검의 장점: '머릿수'를 '뇌의 수'로 바꾸기

직관적으로 사람들은 의사결정에 참여하는 머릿수가 많을수록 혼자일 때보다 더 질 좋은 의사결정을 할 수 있으리라고 생각한다. 여러 명이 모여서 의논하면 그만큼 다양한 관점에서 외부의 시각을 얻을 수 있기 때문이다. 너무나 간단한 계산이다.

그러나 안타깝게도 그룹이 갖는 특성상, 이러한 장점이 실제로 발휘되는 경우는 많지 않다. 팀은 자연스럽게 집단사고 경향을 띤다. 팀원들이 서로 간의 생각을 확인해주면서 어느 정도 의견일치가 형성되면, 의견이 다른 팀원들은 (대개 무의식적으로) 자신의 생각을 공유하지 않으려고 한다. 전체적인 분위기에 휩쓸려서 자기도 모르는 사이에 마음이 바뀌는 바람에, 자신의 생각이 처음에는 달랐다는 사실

인생을 운에 맡기지 마라

조차 잊어버리기도 하고, 아니면 '목소리가 큰 사람'이나 '반대만 하는 사람'이 되고 싶지 않아서 잠자코 있는 경우도 많다. 이들은 팀이 원만하게 합의점에 도달할 수 있도록 돕는 '협조적인 팀원'으로 비춰지길 바란다.

그러다 보니 서로 다른 머릿속에 존재하는 다양한 의견을 모아서 그만큼 객관적인 외부의 시각을 완성할 수 있는 잠재력이 있음에도 불구하고, 팀 회의는 대체로 여러 명의 머리가 동일한 내부의 시각을 표현하는 형태로 귀결된다.

사전부검은 팀원들이 다양한 관점을 드러내도록 장려함으로써 집단사고 문제를 해결하는 데 도움을 준다. 팀 단위의 사전부검에서는, 다수의 의견이 틀릴 가능성을 탐색해서 팀의 결정이 실패할 수도 있는 원인을 가장 창의적으로 떠올리는 사람이 바로 훌륭하고 협조적인 팀원이다. 사전부검은 남과 다른 발상을 드러내고 보상한다.

내가 모르는 정보의 세계를 방문해 내 생각이나 신념과 일치하지 않는 것들을 자세히 들여다보고 싶다면, 사전부검이 유용한 도구가 될 것이다.

백캐스팅: 현재의 나에게 신의 성공 비밀 공유하기

물론 미래를 좀 더 정확히 그리고 싶다면 부정적인 가능성만 탐험해서는 부족하다. 비가 올 때를 대비하는 것도 중요하지만 인생에 언제나 비 오는 날만 있는 것은 아니다. 따라서 내가 어떻게 실패할 수

백캐스팅

미래의 어느 한
시점에서 목표달성에
성공한 내가 어떻게
그런 결과에
이르렀는지
돌이켜 보는 상황을
상상하는 것

있는지와 더불어, 어떻게 성공할 수 있는지도 상상해봐야 한다. 두 가지 미래를 전부 살펴봐야 가능한 한 정확하게 예측할 수 있다.

사전부검의 짝꿍 기술인 백캐스팅 backcast은 긍정적인 결과를 성취한 미래의 내가 어떻게 거기까지 이르게 됐는지 돌이켜 보는 모습을 상상하는 방법이다. 사람들이 내게 축하 퍼레이드를 해주는 이유를 미리 상상해본다는 의미에서, 경영대학원 교수이자 작가인 칩 히스Chip Heath와 댄 히스Dan Heath는 이를 퍼레이드preparade라고 부르기도 했다.[7]

백캐스팅을 할 때에는, 내가 한 의사결정이 좋은 결과를 낳았거나 또는 목표달성에 성공한 상황을 상상하면서 '어떻게 이런 결과를 얻을 수 있었을까?' 스스로에게 질문해본다. 백캐스팅 방법은 사전부검과 크게 다르지 않다.

사전부검 연습에서 사용한 목표 또는 의사결정 문제를 활용해서, 자신이 성공한 상황을 상상하고 어떻게 그런 결과를 얻을 수 있었는지 생각해보라.

인생을 운에 맡기지 마라

❶ 내가 한 결정이나 행동 덕분에 성공한 경우를 다섯 가지 정도
나열하라.

1.

2.

3.

4.

5.

❷ 내가 통제할 수 없는 요인 덕분에 성공한 경우를 다섯 가지
정도 나열하라.

1.

2.

3.

4.

5. _____

백캐스팅 방법

(1) 달성하고자 하는 목표 또는 고민 중인 의사결정 내용을 구체적으로 정한다.

(2) 목표달성까지, 또는 의사결정이 결과를 낼 때까지 필요한 적정기한을 파악한다.

(3) 그 기한의 다음 날, 목표를 달성했거나 의사결정이 좋은 결과를 가져온 상황을 상상한다. 미래의 내가(또는 팀이) 과거를 돌이켜 보면서, 내가(또는 팀이) 한 결정이나 행동 덕분에 성공할 수 있었던 상황을 다섯 가지 정도 떠올려본다.

(4) 통제할 수 없는 요인 덕분에 성공할 수 있었던 상황을 다섯 가지 정도 떠올려본다.

(5) 만약 팀 활동으로 백캐스팅을 한다면, 성공 원인을 다 같이 논의하기 전에 (3)단계와 (4)단계는 팀원들이 각자 독립적으로 생각해보는 시간을 갖는 것이 중요하다.

인생을 운에 맡기지 마라

미래를 보다 선명하게 예측하려면 사전부검과 백캐스팅을 모두 활용해야 하지만, 이 책에서 부정적 사고의 힘을 더 강조한 이유는 대개의 사람들에게 긍정적 미래의 시각화는 그리 어려운 일이 아니기 때문이다. 아마 당신도 이미 백캐스팅을 하고 있을지 모른다. 그것도 언제나.

사전부검과 백캐스팅의 관계는 외부의 시각과 내부의 시각 간의 관계와 비슷하다. 앞서 강조했듯이 질 좋은 의사결정 과정은 외부의 시각을 우선적으로 검토한다. 사람들은 본능적으로 내부의 시각에 갇혀 있기 때문에, 외부의 시각에 먼저 닻을 내려야 내부의 시각 속에 도사리고 있는 인지 편향을 극복할 수 있다. 마찬가지로 사람들은 본능적으로 백캐스팅을 선호하기 때문에, 질 좋은 의사결정을 원한다면 사전부검을 먼저 하고 거기에 닻을 내린 후에 백캐스팅으로 넘어가야 한다.

외부의 시각과 내부의 시각이 교차하는 지점에 정확성이 존재하는 것처럼, 미래를 좀 더 정확하게 상상하는 관점 또한 사전부검과 백캐스팅이 교차하는 지점에 존재한다.

이 두 가지 도구를 함께 활용하면 미래를 통합적으로 그려볼 수 있다. 사전부검은 과잉확신, 통제의 환상 등을 비롯해서 좋은 결과가 나올 확률을 과대평가하게 만드는 인지 편향을 줄여준다. 한편 천성적으로 비관적이거나 자신감이 부족한 사람들은 백캐스팅을 통해 좀 더 균형 잡힌 시선으로 미래를 바라볼 수 있다.

무엇보다 중요한 것은 그저 성공 또는 실패한 모습을 상상하는 데서 그치면 안 된다는 점이다. 각각의 결과에 이르기까지의 길을 확인하면서 성공에 이를 수 있는 다양한 경로를 탐색하고, 앞으로 내가 피하거나 대비해야 할 장애물이 있는지를 미리 파악하는 것이 사전부검과 백캐스팅의 핵심이다.

사전부검과 백캐스팅 결과를 의사결정 탐구 표로 만들기

사전부검과 백캐스팅으로 얻은 결과물을 의사결정 탐구 표로 만들어서 한눈에 볼 수 있도록 정리하면 매우 유용하다.

다음 표에서 알 수 있듯이, 의사결정 탐구 표에는 실패 또는 성공의 원인이 실제로 일어날 확률을 예측하는 칸도 포함돼 있다. 실패 또는 성공의 원인이 (내가 통제할 수 있는 것이든 없는 것이든) 실제로 일어날 확률이 모두 똑같지는 않기 때문에, 각각의 가능성 예측 또한 의사결정의 질을 높이는 데 도움이 된다. 실패 또는 성공의 여러 가지 원인 중에서 어떤 것에 더 많은 관심을 둬야 할지를 더 잘 파악할 수 있기 때문이다.

인생을 운에 맡기지 마라

❶ 앞에서 연습한 사전부검과 백캐스팅의 결과물을 다음 의사결정 탐구 표에 기록해보자. 각각의 원인이 일어날 수 있는 확률 또한 예측해서 기입하도록 한다.

의사결정 탐구 표

	실패 원인(사전부검)	%	성공 원인(백캐스팅)	%
기술 (내가 통제할 수 있는 원인)	1.		1.	
	2.		2.	
	3		3	
	4.		4.	
	5.		5.	

	실패 원인(사전부검)	%	성공 원인(백캐스팅)	%
운 (내가 통제할 수 없는 원인)	1.		1.	
	2.		2.	
	3		3	
	4.		4.	
	5.		5.	

만약 내가 바라는 목표까지 가는 길을 알려주는 내비게이션이 세상에 존재한다면, 작동원리는 사전부검과 백캐스팅과 같을 것이고 출력값은 의사결정 탐구 표와 같을 것이다. 지금까지 우리는 크게 두 가지 항목으로 나눠서(내가 통제할 수 있는 것과 없는 것) 미래에 일어날 수 있는 실패 또는 성공의 원인을 상상해보고, 또 각각의 상황이 실제로 일어날 확률에 대한 근거 있는 추측까지 해봤다. 목표까지 가는 길에 과연 어떤 것이 놓여 있을지를 보여주는 훌륭한 지도를 손에 넣은 셈이다.

자, 그럼 이 지도를 어떻게 활용해야 자신의 성공 가능성을 높일 수 있을까?

먼저 기존의 목표나 의사결정에 수정할 내용이 있는지를 검토해야 한다. 예를 들어 어느 의료장치 회사에서 새로운 해외 시장에 진출하려는 계획을 세웠고, 당신이 그 회사의 직원이라고 생각해보자. 팀에서 사전부검을 실시한 결과, 회사가 해외 진출을 목표로 하고 있는 나라에서 특정 의료장치의 판매 금지 규정을 시행하려고 검토 중이며, 회사에서 수출하려는 제품 또한 금지 품목에 해당한다는 사실을 확인했다. 당신은 그 규정이 실제로 발효될 가능성이 높을 것으로 예측했다. 그러면 이러한 불확실성이 해소되기 전까지 회사의 해외 진출을 보류하는 쪽으로 결정을 바꿀 수 있다.

인생을 운에 맡기지 마라

이 같은 과정을 거치고도 기존의 목표나 의사결정을 유지하는 것이 좋겠다는 생각이 든다면, 최종 결정을 내리기 전에 마지막으로 사전부검과 백캐스팅 결과를 활용해 다음과 같은 사항을 고려해보도록 한다.

1. 좋은 결과의 가능성을 높이고 나쁜 결과의 가능성을 낮추기 위해서 의사결정 내용 수정하기

2. 앞으로 전개될 수 있는 상황에 당황하지 않도록 미리 대비하고 계획하기

3. 나쁜 결과가 나타났을 때 그 잠재적 영향력을 완화할 수 있는 방법 모색하기

❸
사전조치 계약으로 목표 달성하기

의사결정 탐구 표를 통해 목표달성에 방해가 되는 결정과 행동, 그리고 목표달성에 도움이 되는 결정과 행동을 파악했다. 이제부터 할 일은 목표달성에 방해가 되는 행동을 막기 위한 장벽을 마련하고, 목표달성에 도움이 되는 행동을 막아서는 장벽을 제거할 방법을 찾

는 것이다.

이와 같은 의사결정 도구를 사전조치 계약precommitment contract이라고 한다. 호메로스Homeros의 《오디세이아》에 등장하는, 로마식 이름을 가진 그리스인 영웅 율리시스의 이름을 따서 율리시스 계약Ulysses contracts이라고 부르기도 한다. 고향으로 돌아가는 길, 율리시스는 자신의 배가 사이렌의 섬을 지나가리라는 사실을 알았다. 그뿐 아니라 사이렌의 노래를 들은 사람들은 저항할 수 없는 욕구에 이끌려서 섬 쪽으로 배를 몰다가 암초에 부딪혀서 죽는다는 경고를 듣기도 했다. 다시 말해서 율리시스는 꽤나 훌륭한 정신적 대조 과정을 거친 것이다.

자신이 어떻게 실패할 수 있을지를 파악한 율리시스는 죽음을 향해 배를 몰고 싶은 욕구를 실제 행동으로 옮기지 못하도록 미리 조치를 취했다. 섬을 지나가기 전 그는 선원들의 귀를 밀랍으로 막았다. 또한 아름답지만 위험한 노래를 들은 자신이 충동적으로 배를 몰지 못하도록, 선원들을 시켜서 자신의 몸을 돛대에 묶었다.

율리시스 계약에는 세 가지 형태의 사전조치를 포함할 수 있다.

● 율리시스처럼, 자기 자신이 잘못된 결정을 내리지 못하도록 물리적으로 막는다.
● 목표달성을 방해하는 행동을 하지 못하도록 막는 장벽을 높인다. 장벽을 높인다는 것은 돛대에 몸을 묶는 것처럼 물리적으로 어

인생을 운에 맡기지 마라

떤 행동을 못 하도록 막는 것과는 다르다. 그보다는 그 행동을 하기까지의 저항을 높여서 자신의 계획을 쉽게 방해하지 못하도록 만드는 것이다. 또한 충동을 실제 행동으로 옮기기 전에, 잠시 멈춰서 생각할 수 있는 시간을 제공한다.

● 목표달성에 도움이 되는 행동을 실행에 옮기지 못하도록 막는 장벽을 낮춘다.

냉장고에 자물쇠를 달고 그 열쇠를 일정 시간에만 문이 열리는 금고에 넣어두는 것이나 주변 사람들에게 자신의 결심을 알리는 것 등이 모두 율리시스 계약이다. 자물쇠는 아무 때나 냉장고를 뒤져서 먹을 것을 꺼내는 행동을 물리적으로 막는다. 친구들에게 자신의 결심을 선언하는 것은 책임감 때문에 자기가 한 말을 지키도록 만드는 장벽에 해당한다.

아마 당신도 자신의 결심을 잘 지키기 위해서 율리시스 계약을 활용한 적이 있을 것이다.

연말모임에 나갈 때 카풀서비스를 이용해서 음주운전을 물리적으로 막은 적이 있다.

회사에 지각하지 않기 위해서 알람시계를 침대에서 멀리 떨어뜨려놓았다. '다시 알림' 버튼을 누르고 다시 잠드는 행동을 쉽게 하지 못하도록 장벽을 높인 것이다.

건강한 식습관을 갖기로 결심했다. 그중에서도 제일 참기 힘든 것이 야식이라는 점을 알고 있다. 그래서 집에 있는 인스턴트 음식을 전부 치워버렸다. 물론 배달음식을 시키거나 가까운 드라이브스루를 이용할 수도 있지만 어쨌든 집에 있는 음식을 전부 없애면 야식을 먹고 싶은 충동이 바로 행동으로 이어지지 않도록 장벽을 세울 수 있다. 몸에 좋은 음식으로 식료품 창고를 채우거나 직장에 도시락을 싸서 다닐 수도 있다. 이는 목표달성에 도움이 되는 행동을 막는 장벽을 낮추는 역할을 한다.

　노후자금을 모으는 것이 목표인데, 종종 충동구매로 과소비를 한다는 사실을 파악했다. 그래서 월급이 들어오면 일정 금액이 노후자금 계좌로 자동이체되도록 설정했다. 그렇게 하면 예산을 초과해서 돈을 쓰기가 어렵다.

❶ 앞서 작성한 의사결정 탐구 표를 보고, 자신의(또는 팀의) **목표달성에 방해가 되는 행동을 물리적으로 막는 사전조치, 또는 목표달성에 방해가 되는 행동에 대한 장벽을 높이는 사전조치, 또는 목표달성에 도움이 되는 행동에 대한 장벽을 낮추는 사전조치 방법 세 가지를 찾아보라.**

1. _____

　_____

2. _____

　　　　　　　　　　　　　　인생을 운에 맡기지 마라

3. _____

　물론 사전조치 계약을 한다고 해서 무조건 목적지까지 아무 탈 없이 안전하게 도착하리라고 장담할 수는 없다. 율리시스처럼 자신이 특정 방식으로 행동하도록 또는 행동하지 못하도록 묶어둘 수 있는 돛대가 옆에 있는 경우는 흔치 않다. 그러나 사전조치 계약이 완벽한 의사결정을 보장해주지는 않지만, 적어도 좋은 의사결정에서 벗어날 가능성을 줄여줄 수는 있다. 그리고 앞으로 내가 내릴 의사결정의 질이 아주 조금씩만 높아져도 그것이 시간에 따라 쌓이고 쌓이면, 목표 달성이라는 목적지에 도달할 가능성은 훨씬 커진다.

사악한 천재를 넘어서라

　사전부검은 의도하지 않은 미래의 실패를 상상하는 것이다. 성공을 목표로 했지만 어쩔 수 없이 실패한 경우를 고려하는 것이다.

그렇다면 이번에는 누군가가 나를 일부러 실패하게 하려고 벼르는 상황을 상상해보면 어떨까? 이는 예기적 사후 가정을 통한 부정적 사고의 최종 단계에 해당한다.

이때 쓸 수 있는 의사결정 도구는 (행동과학자 댄 이건Dan Egan이 알려준 게임에서 착안한) 닥터 이블 게임Dr. Evil game(닥터 이블은 영화 〈오스틴 파워〉에서 지구를 파괴하려는 악당으로 등장한다-옮긴이)[8]이다.

닥터 이블이 마인드컨트롤 장치로 내 마음을 조종해서, 내가 목표 달성에 실패할 수밖에 없는 결정이나 행동을 하도록 만든다고 상상해보자. 사악한 천재인 닥터 이블은 다른 누군가가 그의 계획을 알아차리면, 나를 실패하게 만들 수 없다는 사실을 잘 알고 있다. 내가 너무나도 티 나게 잘못된 결정만 계속 내리면, 그의 계획은 금세 탄로 나고 말 것이다. 그리고 나와 내 주변 사람들이 뭔가 수상한 일이 벌어지고 있다는 사실을 알아차리는 순간, 그의 사악한 계획도 무산된다.

그래서 닥터 이블은 다른 사람들에게 자신의 존재를 들키지 않으면서도 나를 확실하게 실패로 이끌 수 있는 방법을 찾아냈다. 그건 바로, 한 가지 상황만 놓고 봤을 때는 쉽게 수긍할 수 있지만 오랜 시간 반복되면 반드시 실패할 수밖에 없는 결정을 내리도록 나를 조종하는 것이다.

공짜 도넛을 프리롤로 생각하는 사례에서 우리는 이미 닥터 이블을 만난 적이 있다. 겨우 공짜 도넛 하나이다. 그게 몸에 나빠봤자 얼마나 나쁘겠는가? 달콤한 간식 하나를 먹는다고 해서 건강한 식습관

인생을 운에 맡기지 마라

을 갖겠다는 목표에 큰일이 생길 것 같지는 않다. 그래서 이 정도는 괜찮겠지, 하며 정당화하기 쉽다. 이렇게 사소한 손실이 누적돼서 무슨 일이 일어나는지를 깨달을 때는 이미 시간이 한참 지나버린 후다.

닥터 이블은 바로 이런 식으로 나에게 실패를 안겨준다. 목표달성을 방해하고 싶다고 해서, 결심한 지 한 시간 만에 치즈케이크, 팝콘, 피자, 아이스크림을 트럭으로 날라주면서 전부 먹어치우라고 권하는 방식은 택하지 않는다.

대신에 닥터 이블에게 마음을 조종당한 나는 연애 문제로 우울해서 치즈케이크 한 조각을 먹는다. 이틀쯤 뒤에는 팝콘 한 통을 먹지만 그건 그저 애인과 화해하고 같이 영화를 보는 행복한 순간을 망치고 싶지 않아서였다. 또 며칠 뒤에는 회사에서 늦게까지 일하느라 배가 고팠고, 고생하는 직원들을 위해 팀장이 피자를 시켜줬기 때문에 피자 한 조각을 먹는다. 그다음 주말에는 조카의 생일 파티에서 다른 사람들은 전부 먹는데 나만 안 먹으면 무례해 보일까 봐 아이스크림을 먹는다.

이것이 바로 닥터 이블의 방식이다. 안 좋은 선택이지만 사소한 선택, 그러나 반복되면 반드시 실패를 유발할 사실을 이면에 숨긴 선택을 하도록 만든다. 그러나 나는 각각의 의사결정이 개별적이고 정당화할 수 있는 선택이라는 생각만 할 뿐, 그것들이 모여서 어떤 그림이 되는지는 보지 못한다.

매일 아침 '다시 알림' 버튼을 누를 때마다 나는 5분이라도 더 잘

닥터 이블 게임에 참여하는 방법

(1) 긍정적인 목표를 정한다.
(2) 닥터 이블이 뇌를 조종해서 내가 목표달성에 실패할 수밖에 없는 결정을 하도록 만든다고 상상한다.
(3) 스스로 또는 다른 사람들이 생각하기에 너무 티 나게 잘못된 결정이어서는 안 되며, 각각의 선택을 개별적으로 보면 쉽게 정당화할 수 있는 결정이어야 한다.
(4) 이에 해당하는 의사결정을 떠오르는 대로 적어본다.

수 있다는 이득만 생각한다. 그러한 선택이 누적되면, 다른 사람들에게 신뢰할 수 없는 사람, 습관적으로 지각하는 사람으로 비치게 된다는 손실은 생각하지 못한다. 그러나 닥터 이블 게임을 활용하면, 닥터 이블의 작전에 넘어가서 실패하기 전에 먼저 알아차리고 대응할 수 있다.

이처럼 닥터 이블 게임에 참여하면, 나를 실패로 이끌 수 있는 종류의 의사결정을 미리 발견할 수 있다.

이렇게 찾아낸 의사결정 종류에 대응하는 방법에는 두 가지가 있다. 첫째, 이러한 종류의 의사결정을 할 때에는 특별히 더 신경 써야 한다는 사실을 인지한다. (같은 선택이 누적됐을 때 나타날 손실을 고려하지 못한 채) 반사적으로 결정하지 말고 좀 더 신중하게 의사결정 과정을 거치도록 한다.

이러한 종류의 의사결정을 할 때는 전체적인 맥락에 많은 관심을 기울여야 한다. '최근에 내가 이와 비슷한 예외 상황을 얼마나 자주 허용했지?' 또는 '일주일이나 한 달 후에도 내가 지금의 결정이 가치 있었다고 느낄까?'와 같은 질문에 스스로 대답해보라. 그러면 잠시 멈춰서 생각할 수 있는 시간을 가질 수 있을 뿐만 아니라, 짧은 시간 여행을 통해 미래의 나를 찾아가서 물어보는 기회를 얻을 수도 있다.

전체적인 맥락을 검토하는 일은 팀 단위의 의사결정을 할 때 특히 더 중요하다. 예외가 쌓이다 보면 어느새 규칙이 될 수 있으므로 (그리고 그렇게 만들어진 규칙이 팀 전체의 목표를 방해할 수 있으므로), 나쁜 결정이지만 쉽게 정당화할 수 있는 의사결정에 대해 팀원들은 자유롭게 질문을 던질 수 있어야 한다.

두 번째 방법은 카테고리 결정catergory decision을 통해 목표달성과 상관없는 선택지 자체를 아예 없애버리는 것이다. 카테고리 결정의 대표적인 예는 주로 음식 메뉴를 고를 때 나타난다. 가령 채식주의자가 되기로 결심했다면 그것이 바로 카테고리 결정이다. 동물성 식품이

카테고리 결정

나쁜 결정이지만 그 결과가 누적되기 전까지는 그것이 나쁜 결정임을 알아차리기 어려운 의사결정에 대해 미리 카테고리를 정해두면, 해당 카테고리를 벗어나는 선택지를 처음부터 배제할 수 있다.

아예 선택지에서 배제되는 것이다. 마찬가지로 키토 다이어트를 하기로 했다면, 단순 탄수화물은 더이상 가능한 선택지가 아니다.

"나는 채식주의자야"라고 말하는 것과 "이제부터 고기 섭취를 줄일 거야"라고 말하는 것에는 큰 차이가 있다. 후자의 경우에는, 끼니마다 이번에는 고기를 먹을지 말지를 선택해야 하는 문제가 생긴다. 그리고 그때마다 닥터 이블은 내 목표를 망칠 기회를 갖는다.

성공한 전문 투자자들 또한 본인이 자신 있는 분야를 벗어난 곳에 투자하는 것을 막기 위해서 카테고리 결정을 많이 활용한다. 자신의 전문 분야 밖에서 매우 달콤한 보상을 약속하는 기회를 마주한 투자자들은 자기가 좋은 결정을 내릴 수 있다고 스스로를 속이는 위험에 빠지기 쉽다. 특히 전문 분야의 경계가 불분명할 때에는 그 유혹이 더욱 크다. 그러나 '나는 시드 투자자야' 또는 '나는 구조조정이나 파산 중에 있는 부동산 투자신탁회사의 자산에만 투자할 거야'라고 카테고리 결정을 하면, 해당 카테고리 외의 영역에서 생기는 기회에 눈을 돌릴 가능성이 줄어든다.

카테고리 결정을 할 때에는 내가 어떤 선택을 할 수 있고 없는지를 미리, 딱 한 번만 결정해야 한다. 이는 순간적인 충동에 취약한 의사결정을 맞닥뜨렸을 때 당신을 닥터 이블로부터 지켜줄 것이다.

❶ 앞서 의사결정 탐구 표로 작성한 목표를 달성하지 못하도록

인생을 운에 맡기지 마라

막기 위해서, 닥터 이블이 쓸 수 있는 방법 세 가지를 생각해보라. 각각의 의사결정은 전체 맥락에서 보지 않는 한, 개별적으로만 보면 누구라도 수긍할 수 있을 만큼 합리적이고 쉽게 정당화할 수 있는 선택이어야 한다.

1. _____

2. _____

3. _____

❷ '이번 한 번만'이라는 예외 상황을 반복하지 못하도록 미리 조치할 수 있는 카테고리 결정을 적어도 한 가지 이상 생각해보라.

_____

_____

_____

_____

마지막으로 닥터 이블 게임에서 알아야 할 한 가지는, 나를 방해하는 그 사악한 천재가 바로 자기 자신이라는 것이다. 그럴싸한 이유로 잘못된 결정을 유도하는 '닥터 이블'의 수법은 내가 스스로를 합리화할 때 쓰는 변명과 정확하게 일치한다.

닥터 이블은 당신을 단두대에 앉혀서 한 번에 머리를 날려버리는 방법을 쓰지 않는다. 대신 조금씩 1,000번을 찔러서 서서히 죽음에 이르게 한다. 각각의 상황에서는 내 결정에 전부 그럴싸한 명분이 있는 듯 보인다. 그러나 그러한 결정이 누적되면, 자기도 모르는 사이에 본인 스스로가 자신의 목표달성을 망치는 결과를 낳는다.

물론 카테고리 결정으로 미리 조치를 취한다 해도, 그에 맞지 않는 선택을 하는 순간을 아예 없애기는 어렵다. 그러나 미리 카테고리 결정을 적용해두면 옆길로 샐 가능성을 크게 줄일 수 있고, 그렇게 사소하지만 올바른 선택이 쌓일 때 목표달성의 가능성은 훨씬 높아진다.

❺
나쁜 결과가 일어났을 때 내 반응이
오히려 상황을 악화할 수 있다

원치 않는 결과가 일어났을 때 내가 어떻게 반응하는지 또한 목표달성을 방해하는 또 다른 걸림돌이 될 수 있다. 사람들은 종종 직전

인생을 운에 맡기지 마라

에 나타난 나쁜 결과의 흔적 때문에 잘못된 의사결정을 내린다. 그러나 미래의 고난과 시련에 어떻게 대응할 것인지를 미리 계획하면 일이 조금 틀어지더라도 되돌릴 수 있고, 상황을 더 악화할 가능성을 피할 수도 있다.

나쁜 결과가 벌어진 직후, 특히 내가 통제할 수 없는 요인 때문에 그랬을 경우에는 감정적으로 타협할 가능성이 높아진다. 뇌에서 감정을 담당하는 부분이 자극을 받으면, 반대로 이성적인 생각을 담당하는 부분의 활동은 저해되어 의사결정의 질을 타협할 수 있다.

이처럼 감정적으로 격해진 상태를 틸트(tilt)라고 한다. 틸트 상태에 있는 사람은 나쁜 상황을 더 악화하는 결정을 내릴 확률이 높다.

재테크를 위해 여기저기에 분산 투자를 했다. 갑자기 한 달 만에 주식시장이 5%나 하락하기에 현금과 채권으로 가지고 있던 돈을 전부 주식으로 돌렸다. 그러나 일주일 후 주식시장이 다시 5% 하락했고 공황 상태에 빠진 나는 즉시 갖고 있던 주식을 전부 팔았다. 이것이 틸트이다.

틸트 상태에서 사람들이 의사결정의 질을 타협하는 방법에는 꽤 여러 가지가 있다. 예를 들어, 이제부터 몸에 좋은 음식만 먹기로 결심했다. 일주일 후 회사 휴게실에서 도넛 몇 개를 먹었다. 그러고 나면 '기왕 이렇게 된 거 오늘은 아

틸트

나쁜 결과로 인해
감정이 자극을 받아서
의사결정의 질을
타협하는 것

무거나 마음껏 먹지, 뭐'라는 생각이 든다. 그리고는 집에 가는 길에 패스트푸드점에 들러 정크푸드를 잔뜩 먹으면서, 내일부터… 아니면 다음 주부터… 어쩌면 내년부터… 다시 시작해야겠다고 생각한다. 이것이 바로 될 대로 되라 효과what-the-hell effect이다.

또 다른 예로, 이미 많은 자원을 쏟아부은 프로젝트가 잘 풀리지 않는다. 객관적인 관찰자가 보기에는 지금이라도 그만두는 것이 나은 것 같지만, 나는 포기하기가 쉽지 않다. 나쁜 결과가 남긴 흔적 속에서는 상황을 이성적으로 보기가 어렵다. 지금이라도 그만두라는 외부의 시각을 얻어도, 나는 이미 내부의 시각에 갇힌 상태이기 때문에 거기서 쉽게 빠져나오지 못한다. 이것이 틸트의 또 다른 예인 매몰비용의 오류sunk cost fallacy이다.

차질에 대응할 준비하기

부정적인 결과가 벌어지기 전에 어떻게 대응할지 미리 생각하면 좀 더 이성적으로 판단할 수 있다. 일이 뜻대로 풀리지 않았을 때 취해야 할 적절한 대응 방법은 일이 실제로 잘못된 후보다는 그전에 고민하는 것이 더 효과적이기 때문이다.

이는 세 가지 방식으로 틸트를 줄이는 데에 도움을 준다.

첫째, 미리 나쁜 결과를 파악하면 그러한 결과가 실제로 일어났을 때 의사결정이 감정의 영향을 받는 것을 줄일 수 있다. '나한테 이런 일이 일어나다니 믿을 수 없어'가 아닌, '이렇게 될 수도 있다고 생각

인생을 운에 맡기지 마라

했지'라고 받아들이는 쪽으로 사고의 틀이 달라진다. 나쁜 결과가 남긴 흔적 속에서도 후자와 같이 생각할 수 있으면 틸트에 빠질 위험이 적다. 가브리엘 외팅겐이 연구한 것처럼 정신적 대조가 결과의 질을 개선할 수 있는 이유 중 하나도, 그것이 이처럼 일이 생각처럼 안 풀릴 수도 있다는 사실을 미리 받아들이는 기회를 제공하기 때문이다.

둘째, 내가 틸트에 빠졌음을 알리는 신호를 알아두면 실제로 그렇게 되더라도 더 빨리 인지하고 빠져나올 수 있다. 과거에 내가 감정적으로 흔들렸을 때 어떤 징조들이 나타났었는지를 모아서 정리해두는 것이다. 얼굴이 빨개지는가? 생각을 똑바로 유지하기가 어려운가? 왜 항상 나쁜 일은 나한테만 일어나는지 의문이 들거나 또는 (사후확신 편향처럼) 이럴 줄 알았어야 했다고 자책하는 마음이 드는가? 상황을 개인적으로 받아들이거나, 대립적인 태도가 되거나, 특정 단어를 말하거나, 또는 감정적으로 격해졌을 때 주로 나타나는 생각 패턴이 있는가?

사람마다 틸트에 빠졌음을 보여주는 신호는 가지각색이지만, 적어도 나한테 어떤 신호가 나타나는지 정도는 알아두는 것이 좋다.

틸트의 징조를 정리해서 지금의 내 상태와 비교해볼 때에는 정신적 시간 여행을 이용하면 상황을 객관적으로 바라보는 데 도움이 된다. 현재의 나를 진정시킬 수 있도록 미래의 나에게 도움을 청하라.

일련의 과정으로 자신이 틸트에 빠졌음을 알아차렸다면 '일주일(또는 한 달, 또는 1년) 후에 돌이켜 봤을 때, 지금의 내 결정에 만족할 것인가?'라고 스스로에게 물어본다. 행복 테스트를 적용해볼 수도 있다. 어쨌든 이 같은 시간 여행은 잠시 멈춰서 생각하는 시간을 허용함으로써, 의사결정의 질을 타협할 여지를 줄여주고, 좀 더 나은 관점을 가질 수 있도록 도와준다. 그뿐 아니라 이성적인 생각을 담당하는 뇌 영역을 활성화해서 감정적인 반응을 막아주기도 한다.

셋째, 나쁜 결과의 흔적 속에서 저지를 수 있는(또는 해야 하는데 하지 않을) 특정 행동에 대해 사전조치를 취할 수 있다. 감정적인 결정을 하지 못하도록 손을 돛대에 묶어놓는 것과 같다. 가령 자신이 주가가 떨어질 때마다 매번 나쁜 결정을 한다는 사실을 파악했다면 거래 진행을 다른 사람에게 맡겨서 충동적으로 사고파는 것을 막을 수 있다.

또 다른 사전조치로, 자신의 반응에 대한 기준을 미리 세워둘 수도 있다. 예를 들어 자신이 매몰비용의 오류에 빠져서 차라리 그만두는 것이 적절할 때에도 쉽게 포기하지 않을 것 같다면, 그만둘 기준을 미리 정해서 기록해둔다. 그랬다가 그 기준을 충족하는 상황이 오면 미련 없이 그만두기를 선택하는 것이다. 이는 팀 단위로 움직일 때 특히 더 효과적이다.

될 대로 되라 효과에 대처하는 방법도 있다. 건강한 식습관을 갖기로 결심했지만 매번 그 결심을 잘 지키기란 몹시 어렵다. 그럴 때는 휴게소 도넛에 무너지는 자신을 상상하면서, 만약 그렇게 나쁜 결정을 하더라도 그 한 번으로 아예 목표를 포기하거나 연기하는 일은

인생을 운에 맡기지 마라

하지 않겠다고 미리 결심할 수 있다. 이와 함께, 책임감을 갖기 위해서 자신의 결심을 다른 사람들에게 널리 알리는 방법을 같이 쓰면 더욱 효과가 좋다.

❶ 앞서 작성한 의사결정 탐구 표를 보고, 나쁜 운이 개입해서 목표달성에 실패하는 상황 중 하나를 골라라. 실제로 그런 상황이 벌어지면 어떻게 대응할지 사전조치를 할 수 있는 방법을 고민해보라.

틸트는 나쁜 결과에 대한 여러 가지 감정적 반응을 전부 아우르는 말이다. 그러나 예상치 못한 좋은 결과 또한 의사결정의 질을 타협하게 만들 수 있다.

벼락치기로 시험공부를 했는데 A를 받았다. 다음에도 벼락치기를 해도 괜찮으리라고 생각한다.

회사가 위기를 맞은 탓에 많이 알아보지도 못하고 급하게 새로운 직원을 뽑았다. 다행히 그는 능력 있고 훌륭한 직원이 됐다. 앞으로 직원을 뽑을 때에도 굳이 여러 후보자를 검토하고 면접하는 과정을 거치지 않아도 될 만큼 자신이 사람 보는 눈이 좋은 사람이라고

예상치 못한 나쁜 결과에 대비하기 위해 쓴 것과 동일한 의사결정 도구를 사용해서, 예상치 못한 좋은 결과가 나타났을 때 어떻게 반응할지도 미리 준비해야 한다.

생각한다.

주식으로 수익을 얻었다. 투자 종목을 고르는 자신의 안목을 과대평가하거나 분산 투자로 안전을 기할 필요가 없다고 믿게 됐다.

운명이 주는 시련과 고난 피하기

운이란 정의 자체로 내가 통제할 수 없는 것을 가리키기 때문에,

인생을 운에 맡기지 마라

나쁜 운이 개입할 수 있는 부분을 확인한 후에도 내가 할 수 있는 것이라고는 어떻게 반응할지를 계획하고 감정이 격해지지 않도록 조심하는 것뿐이라고 생각할지도 모르겠다.

그러나 그렇지 않다.

나쁜 운이 일어날 가능성을 파악했다면 그 운이 목표달성에 미칠 영향력을 완화하기 위해 미리 조치할 수 있는 것들이 있다. 이들을 헤지hedge라고 한다. 헤지의 주요 특징은 다음과 같다.

1. 나쁜 운이 일어났을 때 그 영향력을 완화한다.
2. 비용이 든다.
3. 쓸 일이 일어나지 않기를 바란다.

보험과 비슷하다. 보험은 헤지의 대표적인 예다. 화재보험에 들면 보험료를 내야 한다. 그러나 만약 불이 나서 집이 타버리면, 보험회사에서 금전적 손해를 거의 대부분 보상해준다. 화재보험을 든 사람들은 다들 그 보험을 쓸 일이 영원히 없기를 바라면서 보험료를 낸다.

사전부검을 하면 어디에서, 어떻게 나쁜 운이 개입할 수 있는지를 미리 상상할 수 있다. 그리고 그런 가능성을 적극적으로 살펴야만 나쁜 운에 맞서기 위한 헤지 방안을 마련할 수 있다.

많은 사람이 일상적으로 헤지를 활용한다.

야외 결혼식을 올리는 것이 꿈이다. 사전부검을 통해 비가 오면 결혼식을 망칠 수도 있다는 사실을 알았다. 비가 올 때를 대비해서 텐트를 빌려뒀다면 그것이 헤지다. 텐트를 대여하는 비용을 내면서도 쓸 일이 없기를 바란다. 그러나 혹시라도 나쁜 운이 개입해서 비가 오더라도 결혼식을 망치지 않을 수 있다.

비행기 시간에 늦지 않기 위해 집에서 일찍 나서는 것 또한 헤지다. 일찍 도착한다면 공항에서 쓸데없이 시간을 때워야 한다는 비용이 들긴 하지만, 만약 가는 길에 차가 막히거나, 사고가 나거나, 출국 수속에 시간이 오래 걸리더라도 비행기를 놓치지 않을 수 있다.

이반 보에스키가 정말로 레스토랑에서 모든 메뉴를 시켰다면, 그는 한 가지 메뉴만 골랐다가 음식이 맛이 없을 때를 대비해서 헤지를 마련한 것이다. 물론 거기에는 엄청나게 많은 돈이 든다. 대부분의 사람에게 그런 종류의 헤지는 비합리적이다.

헤지

나쁜 결과로 인한 잠재적 영향력을 완화하기 위해서, 영원히 사용할 일이 없기를 바라는 것에 비용을 지불하는 것

보에스키의 헤지를 좀 더 현실적으로 적용하면, 친구들과 함께 여러 가지 음식을 시켜서 나눠 먹을 수 있다. 그러나 여기서도 비용이 발생한다. 내가 시킨 음식이 입맛에 맞더라도 절반은 반드시 친구에게 나눠줘야 한다.

동시에 여러 선택지를 고르는 것도 헤지에 해당한다. 한 번에 여러 선택지를 진행하면 그만큼 비용이 더 들지만,

인생을 운에 맡기지 마라

그중 한 선택지가 원하는 대로 되지 않더라도 그로 인한 잠재적 영향력을 완화할 수 있다.

❶ 앞서 작성한 의사결정 탐구 표의 사전부검 결과 중에서, 운이 당신의 계획에 개입하는 상황으로 적은 것 중 하나를 골라라.

❷ 나쁜 운이 미치는 영향력을 완화하기 위해 어떤 헤지를 마련할 수 있을지 생각해보라.

헤지를 고려하라고 하면 대부분은 '잠재적 영향력을 얼마나 줄일 수 있는가? vs. 헤지에 드는 비용'에만 집중한다. 그러나 만약 나쁜 운이 개입하지 않아서 헤지를 쓸 일이 없으면 어떤 기분이 들지에 대해서도 미리 생각해야 한다. 결혼식 날 비가 오지 않거나 집에 화재가 나지 않아서 비용만 들이고 결국 그 혜택은 받지 못하면 헤지에 쓴 돈이 아까워 후회할 수도 있다. 헤지를 쓸 일이 없으리라는 것을 알았어야 했다는 생각이 들 수도 있다.

그러나 그것은 사후확신 편향이다.

헤지를 쓸 일이 없을 수도 있으며 후회의 감정이 들 수 있다는 사실을 미리 상상해두면, 내가 왜 헤지에 기꺼이 돈을 지불했는지를 상기하고 사후확신 편향의 덫에 빠지는 것을 피할 수 있다.

'부정적 사고'에 대해 꼭 알아두어야 할 것들

● 사람들은 대개 긍정적인 목표를 세우는 것까지는 꽤 잘한다. 그러나 목표달성을 위한 실천 단계에서 주로 실패한다. 자신이 어떻게 해야 하는지를 아는 것과 실제로 어떻게 결정하고 행동하는지 사이에 나타나는 차이를 행동 격차라고 한다.

● 긍정적 사고의 힘은 성공하는 모습을 상상하면 실제로도 성공할 수 있다는 메시지를 전한다. 그리고 실패를 상상하면 실제로도 실패한다는 메시지도 (명시적으로든 암시적으로든) 담고 있다.

● 긍정적인 목표 설정도 물론 중요하지만, 긍정적인 시각화만으로는 성공으로 가는 최적의 경로를 알아낼 수 없다. 부정적 사고는 목표달성을 향해 가는 도중에 있을지 모를 장애물을 미리 파악해서 목적지까지 좀 더 효율적으로 도달할 수 있는 길을 찾도록 도와

인생을 운에 맡기지 마라

준다.

● 원하는 목표를 상상하고 거기까지 가는 길에 나타날 수 있는 장애물을 직면함으로써, 일이 잘 안 풀리는 상황까지 미리 생각해보는 것을 정신적 대조라고 한다.

● 정신적 대조와 정신적 시간 여행을 병행하면 잠재적 장애물을 더 많이 파악할 수 있다. 정신적 시간 여행은 목표달성에 실패한 미래의 내가 어떻게 그런 결과에 이르게 됐는지 돌이켜 보는 모습을 상상하는 것이다.

● 상상 속 미래의 어느 한 시점에서 자신이 거기까지 오게 된 경로를 돌아보는 것을 예기적 사후 가정이라고 한다.

● 사전부검은 예기적 사후 가정과 정신적 대조를 합친 것이다. 먼저 목표달성에 실패한 미래의 나를 상상한 후, 실패의 잠재적 원인을 파악한다.

● 사전부검은 팀 단위의 프로젝트 시 일어날 수 있는 집단사고를 최소화하고, 팀원들로부터 다양한 의견을 끌어내서 최대한 객관적인 외부의 시각을 얻는 데도 도움이 된다. 이때에는 먼저 팀원들이 각자 독립적으로 사전부검을 한 후에 전체 회의를 하는 것이 훨씬 효과적이다.

● 사전부검의 짝꿍 기술인 백캐스팅은 긍정적인 결과를 성취한 미래의 내가 어떻게 성공할 수 있었는지를 돌이켜 보는 것이다.

● 사전부검과 백캐스팅의 결과물에, 성공과 실패의 잠재적 원인

이 실제로 일어날 확률을 예측해서 의사결정 탐구 표로 정리하면 모든 가능성을 한눈에 파악할 수 있어서 유용하다.

● 의사결정 탐구 표로 알게 된 사실을 토대로 제일 먼저 할 일은, 기존의 목표나 의사결정에 수정할 내용이 있는지를 검토하는 것이다.

● 일단 자신의 목표 또는 결정을 유지하기로 결심하고 나면, 사전 조치 계약을 통해 목표달성을 방해하는 행동을 하지 못하게 막는 장벽을 높이거나, 목표달성에 도움이 되는 행동을 실행에 옮기지 못하도록 막는 장벽을 낮출 수 있다.

● 목표달성까지 가는 길에 차질이 생기면 어떻게 대응할지도 미리 준비할 수 있다. 많은 사람이 나쁜 결과를 겪은 직후에 좋지 않은 의사결정을 내림으로써 결국 목표달성에 실패한다. 틸트는 나쁜 결과가 남긴 흔적 속에서 흔하게 일어나는 반응이다. 틸트의 예로는 될 대로 되라 효과와 매몰비용의 오류가 있다. 그러나 그런 일이 벌어졌을 때 어떻게 대응할지 미리 계획하면, 사전조치 하기, 경로 변경의 기준 정하기, 감정의 영향 줄이기 등의 방법으로 틸트에 대비할 수 있다.

● 닥터 이블 게임은 미래의 내 행동 때문에 목표달성에 실패할 가능성을 파악하고 대비하는 데 도움이 되는 의사결정 도구이다. 닥터 이블은, 각각의 상황을 개별적으로 보면 쉽게 정당화할 수 있지만 그러한 결정이 누적되면 절대 정당화할 수 없는 선택을 하도록

인생을 운에 맡기지 마라

내 마음을 조종한다는 사실을 기억하라.

● 어떤 종류의 의사결정이 닥터 이블의 수법에 속하는지를 파악했다면, 카테고리 결정이라는 사전조치를 통해 내가 선택할 수 있는/없는 선택지를 미리 정해둘 수 있다.

● 나쁜 운이 개입할 경우에 대비해, 그로 인한 잠재적 영향력을 완화하기 위한 비용을 지불하고 헤지를 마련할 수 있다.

8장 체크리스트

목표달성에 성공할 가능성 및 그를 위해 실천해야 할 의사결정의 질을 높이기 위해서는 다음과 같은 시도를 할 수 있다.

☐ 사전부검을 한다. (a)목표달성까지, 또는 의사결정이 결과를 낼 때까지 필요한 적정기간을 파악하고 (b)그 기한의 다음 날, 목표를 달성하지 못했거나 의사결정이 생각대로 풀리지 않은 상황을 상상하고 (c)그 시점에서 과거를 돌이켜 보면서 자신이 실패한 원인을 '기술(내가 통제할 수 있는 것)'과 '운(내가 통제할 수 없는 것)'으로 나눠서 떠올려본다.

☐ 백캐스팅을 한다. 사전부검과 비슷하지만 백캐스팅에서는 목표달성에 성공했거나 의사결정이 좋은 결과를 가져온 상황을

상상한다는 점에서 차이가 있다.

□ 사전부검과 백캐스팅의 결과물에, 성공과 실패의 잠재적 원인이 실제로 일어날 확률을 예측해서 의사결정 탐구 표로 정리한다.

□ 사전부검과 백캐스팅의 결과물을 토대로, 기존의 목표나 의사결정에 수정할 내용이 있는지 검토한다.

□ 나쁜 결정을 내릴 가능성을 줄이거나 좋은 결정을 내릴 가능성을 높이기 위해 준비할 수 있는 사전조치 계약이 있는지 생각해본다.

□ 사전부검으로 파악한 실패의 원인 중 하나가 실제로 일어나면 어떻게 대응할지 미리 계획한다.

□ 닥터 이블 게임으로, 각각의 상황을 개별적으로 보면 쉽게 정당화할 수 있지만 그러한 선택이 누적되면 반드시 실패를 가져오는 의사결정에는 어떤 것들이 있는지 파악한다.

□ 그러한 종류의 의사결정을 줄일 수 있는 카테고리 결정이 있는지 생각해본다.

□ 나쁜 운이 개입할 때를 대비해서 헤지를 마련한다.

지도자 다스베이더는 강압적인 지도자인가, 부정적 사고의 지지자인가?

영화 <스타워즈>를 잘 아는 사람이라면 누구나 다스베이더가 직장 상사로 만나기에 좋은 인물은 아니라는 데 동의할 것이다.[9] 자신의 뜻을 거스르는 직원을 포스로 질식시키는 모습에서 드러나는 그의 리더십은 두말할 나위 없이 강압적이기 때문이다.

그렇게 생각하면 다스베이더는 자기 생각과 다른 관점을 듣는 일에는 전혀 관심이 없어 보인다. 그러나 놀랍게도 그는 부정적 사고의 열렬한 지지자이다.

<스타워즈> 1편(이후에 '새로운 희망'이라는 부제가 붙는다)에서 반란군은 은하 제국의 전투기지인 죽음의 별 설계도를 훔쳐서, 외부의 작은 배기구에 어뢰를 쏘면 죽음의 별을 파괴할 수 있다는 사실을 알아냈다. 반란군 중 한 명인 스카이워커가 포스를 사용해서 정확한 순간에 어뢰를 발사했고, 그로 인해 죽음의 별은 완전히 폭파됐다.

여기서 만약 은하 제국이 사전부검을 실시했더라면 어땠을까? 반란군이 죽음의 별의 약점을 찾기 위해 설계도를 샅샅이 분석하는 동안 제국군은 그것이 어떠한 공격에도 끄떡없을 것이라고 믿었다.

죽음의 별 총사령관은 다스베이더에게 "반란군이 어떤 정보를 얻었든 간에 그들의 공격은 다 부질없는 몸부림에 불과합니다. 죽음의 별은 이 우주의 절대적인 힘입니다"라고 말했다.

과잉확신 편향의 전형적 사례를 마주한 다스베이더는 정신적 대조의 목소리를 높였다. "그대가 건설한 기술의 공포에 자만하지 마라. 행성을 파괴하는 능력은 포스의 힘에 비하면 하찮을 뿐이니."

그런데도 총사령관이 계속해서 사전부검 형태의 사고를 거부하자 다스베이더가 포스를 써서 그를 질식시킨 것이다. 그가 어떠한 직장에서도 용납해서는 안 될 스타일의 관리자인 것은 사실이지만, 적어도 다스베이더는 사전부검의 중요성과 과잉확신의 문제를 제대로 이해하고 있었던 듯하다. 그러나 안타깝게도 은하 제국은 다스베이더의 목소리에 귀를 기울이지 않았다.

네 번째 공격을 결정하는 닥터 이블

닥터 이블의 마인드컨트롤 장치는 북아메리카 미식축구 연맹 National Football League, NFL에까지 그 위력을 발휘한다.[10] 대부분의 미식축구 팀은 네 번째 공격에서 킥을 했을 때(필드 위치에 따라 펀트 또는 필드골)와 네 번째 공격을 진행했을 때(과감하게 목표 야드까지 돌파를 시

인생을 운에 맡기지 마라

도-옮긴이), 각각의 전략이 승률에 미치는 영향을 예측하는 분석 자료를 갖고 있다. 대부분 킥 대신 네 번째 공격을 진행하는 것이 유리하다는 분석이 나오지만, NFL 코치들이 항상 그 분석 결과를 따르지는 않는다. 그리고 그들이 자료를 무시할 때에는, 거의 대부분 안전한 플레이를 위해 네 번째 공격보다는 킥을 선택한다.

코치는 매 순간 팀의 상황을 가장 잘 알아야 할 책임이 있는 위치에 있다. 그 때문에 이들은 분위기가 우리 쪽에 있지 않다든가, 러닝백이 구멍을 찾지 못하고 있다든가, 공격 라인이 흔들리고 있다든가 등의 그럴싸한 이유를 대면서 자신의 선택을 정당화한다.

그러나 반대로 분석 자료상 킥이 유리하다고 나오는데도 코치가 네 번째 공격을 지시하는 경우는 거의 없다. 코치의 결정이 사실은 닥터 이블의 결정이었다는 것을 알 수 있는 대목이다. 물론 코치가 네 번째 게임 내부의 요인 때문에 분석 자료를 무시했다고 말한다면 네 번째 공격에서 킥을 지시했다고 해서 탓하기는 어렵다. 그러나 매번 위기가 닥칠 때마다 보수적인 선택을 하는 코치가 있다면, 아마도 닥터 이블이 그의 마음을 조종하고 있는 것일 수 있다.

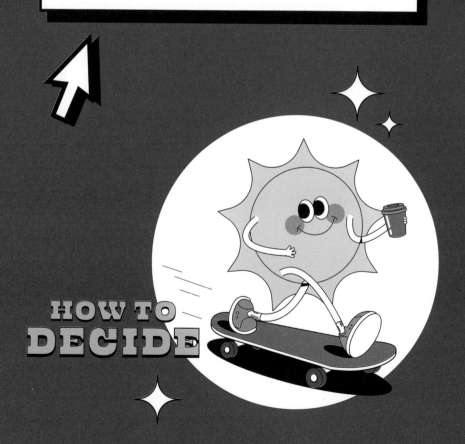

의사결정의 위생을 지키려면

다른 사람에게 의견을 물을 때는 내 생각을 먼저 말하지 말 것

HOW TO
DECIDE

1847년 독일 빈 종합병원 산부인과 병동.

의사 이그나즈 제멜바이스Ignaz Semmelweis는 왜 그렇게 많은 산모가 산후패혈증, 일명 산욕열에 걸려서 사망하는지를 알아내고자 했다.

당시 병원 환경은 오늘날과 비교할 바가 아니었다. 의사들은 이전 환자의 핏자국이 말라붙은 수술 가운을 그대로 입은 채 다음 환자를 돌봤고, 그런 데 오히려 자부심을 느꼈다. 외과 의사에게 얼룩진 가운은 곧 자신의 경험과 내공을 설명하는 이력서였다. 시체를 만진 의대생들이 손도 씻지 않고 바로 옆 병실로 가서 분만을 돕는데도 문제를 제기하는 사람은 아무도 없었다.

동료 중 하나가 시체 부검 중에 실수로 손을 베인 이후 며칠 만에 산욕열로 사망하는 모습을 본 제멜바이스는 의사와 학생이 시체를 다룬 손으로 분만실에 들어가는 것이 그토록 많은 산모를 죽게 한 원인이라는 가설을 세웠다. 이에 그는 손 씻기를 정책화했고 이후 산욕열로 인한 사망률은 16%에서 2%로 떨어졌다.

그러나 그의 상사들은 환자의 죽음에 대한 책임이 자신들의 더러운 손에 있을지도 모른다는 이야기에 강한 불쾌감을 표하면서 그가 제시하는 증거를 받아들이지 않았다. 전형적인 의도적 합리화의 사례다. 그들은 이렇게 말했다. "의사들은 신사라네. 그리고 신사의 손은 항상 깨끗하지."

결국 제멜바이스는 직장을 잃었고, 이후에 옮긴 병원 두 군데에서도 그와 비슷한 정책을 소개했다가 같은 결말을 맞았다. 1865년 그는 정신병원에 갇혀서 47세의 나이로 세상을 떠났다. 끝까지 치욕스럽게도, 평생 감염의 위험을 주장했던 그는 아마도 감염을 제때 치료받지 못해서 사망한 것으로 추정된다.[1]

오늘날 우리는 감염의 위험성과 접촉을 통한 감염 확산을 경고한 제멜바이스의 가설이 옳다는 사실을 잘 안다. 그러나 시체에서 옮겨온 세균이 건강한 환자를 오염시키는 것처럼, 내 생각과 신념이 다른 사람들을 감염시켜서 그들이 내게 제공하는 피드백을 오염시킬 수도 있다는 사실을 아는 사람은 많지 않다.

의사는 환자의 사망률을 낮추기 위해 수술 전에 손을 씻는다. 마찬가지로 우리는 의사결정의 위생 훈련을 통해 자기 생각이 주변을 오염시키는 것을 막을 수 있다.

앞으로 며칠간 다음과 같은 실험을 해보라. 대부분이 잘 알고 있을 만한 주제를 정한 다음, 여러 사람에게 그에 대한 의견을 묻는다. 단, 저마다 다양한 관점을 가질 만한 주제를 골라야 한다. 뉴스나 정치적 이슈도 좋고, 요즘 인기를 끄는 영화나 TV쇼 등 대중문화에 대한 것도 좋다.

❶ 주제를 정한다. 다른 사람에게 묻기 전에 먼저 당신의 의견을 다음 빈칸에 적어라.

_____

_____

_____

❷ 다른 사람들에게 의견을 묻는다. 그중 절반에게는 당신의 의견을 먼저 말한 후에 상대방의 생각을 묻는다. 예를 들어 영화 〈포레스트 검프〉에 대해 묻는다면 "난 그 영화가 아카데미 최우수작품상을 받을 만큼, 그리고 아직도 그 중요성을 인정받을 만큼 대단한 것 같지는 않아. 네 생각은 어때?"라고 말한다.

적어도 세 명 이상에게 의견을 묻고 그들의 생각을 기록한다.
그 주제에 대한 각자의 의견(당신을 포함해서)이 어느 정도 일치했는가?

거의 일치하지 않음 0   1   2   3   4   5 상당히 일치함

❸ 나머지 절반에게는 당신의 의견을 말하지 않은 상태에서 상

인생을 운에 맡기지 마라

대방의 생각을 묻는다. 예를 들어 영화 〈포레스트 검프〉에 대해 묻는다면 "넌 그 영화에 대해서 어떻게 생각해?"라고 말한다.

적어도 세 명 이상에게 의견을 묻고 그들의 생각을 기록한다.

그 주제에 대한 각자의 의견(당신을 포함해서)이 어느 정도 일치했는가?

거의 일치하지 않음 0   1   2   3   4   5 상당히 일치함

❹ 첫 번째 조건에서 의견일치를 보인 정도와 두 번째 조건에서 의견일치를 보인 정도를 비교해보자. 차이가 있는가? (하나만 고르시오.)

☐ 첫 번째 조건에서 더 많은 의견일치가 나타났다

☐ 두 번째 조건에서 더 많은 의견일치가 나타났다

☐ 둘 다 비슷한 정도의 의견일치가 나타났다

❺ 두 번째 조건에서 질문을 받은 사람 중에서 자신의 의견을 대답하기 전에 "네 생각은 어떤데?"라며 당신의 의견을 먼저 물어본 사람이 있었는가? (하나만 고르시오.)

☐ 그렇다   ☐ 아니다

특별한 경우가 아닌 이상, 아마 높은 확률로 두 번째 조건보다는

첫 번째 조건에서 더 많은 의견일치가 나타났을 것이다. 또한 두 번째 조건에서 질문을 받은 사람 중 적어도 한 명 이상은 자신의 의견을 말하기 전에 당신의 생각을 먼저 물었을 것이다.

이는 생각에 전염력이 있다는 사실을 보여준다.

앞에서 이미 살펴본 바와 같이, 사람들은 (다른 사람의 머릿속에 들어 있는 생각을 비롯해서) 자신이 모르는 정보의 우주를 들여다볼 때도 자기 생각과 일치하는 부분을 보고자 한다. 그래서 내 의견을 먼저 제시한 후에 다른 사람에게 조언을 구하면, 상대방도 내 생각에 동의하는 의견을 낼 가능성이 상당히 커진다는 문제가 발생한다. 두 번째 조건에서 질문을 받은 사람이 답변 전에 당신 생각을 먼저 물은 이유도 혹시라도 당신과 다른 의견을 냈다가 당신의 기분을 상하게 할 일을 피하기 위해서다.

의견이 일치하면 기분이 좋다. 의견이 충돌하면 마음이 불편하다.

다른 사람과 같은 의견을 내고자 하는 욕구가 얼마나 강한가 하면, 누가 봐도 틀린 말에도 사람들의 동의를 얻어낼 수 있을 정도다.

20세기 가장 영향력 있는 심리학자 중 하나인 솔로몬 애시Solomon Asch는 다음 B 그림 속의 직선 중에서 어떤 것이 A 그림 속의 직선과 길이가 같은지를 사람들에게 물어보는 실험을 했다.[2] 시력 테스트로 가장한 이 실험에서 애시는 실험 대상자들에게 그들의 눈에 보이는 대로 대답해달라고 요청했다. 실험 대상자들을 한 사람씩 따로 불러서 질문했을 때는 99%가 넘는 사람들이 2번 직선이 A 그림 속 직선

인생을 운에 맡기지 마라

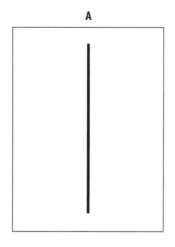

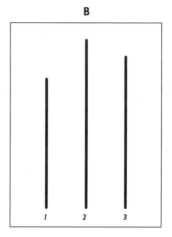

과 길이가 같다고 답변했다.

　그러나 집단으로 모인 상황에서, 대부분이 입을 모아 잘못된 답변을 말한 후 내 차례가 됐다면 어떤 일이 벌어질까? 예를 들어 나보다 먼저 대답한 사람 대부분이 3번 직선이 A 그림 속 직선과 길이가 같다고 답변했다면?

　이것이 바로 솔로몬 애시가 알아내고자 했던 결과다. 애시는 실험 대상자 중에 미리 '첩자'들을 심어서 똑같이 틀린 대답을 하도록 지시했다. 누가 봐도 틀린 대답이었음에도 이들의 답변을 들은 실제 실험 대상자 중 36.8%가 그들을 따라서 틀린 답변을 말했다.

　직선의 길이를 비교하는 것처럼 객관적으로 옳고 그름이 명확한 문제를 두고도 이런 일이 벌어진다면, 어떤 지원자가 우리 회사에 더 적합할지 등과 같은 문제에서는 그 영향력이 얼마나 크게 나타날지 상상해보라.

이는 다른 사람에게 피드백을 구하고자 할 때 자기 생각을 감염시키지 않기 위해 얼마나 많은 주의를 기울여야 하는지를 보여준다. 상대방의 입에서 나오는 말과 머릿속 생각은 같지 않을 수 있다. 다른 사람의 관점 획득은 의사결정의 질을 높일 수 있는 훌륭한 도구 중 하나다. 그러나 이는 상대방이 앵무새처럼 내 생각을 그대로 되돌려줄 때가 아니라 실제 그들의 관점을 솔직하게 제공할 때에만, 제대로된 도구로써 기능할 수 있다.

❶
모든 사람의 생각이 같을 수는 없다

누군가의 머릿속에 있는 사실과 생각을 지도로 그린 후에 그것을 자신의 지도와 비교할 수 있다고 상상해보자. 서로 겹치는 곳도, 어긋나는 곳도 있을 것이다. 지금껏 이 책에서 강조한 것과 같이, 대부분은 다른 사람의 지도를 볼 때 본능적으로 자신의 지도와 겹치는 부분만 알아차리거나 혹은 적극적으로 찾아 나선다.

그러나 정작 흥미를 갖고 주시해야 할 곳은 지도가 서로 어긋나는 부분이다. 잘못된 지식을 바로잡아줄 정보와 내가 모르는 정보가 바

인생을 운에 맡기지 마라

로 거기에 존재하기 때문이다. 나와 다른 사람들 간의 생각과 관점의 차이에 관심을 기울일 때 비로소 좀 더 객관적인 사실에 가까워질 수 있다.

지도가 서로 어긋나고 나와 상대방의 의견이 일치하지 않는 경우는 다음 세 가지 중 하나에 해당하며, 셋 모두 의사결정의 질을 개선하는 데 도움이 된다.

1. 객관적인 사실은 두 사람의 생각 그 중간에 있다

▒ 둘 모두 충분히 좋은 정보를 가지고 있는데도 서로 반대되는 의견을 낸다면, 진실은 그 둘의 중간 어딘가에 있을 확률이 높다. 이때 그러한 차이를 발견하는 것이 어째서 양쪽 모두에게 도움이 되는지는 꽤 명확하다. 자기 생각을 조율함으로써 좀 더 객관적인 사실에 가까워질 기회를 얻기 때문이다.

2. 내가 틀리고 상대방이 맞을 수 있다

▒ 만약 내가 부정확한 정보를 갖고 있었다면 이를 토대로 한 의사결정의 질 또한 당연히 좋지 않을 것이다. 이성적인 사람이라면 자신의 잘못된 생각을 바로잡을 기회를 두 팔 벌려 환영해야 옳겠지만, 제멜바이스의 사례에서 봤듯이 대부분은 자기 생각이 틀렸다는 사실을 쉽게 받아들이지 못한다. 그러나 자신이 굳게 믿어왔던 뭔가가 사실은 옳지 않았음을 발견하면 그 순간에는 괴로울지

언정 이후 수정된 정보를 토대로 이뤄지는 모든 의사결정의 질은 그만큼 높아질 것이다. 잠깐의 괴로움으로 남은 평생 더 질 좋은 의사결정을 할 수 있다니, 이 정도면 남는 장사 아닐까.

3. 내가 맞고 상대방이 틀릴 수 있다

▒ 이 상황이라면, 나는 아무것도 얻는 게 없고, 잘못된 생각을 바로잡을 기회를 얻은 상대방만 혜택을 받는다는 생각이 들 것이다. 그러나 자신의 생각을 다른 사람에게 설명하고 전달하면 그 정보에 대한 나 자신의 이해도 높아진다. 내가 왜 그렇게 생각하는지를 더 잘 이해할수록 내가 가진 생각과 정보의 질도 높아지기 때문에 나 또한 여기서 뭔가를 얻는 셈이다.

칵테일파티에서 가벼운 대화를 나누다가 지구가 평평하다고 믿는 사람을 만났다. 물론 당신은 이렇게 반박한다. "무슨 소리예요! 지구는 둥글어요."

상대방도 지지 않고 대답했다. "그렇지 않아요. 저도 예전에는 다른 사람들처럼 지구가 둥글다고 믿었어요. 그러다가 이에 대해 과학적으로 연구하기 시작했죠." 그러더니 지구가 평평하다고 생각하는 이유(또는 지구가 둥글다는 주장을 뒷받침하는 근거가 충분하지 않다고 생각하는 이유)를 늘어놨다.

인생을 운에 맡기지 마라

❶ 인터넷 검색 없이 지금 당장 즉석에서, 지구가 둥글다는 사실을 뒷받침하는 과학적인 근거를 아는 대로 써보라. 임기응변식의 대답("내가 그렇다고 하니까")이나 그와 비슷한 수준의 대답("과학자들이 전부 그렇게 말하니까")은 근거가 될 수 없다는 사실을 명심하라. "사진을 봤으니까" 같은 대답 역시, 그 사진이 조작되지 않았다는 사실을 설명할 수 없다면 제대로 된 근거가 될 수 없다.

❷ 객관적인 제3자가 당신의 답변을 0에서 5까지의 숫자로 평가한다면?

형편없음   0   1   2   3   4   5   훌륭함

❸ 특별한 경우가 아닌 이상, 당신이 머릿속에서 곧바로 떠올린 근거는 그리 강력하지 않을 확률이 높다. 이제 지구가 둥글다는

사실을 과학적으로 뒷받침하는 주요 이유 세 가지를 검색해서 다음 빈칸에 요약하라.

_____

_____

_____

_____

_____

_____

_____

❹ 자신이 왜 지구가 둥글다고 생각하는지를 더 잘 이해하게 됐는가? (하나만 고르시오.)

□ 그렇다   □ 아니다

    지구과학 지식이 많은 사람이 아닌 이상, 나와 생각이 다른 사람에게 지구가 둥글다는 근거를 설명해야 하는 상황을 겪고 나면 그만큼 내가 아는 정보의 질이 올라간다. 나의 정보가 '모든 사람이 다 아는 상식'의 영역에서 '내가 이해하고 있는 지식'의 영역으로 옮겨가

인생을 운에 맡기지 마라

기 때문이다.

따라서 내가 객관적으로 옳은 정보를 갖고 있는데, 누군가 잘못된 정보를 믿는 사람을 만났다면 이를 기회로 여겨야 한다. 그 기회를 통해, 막연히 그렇다고 알고 있었던 사실을 '진짜 내 것'으로 만들 수 있기 때문이다. 존 스튜어트 밀John Stuart Mill의 말처럼 "자기 입장만 알고 있는 사람은 사실 아무것도 모르는 것과 마찬가지"다.[3]

내가 가진 정보를 조율하고, 변경하고, 더 잘 이해할 기회를 얻으려면 다른 사람의 지도에 접근해서 내 지도와 비교하는 능력이 필요하다. 그리고 독심술사가 아닌 이상, 다른 사람의 지도를 확인할 수 있는 가장 쉽고 기본적인 방법은 상대방에게 그가 가진 생각과 신념을 물어보는 것이다. 그러나 상대방이 대답하기 전에 내가 먼저 의견을 제시해서 그의 생각을 감염시키면, 상대방이 가진 진짜 지도를 구할 수가 없다. 대신 내 지도와 겹치는 부분이 많아 '보이는' 가짜 지도만 얻게 될 것이다.

솔로몬 애시의 실험이 전하는 경고가 바로 이것이다.

❷
감염되지 않은 피드백을 이끌어내려면

상대방의 생각을 알고자 할 때 우리는 그 사람이 하는 말을 그대로 믿을 수밖에 없다. 그러나 내가 내 의견을 먼저 이야기해버리면 상대방의 말이 정말로 그 사람의 생각을 그대로 반영하고 있는지 믿을 수 없게 되는데, 여기에는 두 가지 가능성이 있다.

첫째, 상대방의 생각이 본인도 의식하지 못한 사이에 나와 같은 쪽으로 바뀔 수 있다. 처음에는 생각이 달랐지만, 이야기를 듣다 보니 어느새 생각이 옮겨갈 수 있다는 것이다. 그러나 상대방이 내 의견을 알지 못하는 상태라면, 그때 그가 하는 말이 애초 그 사람의 진짜 생각일 확률이 높다.

둘째, 내 이야기를 듣고 생각이 바뀌지 않더라도 자기 생각을 솔직하게 말하지 않을 수 있다. 내 의견이 틀렸다고 생각하지만 나를 부끄럽게 하고 싶지 않기 때문일 수도 있고, 본인이 틀렸다고 생각해서 창피를 당하고 싶지 않기 때문일 수도 있다. 또는 그저 자기 의견이 강한 사람이 되고 싶지 않아서일 수도 있다. 솔로몬 애시의 실험에서 나타난 현상도 여기에 해당한다. 직선의 길이에 대한 생각이 정말로 바뀐 사람은 아마 없을 것이다. 그보다는 단지 반대 의견을 밖으로 표현하고 싶지 않아서 그랬을 가능성이 크다.

여러 사람이 모인 자리에서 누군가가 의아할 정도로 잘못된 발언을 하는데도 그저 듣고만 있었던 적이 없는가? 마찰을 일으키고 싶지 않아서든, 무례하게 행동하고 싶지 않아서든, 그 사람에게 창피를 줄까 봐 또는 내가 창피를 당할까 봐 걱정돼서든, 어쨌든 당신은 자기 생각을 말하지 않았다. 혹시 그런 일이 온 가족과 친척이 오랜만에 모인 명절날 일어나지는 않았나?

당신은 이미 해결책을 알고 있다. 상대방의 생각을 알아내기 전에 내 생각을 먼저 말하지 마라.

상대방과 일대일로 만난 자리에서 피드백을 구할 때는 이렇게나 간단하게 문제를 해결할 수 있다. 그러나 주의하지 않으면 순식간에 세균으로 뒤덮인 가운을 입고 수술대에 나타난 의사가 되기 쉽다.

포커 선수 시절 나는 고전을 면치 못했던 게임에 대해 종종 다른 선수들에게 조언을 구하곤 했다. 그리고 그럴 때면 상대방이 내게 필요한 조언을 해줄 수 있도록 배팅 순서라든지, 내가 가진 패, 각 선수가 배팅한 칩의 수, 경력 등의 정보를 함께 알려줬다.

그러나 실제로 내가 어떻게 플레이를

나와 본인의 생각이 다르다는 사실을 상대방이 눈치챌 수 있는 유일한 방법은 내가 내 생각을 상대방에게 말하는 것 뿐이다. 따라서 상대방의 솔직한 피드백을 원한다면 자기 생각은 머릿속에만 가둬둬라.

했는지, 즉 내가 피드백을 받고 싶은 부분에 대해서는 아무것도 말하지 않았다. 내가 어떤 선택을 했는지를 말하는 순간, 돌아오는 피드백의 질이 낮아지기 때문이다.

예를 들어서 "내 앞에 있는 선수가 판돈을 올렸고 나는 에이스 퀸을 갖고 있었어"라고 상황을 설명한 다음에는 "그래서 나도 판돈을 올렸는데, 어떤 것 같아?"라고 묻는 대신 "내가 어떻게 했어야 한다고 생각해?"라고 물어야 내 선택이 상대방의 생각을 감염시키는 것을 막을 수 있다.

결과도 전염성이 있다

대대적인 채용 절차를 거친 끝에 최종 후보자 세 명 중에서 한 명을 뽑았지만 1년이 지나기도 전에 그 직원을 해고했다. 내가 잘못된 선택을 했던 것인지 조언을 구하려고 한다.

이때 주의할 것은, 최종 후보자 중 누구를 채용했는지 그리고 그 선택이 어떤 결과를 가져왔는지(직원을 해고했다는 사실)에 대한 정보는 조언을 구하는 상대방에게 제공하지 않아야 한다는 점이다.

내 생각과 마찬가지로 결과도 상대방의 피드백을 감염시킨다.

당연한 말이지만 결과를 모르는 상태에서는 '결과로 판단하기'에 빠질 수 없다. 결과를 모르면 사후확신 편향에 빠질 수도 없다.

의사결정의 결과를 말하지 않기는 생각보다 어렵다. 왜냐하면 사람들은 직관적으로 의사결정의 결과가 상대방이 알아야 할 정보에

인생을 운에 맡기지 마라

해당한다고 느끼기 때문이다. 그러나 의사결정과 그로 인한 결과의 사례가 충분히 많이 쌓인 경우라면 몰라도, 하나의 의사결정이 하나의 결과를 가져온 사례에 대해 피드백을 구한다면 의사결정 결과를 알려주지 않는 편이 좋다.

앞서 살펴봤듯 결과는 의사결정의 질을 판단하는 능력에 그림자를 드리워서 내가 받을 피드백의 질에도 영향을 미친다. 따라서 가능하면 결과는 나만 아는 상태에서 조언을 구해야 질 좋은 피드백을 받을 수 있다.

이미 일어난 과거의 일에 대해 조언을 구할 때는 상황 안에 하나 이상의 결과가 이어질 때가 많다. 그럴 때는 각각의 결과를 처음부터 끝까지 줄줄이 나열하기보다는, 일이 일어난 순서대로 차례차례 피드백을 구하는 것이 좋다.

만약 채용 절차에 대해 피드백을 구한다면, 먼저 채용 포지션을 설명한 후 그에 맞는 자격 요건과 급여 수준이 어느 정도라고 생각하는지 묻는다. 상대방이 의견을 말하고 나면 그제야 실제 진행됐던 자격 요건과 급여 수준을 알려준 후, 채용 방법에 대한 문제로 넘어간다. 회사에서 직접 채용 절차를 진행할지, 아니면 헤드헌터를 고용할지를 물을 때에도 마찬가지로 상대방의 의견을 먼저 들은 다음에 나는 어떤 방법을 택했는지 알려준다. 그러고 나서 최종 후보자 세 명에 대한 정보를 알려주고 상대방이라면 누구를 선택했을지 묻는 방식으로 나아간다.

질 좋은 피드백을 얻으려면, 상대방이 의사결정 당시 내가 알았던 정보에 최대한 가까운 위치에 놓이도록 하는 것이 중요하다.

상대방으로부터 내가 했던 결정과 결과를 격리해야, 상대방도 처음 내가 의사결정을 내리던 당시와 최대한 비슷한 상태에 놓일 수 있다. 이 책에서 제공하는 여러 의사결정 도구를 활용하는 것도 도움이 된다. 의사결정 나무, 사실 추적장치, 의사결정 탐구 표 등의 도구로 의사결정 당시 내가 가진 정보를 기록해두면, 나중에 다른 사람에게 피드백을 구할 때도 필요한 정보를 전달하기가 쉽다.

케빈은 누명을 썼다! – 의견을 묻는 방식이 내 생각을 암시할 수도 있다

많은 사람이 상대방에게 의견을 묻는 방식이 때로 자기 생각을 암시할 수도 있다는 사실을 인지하지 못한 채 피드백을 구하곤 한다.

어느 날, 학교에서 돌아온 아이가 케빈이라는 친구에 대해 불평을 했다. "케빈은 완전 바보야. 친구들도 전부 그렇게 생각한대."

케빈이 바보 같다는 의견에 모두가 동의했다는 이야기를 들은 나는 이렇게 물었다. "친구들한테 '넌 케빈에 대해 어떻게 생각해?'라고 물었니, 아니면 '케인 말이야, 완전 바보 같지 않아?'라고 물었니?" 물론 후자였다.

인생을 운에 맡기지 마라

상대방에게 의견을 구할 때는, 내가 선택한 표현 방식에서 내 생각이 긍정적인지 부정적인지가 나타날 수 있기 때문에 매우 신중하게 말을 골라야 한다. 따라서 가능하면 신중하게 중립적인 표현을 써야 한다.

프레이밍 효과 Framing Effect

화자가 정보를 표현하는 프레임이 긍정적인지 부정적인지에 따라 같은 정보에 대한 청자의 의사결정이 달라지는 인지 편향

'의견이 안 맞다'라는 말의 어감은 부정적이다. 누군가를 '비위에 거슬리는'이라고 묘사했다면 그에게 호감을 갖고 있다는 뜻은 절대 아니다. 어쩌면 이 책에서 내가 '의견이 안 맞다'라는 말보다 '의견이 나뉘다'라는 말을 더 자주 썼다는 사실을 알아차렸을지도 모르겠다. 이는 단순히 내 언어 습관이 아니다. 의도적으로 그렇게 쓴 것이다. 후자의 어감이 더 중립적이기 때문이다. 마찬가지로 '의견 충돌' 대신 '의견 차이'나 '다른 의견'과 같이 좀 더 중립적인 표현을 사용하면, 다양한 생각이 존재하는 상황에서 일어나는 의견 충돌을 좀 더 따뜻하게 받아들일 수 있다.

❸
집단 상황에서 의견 격리하기

일대일로 대화할 때는 아주 간단한 방법, 즉 상대방의 의견을 듣기 전에 내 생각을 먼저 말하지 않기만 해도 충분히 생각의 감염을 막을 수 있다. 그러나 집단 상황에서는 이러한 해결책이 도움이 되지 않는다. 내 의견은 말하지 않을 수 있지만, 일단 첫 번째 사람이 의견을 내고 나면 나머지 사람들이 거기에 감염되기 때문이다.

직관적으로 생각해도, 혼자서 고민할 때보다 여러 사람이 함께 모여 결정할 때 좀 더 질 좋은 의사결정을 할 수 있을 것 같다. 많은 의견이 모일수록 외부의 시각과 관점이 다양해지고 생각의 범위가 넓어지니, 의사결정의 질도 자연스레 올라가지 않을까?

그러나 여러 사람이 함께 고민했는데도 의사결정의 질이 좋지 않고, 그런데도 여럿이서 결정했다는 이유 하나로 의사결정에 대한 자신감만 올라가는 경우가 종종 있다. 이는 전혀 바람직하지 않다. 의사결정의 질을 지나치게 자신하는 태도는 절대 좋지 않다. 생각의 전염이 집단 상황에서 특히 더 문제가 되는 이유도 여기에 있다.

연구에 따르면 사람들은 자신의 정보가 집단 전체의 의견과 다르더라도 그 정보를 공유하지 않을 때가 많다고 한다.

마이애미대학교의 개롤드 스태서Garold Stasser와 블라이어클리프대학교의 윌리엄 티투스William Titus는 재미있는 실험을 하나 고안했다.[4] 학생들을 각각 네 명씩 그룹으로 묶은 후, 세 명의 후보 중에서 누가 가장 학생회장으로 적합한지 그룹별로 결정하도록 하는 실험이었다. 각 후보자에 대한 자료가 제공됐고, 학생들은 먼저 각자 자료를 검토 해서 개인적으로 누가 가장 적합하다고 생각하는지를 결정했다. 그 다음에는 그룹별로 모여서 서로의 의견을 나누며 그룹 전체의 선택 을 결정했다. 주어진 자료를 토대로 객관적으로 평가할 때 가장 적합 한 후보는 A였다.

첫 번째 그룹의 학생들에게는 각 후보자에 대한 필요한 모든 정보 가 제공됐다(완전한 정보 그룹). 예상대로 대부분의 학생이 A를 선호 했고, 그룹 전체의 선택도 A였다.

반면 두 번째 그룹에 속한 학생들은 불완전한 자료를 받았다(부 분 정보 그룹). 일부 정보는 공통적으로 제공됐지만, 나머지는 사람에 따라 서로 다르게 부분적인 정보만 주어졌다. 학생마다 받은 자료의 내용이 달랐기 때문에 '부분 정보 그룹'에 속한 학생들의 개인적인 선택은 A가 압도적이지 않았다. (주의: 실험에 참여한 모든 학생에게 자 신이 받은 자료가 완전하지 않을 수 있으며, 따라서 같은 그룹 내에 있는 다 른 학생은 내가 모르는 정보를 알고 있을지도 모른다는 사실을 미리 고지 했다.)

이 실험의 핵심은 이제부터다. 만약 '부분 정보 그룹'에 속한 학생 들이 그룹 토의를 하면서 자신이 알고 있는 사실을 전부 공유했다면,

결국에는 그들도 '완전한 정보 그룹'이 받은 자료와 다를 것 없는 정보를 갖게 될 것이며, 따라서 대부분의 그룹이 후보자 A를 선택할 확률이 높다. 자, 그렇다면 그들이 정말로 모든 정보를 공유했을까?

그룹 토의가 시작되자 '부분 정보 그룹'에서도 각자 개인적인 선택을 토대로 한 의견합치가 빠르게 이뤄졌다. 그리고 일단 어느 정도 의견합치가 형성되자, 다른 정보(그룹이 선택한 후보자에 관한 부정적인 정보 또는 그룹이 선택하지 않은 후보자에 관한 긍정적인 정보)를 가진 학생들이 자신의 정보를 공유하지 않는 모습이 나타났다. 그 결과, 압도적으로 A후보를 선호했던 '완전한 정보 그룹'과 달리, '부분 정보 그룹' 중에서는 다른 후보를 선택한 그룹도 나왔다.

이처럼 '부분 정보 그룹'의 학생들은 후보자 A가 최선의 선택임을 알 수 있는 모든 정보를 갖고도, 서로 간에 정보를 제대로 공유하지 않은 탓에 좋은 의사결정을 내릴 수 없었다.

이 실험은 사람들이 자기 머릿속 생각을 반드시 그룹에 공유하지는 않으며, 특히 그룹 내에서 어느 정도 의견이 일치되기 시작하면 더더욱 그렇다는 사실을 보여준다. 그리고 그가 직접 말을 해주지 않는 이상 그 사람이 가진 남다른 생각과 정보를 다른 사람들이 알 방법은 없다.

개별적으로 피드백 요청하기

그렇다면 집단 상황에서는 도대체 어떻게 해야 각자의 생각이 서

인생을 운에 맡기지 마라

로를 감염시키지 않도록 격려할 수 있을까? 가장 좋은 방법은 전체 회의 전에 먼저 팀원들의 생각을 개별적으로 확인하고 그 내용을 팀 전체에 공유한 후에 회의를 시작하는 것이다. 이렇게 하면 팀 회의로는 알기 어려운, 다른 사람들의 관점이나 공유되지 않은 정보를 솔직하게 파악할 수 있으므로, 앞의 실험에서 나타났던 '불완전한 자료 문제'를 해소하는 데 도움이 된다.

예를 들어 마지막 채용 절차로 최종 후보자 면접을 실시했다면, 끝나자마자 바로 다 같이 모여서 합격자를 논의하기보다는, 먼저 각 면접관들에게 개별적으로 어떤 후보가 가장 괜찮았는지, 그리고 그 이유는 무엇인지를 이메일로 묻는다. 그렇게 받은 피드백을 취합해서 사람들에게 공유한 다음 회의를 진행한다.

투자위원회에서 특정 투자 건의 진행 여부를 결정하고 있다. 각자의 생각을 따로 확인한 후 회의 전에 그 내용을 공유한다.

법무팀에서 고객에게 소송 합의에 대한 의견을 제시해야 하는 상황이다. 먼저 팀원들에게 합리적인 합의 수준으로 최소 얼마, 최대 얼마까지 가능할지, 상대방은 무엇을 요구할지 등에 대한 의견을 개별적으로 요청한다. 그 내용을 정리해서 회의 전에 팀원 전체에게 이메일로 보내준다.

연구에 따르면 사람들은 그룹 상황에 있을 때보다 개별적으로 의견을 표현하는 자리에서 더 솔직하고 정확하게 자기 생각과 선호를 보여주는 피드백을 한다고 한다. 하버드케네디스쿨의 댄 레비**Dan Levy**,

조슈아 야들리[Joshua Yardley], 리차드 제크하우저[Richard Zeckhauser]는 강의를 하면서 학생들에게 각자의 입장을 손을 들어서 표시하라고 하면 (강의실에서 많이 일어나는, 전통적인 그룹 피드백 시스템) 양떼효과[herding effect]가 일어나서, 어느 정도 의견합치가 형성되는 순간 나머지 학생들도 거기에 합류하기 때문에 어느 한 의견이 압도적 다수를 이룬다는 사실을 발견했다.[5]

그러나 다른 사람의 대답을 알 수 없게 버튼을 눌러서 의견을 표시하도록 하면, 어느 한 의견이 압도적 다수를 이루는 경우가 별로 나타나지 않았다. 즉 개별적으로 피드백을 요청했을 때, 학생들의 진짜 지식 수준과 선호를 더 정확하게 알 수 있었다.

각자의 생각과 의견을 (이메일 등을 사용해서) 개별적으로 이끌어내는 게 중요한 이유가 여기 있다. 인위적인 의견일치가 아니라, 실제 의견의 분포를 정확하게 파악할 수 있기 때문이다.

또한 피드백을 구할 때에는 피드백의 형태를 구체적으로 요청하는 것이 좋다. 구체적인 사건 또는 결과의 예측, 의사결정 나무에 존재하는 일어날 수 있는 결과들, 결정 가능한 선택지, 보상, 반사실적 사고, 관점 추적장치, 의사결정 탐구 표(사전부검 그리고/또는 백캐스팅), 닥터 이블 게임, 율리시스 계약, 헤지 등 이 책에서 다룬 여러 의사결정 도구를 활용해도 좋고, 또는 (이 책의 연습문제에서 자주 등장하듯이) '그렇다, 아니다'로 대답하거나 숫자로 평가하는 형태로 피드백을 요청할 수 있다.

인생을 운에 맡기지 마라

이처럼 내가 원하는 피드백의 형태를 구체화하면, 여러 사람들의 생각과 의견을 동일한 기준으로 비교할 수 있다는 장점이 있다.

보호막 한 겹 더 씌우기: 피드백은 익명으로

그룹 내에서도 전염력이 좀 더 강한 의견을 가진 사람이 있다. 그가 말하는 순간, 다른 사람들의 의견이 그쪽으로 기울고, 그와 반대되는 의견은 꼬리를 감춘다. 일반적으로 팀 내에서는 지위가 높은 사람의 의견일수록 전염력이 크다.

여기서 말하는 지위란 직급이 될 수도 있고, 아니면 경력, 전문성, 설득력, 카리스마, 외향성, 심지어 얼마나 분명하게 자신의 의견을 내는지 등이 될 수도 있다.

이상적으로는 CEO가 낸 의견인지, 인턴이 낸 의견인지에 따라 그 아이디어의 타당성이나 질에 대한 평가가 좌우돼서는 안 된다. 그러나 현실적으로는 대부분 지위가 낮은 사람의 생각은 동등하게 대우받지 못한다.

따라서 팀원들의 피드백을 개별적으로 확인해서 공유할 때는 피드백의 출처를 익명으로 처리해 지위가 낮은 사람의 의견도 동등하게 고려될 수 있도록 해야 한다.

그러나 전문성과 경력은 중요하지 않나?[6]

어쩌면 이런 생각이 들지도 모르겠다. "출처에 따라 피드백에 무게를 두는 것이 좀 더 합리적이지 않나? 만약 상대성 이론에 대해 논의하는데 팀원 중에 아인슈타인이 있다면, 지금 막 인턴 프로그램을 마치고 채용된 신입사원보다는 아인슈타인의 의견이 더 중요하게 여겨져야 하는 것 아닌가?"

맞는 말이다. 만약 팀 내에 아인슈타인이 있다면, 그리고 회의의 주제가 물리학이라면, 그의 의견은 당연히 다른 사람들의 의견보다 큰 힘을 갖는다. 그렇기 때문에 팀원들의 피드백을 영원히 익명으로 남겨서는 안 된다.

하지만 처음에는 익명으로 공유함으로써 얻을 수 있는 장점이 매우 크다.

첫째, 사람들은 CEO나 아이슈타인 등과 같이 전문지식이 많거나 지위가 높은 사람의 생각에 공개적으로 반대 의견을 내기 어려워한다. 그러나 그보다 더 나쁜 것은 후광효과^{halo effect},

후광효과

한 분야에서 크게 성공한 사람에 대한 긍정적인 인상 때문에 그 분야와 상관없는 다른 영역에서도 긍정적으로 보이는 인지 편향

즉 크게 성공한 사람들의 의견에 일률적으로, 심지어 그들이 전문성을 지니지 않는 분야에 대한 의견에도 무게를 실어주는 경향 때문에, 그 의견이 실제 가치보다 과대평가되어 받아들여질 수 있다는 것이다.

아인슈타인의 피드백에 나서서 반박

인생을 운에 맡기지 마라

할 수 있는 사람은 아마도 거의 없을 것이다. 그 주제가 상대성 이론에 대한 것이든, 임대인을 소송하는 문제에 대한 것이든지 간에 말이다.

둘째, 전문가들은 자기가 자신 있는 분야에 관한 한 편향에 휘둘릴 수밖에 없다. 필립 테틀록이 보여준 것처럼, 한 분야의 전문가는 자신의 세계관에 깊이 매몰돼 있기 때문에, 거기서 벗어나서 자기가 아는 세계와는 다른 관점에서 나온 것들을 편견 없이 바라보기 어렵다.

이러한 이유로 처음에는 익명으로 피드백을 공유하는 것이 좋다. 출처를 알지 못하는 상태에서 봐야 각각의 관점을 더욱 적절하고 합리적으로 고려할 수 있다. 피드백의 질과 타당성을 판단할 때 지위나 명성 등의 요소가 끼어드는 것을 막을 수 있기 때문이다.

지위가 낮은 팀원도 가치 있고 참신한 관점을 가질 수 있다. 현상 유지에 대한 압박이 없기 때문에, 오히려 다른 사람은 보지 못하는 기발한 해결책을 내놓을 수도 있다. 세계 역사를 거시적으로 보면, 새로운 세대는 언제나 전과 다른 관점을 제시함으로써 혁신적인 도약과 패러다임의 전환을 이끌었다. 첫 피드백을 익명으로 공유하면, 정해진 틀 밖의 의견도 싹을 틔울 기회를 누릴 수 있다.

그런데 왜?

물론 모든 신입사원이 아직까지 꽃피우지 못한 천재는 아니며, 경험 적은 팀원의 의견이 언제나 팀을 성공으로 이끌어줄 획기적인 아이디어일 수는 없다. 대부분은 그저 이해와 경력 부족을 반영하는 의견에서 그칠 때가 많다.

그러나 팀이 좋은 의사결정을 도출하기 위해서는, 이해와 경력 부족을 반영하는 피드백을 적극 장려해야 한다. 경험이 적은 팀원에게는 새로운 사실을 배우는 기회가 되고, 지식과 경력이 많은 팀원에게는 자기가 왜 그렇게 생각하는지를 더 깊이 이해하고, 또 자신의 지식을 다른 팀원에게 나눌 수 있는 기회가 되기 때문이다. 그리고 때로는 자신이 굳게 믿고 있던 것 중에 잘못된 사실이 있음을 발견하고 수정하는 기회를 얻을 수도 있다.

이는 마치 세상 모든 부모가 아이를 키우면서 "그런데 왜?"라는 질문 폭격을 받는 것과 같다.

"엄마, 하늘은 왜 파래?"

그러면 엄마는 자신이 가진 풍부한 상식에 스스로 감탄하며 다섯 살짜리 아이에게 빛을 굴절에 대한 지식을 뽐낸다. "사실 하늘은 무지개색이야. 그렇지만 지구를 둘러싼 공기 때문에 우리 눈에는 파란색만 보이는 거란다."

그러나 아이는 다시 묻는다. "그런데 왜? 왜 지구의 공기는 파란색만 보이게 해?"

여기에도 답을 해줘야 한다. 이러한 질문 세례는 내가 알고 있는 지식의 한계를 넘어설 때까지 계속되며, 대부분은 이렇게 끝난다. "엄마가 그렇다고 하잖아!" 또는 "만화영화 볼 시간 아니니?" 또는 "아이스크림 먹을래?"

아이의 질문이 내가 아는 것과 모르는 것을 드러내듯이, 경험 적은 팀원의 피드백은 팀의 발전을 돕는다.

잠재적 영향력이 낮고 되돌리기 쉬운 의사결정은 빠르고 간단하게

이쯤 되면 이런 생각이 들 것이다. '팀 단위로 결정할 때마다 이렇게 하려면, 한 달에 몇 가지밖에 결정하지 못할 것 같은데.'

물론 이런 식으로 의사결정 과정(개별적으로 피드백을 구하고, 그렇게 모은 피드백을 익명으로 공유한 후, 팀 회의를 하는 것)을 거치려면 시간이 많이 든다. 그러나 여기에도 시간-정확성 상충관계를 적용할 수 있다. 잠재적 영향력이 낮고 쉽게 되돌릴 수 있는 의사결정을 할 때에는 다음과 같이 간소화한 방법으로 피드백을 끌어냄으로써 시간도 아끼고 감염도 방지할 수 있다.

팀원들에게 각자 자신의 의견과 그렇게 생각한 이유를 종이에 쓰고 그 종이를 한 사람에게 제출하도록 하면, 종이를 받은 사람이 그것을 읽거나 화이트보드에 적은 후에 회의를 한다. 이렇게 하면 시간이 많이 걸리지 않으면서도, 모든 팀원이 다른 사람의 의견을 듣기 전에 자신의 입장을 제시할 수 있다.

이보다 더 시간을 아끼고 싶다면, 각자 자신의 의견을 적은 후에 그것을 직접 읽는 방법도 있다. 이때 의견의 전염력이 가장 약한(그리고 다른 팀원의 의견에 감염되기 가장 쉬운) 팀의 막내부터 발표를 시

작함으로써, 그들의 솔직한 생각과 관점을 알 수 있는 기회를 놓치지 않도록 주의해야 한다.[7]

피드백을 요청할 때는 필요한 정보를 책임지고 제공한다

그러나 정보와 생각을 무조건 격리하는 것이 능사는 아니다. 상대방이 내게 질 좋은 피드백을 주고 싶어도 필요한 정보가 없으면 한계가 있다. 내가 제공하는 정보의 질이 좋아야 질 좋은 피드백을 얻을 수 있고, 질 나쁜 정보를 제공하면 질 나쁜 피드백이 돌아온다. 따라서 어떤 정보를 격리하고 어떤 것을 제공할 것인지를 판단할 줄 알아야 한다.

최종 후보자에 대한 의견을 구하면서 그 사람이 전 직장에서 횡령으로 고소된 적이 있다는 사실을 언급하지 않는다면, 어떻게 질 좋은 피드백이 돌아올 수 있겠는가?

원고 측 변호사인 내가 내일 있을 재판에서 어떻게 합의할지를 결정하기 위해 선배 변호사에게 조언을 구하는 상황에서, 최근에 그 재판이 피고 측에 호의를 보이기로 유명한 판사에게 재배치됐다는 사

인생을 운에 맡기지 마라

실을 말하지 않는다면, 제아무리 경험 많은 변호사라도 그에 맞는 피드백을 주기는 어렵다.

물론 아주 명백하게 관련 있는 내용을 빼먹고 조언을 구하는 경우는 많지 않다. 그러나 어쨌든 의사결정 도구의 도움 없이 자신의 직관이 시키는 대로만 말하면, 나도 모르게 상대방이 이미 내가 정한 결론에 동의하는 쪽으로 피드백을 주도록 자연스레 일부 정보를 강조하거나, 덜 부각시키거나, 누락한 채 상황 설명을 하는 경향이 나타난다.

이러한 현상은 상대방을 속이기 위해 의도적으로 정보를 편집하는 것이라기보다는, 대부분은 스스로를 속여서 나타난다. 그런 식의 정보 전달은 내가 가진 지도와 상대방의 지도가 서로 어긋나는 부분이 아닌, 일치하는 부분에 대한 피드백을 유도함으로써 내가 받는 조언의 질을 떨어뜨릴 가능성이 높다.

외부의 시각으로 피드백에 필요한 정보 제공하기

의사결정 과정의 주요 장애물 중 하나가 내가 제공하는 정보의 질에 따라 피드백의 질이 제한된다는 사실임을 이제 이해했을 것이다. 내가 전하는 이야기는 자연스럽게 자기가 바라보는 세계의 모습, 즉 내부의 시각을 지지하는 쪽으로 치우칠 수밖에 없다. 따라서 이 문제를 해결하려면 외부의 시각, 즉 피드백을 주는 사람의 입장에서 생각해볼 필요가 있다.

'누군가가 내게 이러한 종류의 의사결정에 대해 의견을 묻는다면, 내가 그에게 질 좋은 피드백을 주기 위해서 알아야 할 정보는 무엇일까?'라고 생각해보는 것이다. 그리고 그 내용을 체크리스트로 만든 후 다른 사람에게 조언을 구할 때 참고해 그에 맞는 정보를 제공하도록 한다.

이는 어떤 종류의 의사결정에 사용해도 좋지만 특히 반복되는 선택에 해당하는 의사결정 문제에서 더욱 유용하다. 의사결정의 특정 사례를 직면하기 전에 어떤 정보가 필요한지 미리 생각해볼 수 있기 때문이다. 일단 의사결정 과정이 어느 정도 진행되면, 내가 선호하는 선택지에 대한 의견이 이미 형성된다. 그렇게 되면 피드백을 주는 사람에게 필요한 정보가 무엇인지에 대한 생각도 개인적인 선호도에 영향을 받아 왜곡될 수밖에 없다. 그러나 의사결정 과정에 들어가기 전에 미리 체크리스트를 만들어놓으면 좀 더 쉽게 객관성을 유지하면서 외부의 시각을 얻을 수 있다.

체크리스트에 들어가야 할 정보는?

의사결정 문제의 종류에 따라 조금씩 달라질 수는 있겠지만 일반적으로 체크리스트에는 이루고자 하는 목표, 내가 중요하게 여기는 가치, 주어진 자원, 자세한 상황 설명 등이 들어가야 한다. 다만, 질 좋은 피드백을 위해 상대방이 알아야 할 정보만 딱 제공하고 그 이상은 제공하지 않도록 주의해야 한다.

인생을 운에 맡기지 마라

체크리스트에 제일 먼저 포함돼야 할 정보이자 제일 중요한 정보는 내가 달성하고자 하는 목표가 무엇인지다. 사람마다 서로 중요하게 생각하는 목표와 가치가 다르기 때문에, 나한테 적합한 결정과 다른 사람에게 적합한 선택은 얼마든지 다를 수 있다.

만약 휴가지에 대해 조언을 얻고자 한다면 내 목표와 선호, 한계와 관련된 정보를 제공해야 한다. 2월 달에 날씨가 좋고 역사가 깊은 여행지에 가고 싶다고 말하면서 여행 기간이 사흘밖에 안 된다는 말을 하지 않으면, 상대방은 자신이 2주간 여행하면서 몹시 만족스러웠던 호주를 추천할지도 모른다.

포커 선수로 활동하던 시절 나는 언제나 다른 선수들에게 내가 한 경기에 대한 피드백을 구하곤 했다. 내가 포커 경기를 반복할 것이라는 사실을 알았으므로(반복되는 선택에 해당하는 의사결정) 나는 스스로에게 '누군가 내게 와서 자신의 경기에 대해 피드백을 구한다면, 어떤 정보를 알아야 좋은 조언을 해줄 수 있을까?'라고 질문했다. 그 결과 배팅 순서, 각 선수들이 배팅한 칩의 수 등의 정보가 필요했다. 나는 이를 토대로 체크리스트를 만들었고, 이후 다른 선수들에게 조언을 구할 때마다 체크리스트에 있는 정보를 가급적 모두 제공하려고 노력했다.

부분적인 정보로는 '부분적으로 좋은' 피드백조차 받지 못한다.

새로운 직원을 채용하면서 피드백을

구할 때는 내가 가진 목표, 가치, 자원에 대한 정보를 제공하는 것이 중요하다. 경력직을 뽑아서 미래의 신입사원들을 교육하는 데에 도움을 받고 싶은가? 쾌활한 성격을 중시하는가? 그 외에도 이전 경력사항, 평판조회 결과, 면접 결과 등의 내용도 제공돼야 할 정보에 해당한다.

그렇게 체크리스트를 만들고 나면, 거기에 해당하는 정보를 모두 제공할 수 있도록 스스로 책임을 져야 한다. 그래야 내가 선호하는 피드백이 돌아오도록 자기도 모르게 상황을 편집할 가능성을 줄임으로써 피드백의 질을 높일 수 있다.

팀 단위 의사결정을 위한 체크리스트를 만들 때에는 그룹 상황에서 피드백을 이끌어낼 때와 같이 먼저 팀원들에게 개별적으로 의견을 묻는 것이 좋다. 팀원들에게 이메일 등으로 "만약 누군가가 내게 와서 어떤 종류의 의사결정에 대해 조언을 구한다면, 내가 어떤 정보를 알아야 할까?"에 대한 생각을 개별적으로 묻고, 그 답변을 모아서 익명으로 배포한 후, 팀 회의를 통해 체크리스트를 정한다. 그리고 이후 팀원들이 누군가에게 피드백을 구할 때에는 가급적 체크리스트에 있는 정보를 전부 제공하도록 노력해야 한다.

체크리스트에 있는 정보를 빠짐없이 제공할 책임은 팀원 모두에게 있다. 다시 말해서 피드백을 묻는 사람은 체크리스트에 있는 정보를 모두 제공해야 할 책임을 지고, 피드백을 요청받은 사람은 체크리스트에 있는 정보를 모두 제공받을 수 있도록 책임을 져야 한다. 만

인생을 운에 맡기지 마라

약 누락된 내용이 있다면 반드시 상대방에게 요구해서 해당 정보를 받은 후에 피드백을 주도록 한다.

직장이나 일상생활에서 반복적으로 결정해야 할 사항에 대해 피드백을 요청할 때 반드시 공유해야 할 정보를 체크리스트로 만들어라. 개인적으로 해도 좋고 팀 활동으로 해도 좋다.

❶ 직장에서 또는 일상생활에서 반복적으로 마주하는 의사결정 문제를 하나 골라라.

❷ 만약 누군가가 당신에게 와서 그러한 종류의 결정에 대해 피드백을 요청한다면, 어떤 정보를 알아야 질 좋은 피드백을 줄 수 있겠는가?

다음 빈칸을 이용해서 질 좋은 피드백을 하기 위해 필요한 모든 정보를 체크리스트로 만들어라. 먼저 당신의 목표, 가치, 자원 등에서부터 시작하라.

　그룹 상황이든, 두 사람이 서로에게 조언을 구하는 상황이든, 피드백 과정에 참여하는 사람들끼리 체크리스트에 있는 정보를 제공하는 데 책임을 지기로 합의하는 것이 중요하다.

　그러한 합의가 없는 상태에서, 이야기하는 사람이 어떤 내용을 강조하면 듣는 사람은 그 정보가 의사결정과 특별히 더 관련이 있다고 가정한다. 반면 어떤 내용을 덜 부각시키거나 생략하면, 그것들이 의

인생을 운에 맡기지 마라

사결정에 중요하지 않은 정보이기 때문이라고 받아들인다.

일반적으로 사람들은 상대방이 중요한 정보를 제공하지 않아도 자기가 할 수 있는 선에서 나름대로의 조언을 제공한다. 이는 누군가가 내게 조언을 요청했을 때 "난 도와줄 수 없어"라고 말하는 것이 무례하다고 생각해서일 수도 있고, 또는 필요한 정보를 다 알지 못하는 상태에서도 얼마든지 좋은 조언을 해줄 수 있다고 생각할 만큼 자신의 의견에 자신감이 넘쳐서일 수도 있다.

그러나 체크리스트에 책임을 진다는 것은, 질 좋은 피드백을 위해 필요한 정보를 상대방이 모두 제공하지 못할 때에는 조언을 하지 말아야 한다는 뜻이다. 그리고 이는 상대방을 괴롭히려는 것이 아니라 상대방에게 친절을 **베풀기 위함**이다.

내가 포커 강의를 하던 시절, 가끔씩 학생들이 와서 체크리스트에 있는 정보 중 일부를 기억하지 못하는 상태에서 질문을 할 때가 있었다. 한 예로, 어떤 학생이 이러저러한 상황에서 마지막 남은 패에 배팅을 걸어야 했는지를 물었으나, 정작 그동안 자신이 건 돈이 전부 얼마였는지를 기억하지 못한 경우가 있다. 그럴 때 나는 판돈의 규모를 모르는 상태에서 내가 주는 의견은 아무런 가치도 없고 무의미하므로 학생의 질문에 대답하지 않는다.

의미 없는, 어쩌면 틀릴 수도 있는 피드백을 함부로 주지 않으려고 하는 내 태도는 오히려 학생들에게 도움이 된다. 첫째, 앞으로 그 학생은 판돈의 규모에 관심을 가지기 시작할 것이다. 그 정보를 알아야 조언을 받을 수 있다는 사실을 알았기 때문에, 만약 그가 또다시 내게 질문을 하러 온다면 반드시 그 정보를 기억해서 올 것이다. 장담컨대 그는 이전에는 분명 판돈의 규모에 전혀 관심을 갖지 않았을 테고(또는 그게 중요한 정보라는 사실을 알지 못했을 테고), 만약 내가 그때 브레이크를 걸지 않고 적당히 그럴싸한 조언을 해주고 넘어갔더라면 앞으로도 계속 그랬을 것이다.

무엇보다도 내가 피드백 주기를 거절한 덕분에 그 학생은 판돈의 규모가 왜 중요한지를 이해할 수 있는 기회를 얻었다. 내게 피드백을 다시 요구하든 안 하든, 어쨌든 그는 앞으로 판돈의 규모에 관심을 기울일 것이며, 포커 경기 현장에서 의사결정을 내릴 때에도 그 정보를 포함해서 고민하게 될 것이다.

그리고 이렇게 체크리스트를 충실히 지켰을 때 얻을 수 있는 이득은 앞으로도 계속 누적된다. 포커 경기에서 판돈의 규모가 중요한 정보라는 사실이 누적되고, 미식축구에서는 네 번째 쿼터 후반에 남은 타임아웃 기회가 중요한 정보라는 사실이 누적된다.

새로운 직원을 뽑을 때 문화적 적합성이 얼마나 중요한지, 판사가 피고 측에 호의적이라는 정보가 판결에 얼마나 큰 영향을 미치는지, 새로운 전기차 회사의 주식을 살지 고민할 때 경영진의 역량이 얼마나 중요한지 등에 대한 깨달음이 쌓인다.

좋은 체크리스트는 피드백을 요청하면서 정보를 편향적으로 제공하는 문제를 예방할 뿐만 아니라, 의사결정을 내릴 때 고려해야 할 정보를 확인하는 데에도 도움이 된다.

5
더 나은 인생을 위해

사람들은 평생 수없이 많은 의사결정을 내린다. 그중 일부는 좋은 결과를 가져오겠지만 그렇지 않은 것들도 있을 것이다. 질 좋은 의사결정 과정의 목표는 내가 하는 모든 의사결정이 좋은 결과를 가져오도록 하는 것이 아니다. 의사결정에는 운과 불완전한 정보라는 요소가 개입하기 때문에 그런 목표는 어느 누구도 달성할 수 없다.

의사결정은 주식 투자와 같다. 개별적인 결정 하나하나는 좋을 수도, 나쁠 수도 있지만 전체적으로 봤을 때에는 내가 원하는 방향으로 조금씩 나아가는 것이 목표가 돼야 한다.

낡은 집을 사서 개조한 후에 되파는 일을 하는 사람이 있다. 그의 목표는 자신이 개조한 집으로 돈을 버는 것이지만, 그가 사는 집마다 전부 가치가 오를 수는 없다. 그가 이번에 선택한 특정 집이 앞으로 어떤 결과를 가져올지 아는 사람은 아무도 없다. 만약 그게 가능하다면 당연히 수익을 낼 것이 확실한 집에만 투자할 것이다.

의사결정도 이와 같다. 목표는 앞으로 평생 동안 내릴 의사결정을 통해 내가 바라는 모습에 점점 더 가까워지는 것이다. 그러나 집 개 조자와 마찬가지로, 모든 의사결정이 원하는 방향으로 풀릴 수는 없다. 그중에는 분명히 결과가 나쁜 의사결정도 있을 것이다. 더 나은 의사결정자가 되기 위해서는 이 사실을 인정해야 한다.

일이 잘 풀리리라고 어떻게든 확신할 수 있다고 생각하면서 의사결정에 뛰어들면 내가 알지 못하는 정보의 세계를 열린 마음으로 유영하기가 어렵다. 그보다는 방어적인 자세로 웅크린 채, 자신이 나쁜 결정을 내리거나 잘못된 생각을 가지고 있을 수도 있다는 가능성을 계속해서 부인한 채 의사결정에 임할 것이다.

그러나 그렇게 웅크린 자세는 절대 편안하지 않다.

내가 한 의사결정이 부실했거나 내가 가진 정보가 잘못된 탓에 나쁜 결과가 일어났을지도 모른다는 가능성을 거부하면, 자기연민이 찾아온다. 반면 일이 잘 풀렸을 때에는 반사적으로 그 공을 자신이 차지한다.

내 의사결정에는 아무런 문제가 없고 내가 가진 정보가 전부 옳다는 생각에만 빠져 있으면, 지난 경험에서 제대로 된 교훈을 이끌어낼 수도 없고, 앞으로 직면할 의사결정의 질을 개선할 수도 없다.

미래의 내가 더욱 질 좋은 의사결정을 내릴 수 있을지는 현재의 나한테 달려 있다. 진정한 의미의 자기연민은 미래의 내가 현재의 나에게 보내는 기대를 외면하지 않는 것이다.

6

'의사결정의 위생'에 대해
꼭 알아두어야 할 것들

● 생각의 질을 높일 수 있는 가장 좋은 방법 중 하나는 다른 사람들의 관점을 얻는 것이다. 그들의 생각이 나와 다를 때, 내가 몰랐던 사실 또는 내 생각의 오류를 바로잡아줄 수 있는 정보를 통해 의사결정의 질을 개선할 수 있다.

● **생각은 전염된다.** 상대방이 피드백을 주기 전에 내 생각을 먼저 말하면 상대방도 나와 같은 의견을 표현할 확률이 높아진다.

● 생각의 감염을 막기 위해서 **의사결정의 위생**을 지켜라.

● 상대방이 내 생각과 자신의 생각이 다르다는 것을 알 수 있는 유일한 방법은 내가 내 의견을 먼저 말하는 것뿐이다. 그러므로 피드백을 구할 때에는 내 생각은 내 머릿속에 **격리시켜라.**

● **질문을 표현하는 방식**이 피드백을 얻고자 하는 주제에 대한 내 입장이 긍정적인지 부정적인지를 나타낼 수 있다. 가능한 한 중립적인 언어를 사용해라.

● '의견이 안 맞다'라는 단어는 매우 부정적인 어감을 준다. 따라서 사람들의 의견이 다양하게 나뉘는 상황에 대해 말할 때에는 '의견 충돌' 대신 '의견 차이' 또는 '다른 의견'과 같은 단어를 쓰는 것

이 더 중립적이다.

● 결과도 피드백을 감염시킬 수 있다. 따라서 피드백을 이끌어낼 때에는 일이 어떻게 전개됐는지는 전달하지 않도록 한다.

● 하나 이상의 결과가 연속적으로 이어지는 과거의 일에 대해 물을 때에는 일이 일어난 순서대로 차례차례 피드백을 구하라.

● 피드백을 요청할 때에는 상대방이 의사결정 당시 내가 알았던 정보에 최대한 가까운 위치에 놓이도록 만들어라.

● 여러 사람들이 가진 다양한 관점에 접근할 수 있다는 점에서 그룹 상황은 의사결정의 질을 높일 수 있는 잠재력을 갖고 있다. 그러나 이 같은 잠재력은 주로 제 힘을 발휘하지 못하는데, 이는 일반적으로 사람들이 다수의 의견을 중심으로 빠르게 뭉치려는 경향을 갖고 있어서, 그룹 전체의 의견과 반대되는 정보나 생각을 가진 사람들이 자신의 생각을 잘 공유하지 않기 때문에 발생한다.

● 팀원들에게 먼저 각자의 의견과 그 근거를 개별적으로 요청한 후에 그것을 모아서 공유하는 방식으로 그룹 내 의사결정의 위생을 지키면, 그룹 상황의 의사결정이 지니는 장점을 적극 활용할 수 있다.

● 후광효과 때문에 지위가 높은 사람의 의견은 특히 더 전염력이 강하다.

● 처음 피드백을 공유할 때 출처를 익명으로 하면, 의견을 낸 사

인생을 운에 맡기지 마라

람의 지위가 아니라 아이디어 자체의 역량에 따라 더욱 적절하고 합리적으로 고려할 수 있다.

● 잠재적 영향력이 낮고 되돌리기가 쉬운 의사결정을 할 때에는 좀 더 간소화한 방법을 사용할 수 있다. 팀원들이 자신의 의견을 종이에 적어서 내면 누군가가 그것을 모아서 읽어주거나 화이트보드에 적은 후 회의를 한다. 그보다 더 간단하게는, 팀의 막내부터 순서대로 자신의 의견을 읽는 방법으로 감염을 막을 수 있다.

● 사람들은 피드백을 얻기 위해 의사결정 상황을 설명할 때, 특정 정보를 강조하거나, 덜 강조하거나, 심지어 자신이 원하는 결론에 도움이 되지 않는 정보를 생략하기도 한다. 피드백의 질은 내가 제공하는 정보의 질에 따라 제한된다.

● 질 좋은 피드백을 받으려면 상대방이 알아야 할 정보만 딱 제공하고 그 이상은 제공하지 않아야 한다.

● '만약 누군가가 내게 와서 이런 종류의 의사결정에 대한 의견을 묻는다면, 어떤 정보를 알아야 좋은 조언을 해줄 수 있을까?'라고 생각해봄으로써 외부의 시각에 접근하라.

● 반복적인 의사결정에 대해 피드백을 구할 때 제공해야 할 정보를 체크리스트로 만든다. 체크리스트는 의사결정 과정에 들어가기 전에 만들어야 하며, 이루고자 하는 목표, 내가 중요시하는 가치, 주어진 자원, 자세한 상황 설명 등을 포함해야 한다.

● 팀원들은 체크리스트가 잘 지켜질 수 있도록 서로 책임을 져야

한다. 만약 누군가가 내게 조언을 구하면서 체크리스트에 있는 정보를 전부 제공하지 못하면 나도 피드백을 줄 수 없다는 합의가 있어야 한다.

9장 체크리스트

다른 사람들에게 피드백을 구할 때에는 다음과 같은 방법으로 의사결정의 위생을 지킨다.

☐ 피드백을 요청할 때, 내 의견과 생각은 격리시킨다.

☐ 피드백을 요청하는 표현 방식이 내 입장을 은연중에 드러내지 못하도록 중립적인 언어를 사용한다.

☐ 과거의 의사결정에 대해 피드백을 요청할 때에는 결과는 전달하지 않는다.

☐ 하나 이상의 결과가 연속적으로 이어지는 일에 대해 피드백을 요청할 때는, 일이 일어난 순서대로 차례차례 의견을 묻는다.

☐ 내가 원하는 피드백의 형태를 구체화한다.

☐ 만약 누군가가 내게 피드백을 구한다면 어떤 정보를 알아야 할지 생각해보고 그 내용을 체크리스트로 만든다. 단, 체크리스

인생을 운에 맡기지 마라

트는 의사결정 과정에 들어가기 전에 만들어야 한다.

☐ 피드백을 구하는 사람과 주는 사람 모두가 체크리스트에 있는 정보를 전부 제공하는 데에 책임을 지기로 합의해야 한다. 만약 누락된 정보가 있다면 요청하고, 필요한 정보를 전부 제공하지 못하면 피드백 제공을 거절해야 한다.

그룹 상황에서는 다음과 같은 방법을 추가함으로써 의사결정의 위생을 지킨다.

☐ 전체 회의 전에, 또는 팀원들이 다른 팀원에게 자신의 의견을 드러내기 전에, 개별적으로 피드백을 요청한다.

☐ 먼저 개별적으로 모은 피드백을 정리해서 익명으로 배포한 후, 팀 회의를 진행한다.

1장

1 Charting the relationship between decision quality and outcome quality [p. 10] See also Mitch Morse, "Thinking in Bets: Book Review and Thoughts on the Interaction of Uncertainty and Politics," Medium. com, December 9, 2018, and J. Edward Russo and Paul Schoemaker, Winning Decisions: Getting It Right the First Time (New York: Doubleday, 2002).

2 The cost of the original Star Wars film and the box office for the film and for the franchise, as of January 17, 2020, came from "Box Office History for Star Wars Movies," www.the-numbers.com/movies/franchise/Star-Wars#tab=summary. The details of Disney's 2012 acquisition of the franchise came from the press release announcing the transaction, reported by Steve Kovach, "Disney Buys Lucasfilm for $4 Billion," October 30, 2012, Business Insider, www.businessinsider.com/disney-buys-lucasfilm-for-4-billion-2012-10.

3 Innumerable retellings of the history of Star Wars include its initial rejection by United Artists, along with other studios passing on the project, including Universal and Disney. The Syfy Wire version is from Evan Hoovler, "Back to the Future Day: 6 Films That Were Initially Rejected by Studios," Syfy Wire, July 3, 2017, www.syfy.com/

syfywire/back-to-the-future-day-6-hit-films-that-were-initially-rejected-by-studios. The quote from George Lucas about the film's history appeared in Kirsten Acuna, "George Lucas Recounts How Studios Turned Down 'Star Wars' in Classic Interview," Business Insider, February 6, 2014, www.businessinsider.com/george-lucas-interview-recalls-studios-that-turned-down-movie-star-wars-2014-2.

4 "Nobody knows anything" is from William Goldman, Adventures in the Screen Trade: A Personal View of Hollywood and Screenwriting (New York: Warner Books, 1983).

2장

1 See Neal Roese and Kathleen Vohs, "Hindsight Bias," Perspectives on Psychological Science 7, no. 5 (2012): 411–26.

2 The voting and electoral college numbers from the 2016 presidential election came from Wikipedia, en.wikipedia.org/wiki/2016_United_States_presidential_election.

3 The sources of the postelection headlines attributing Clinton's loss to her campaign's mistaken priorities (deploying more resources in Florida, North Carolina, and New Hampshire, and fewer resources in Pennsylvania, Michigan, and Wisconsin) were Ronald Brownstein, "How the Rustbelt Paved Trump's Road to Victory," The Atlantic, November 10, 2016, www.theatlantic.com/politics/archive/2016/11 /trumps-road-to-victory/507203/; Sam Stein, "The Clinton Campaign Was Undone by Its Own Neglect and a Touch of Arrogance, Staffers Say," Huffington Post, November 16, 2016, www.huffpost.com/entry/clinton-campaign-neglect_n_582cacb0e4b058ce7aa8b861; Jeremy Stahl, "Report: Neglect and Poor Strategy Cost Clinton Three Critical States," Slate, November 17,

2016, slate.com/news-and-politics/2016/11/report-neglect-and-poor-strategy-helped-cost-clinton-three-critical-states.html.

4 The sources of the preelection headlines that, in contrast, questioned Trump's—not Clinton's—campaign priorities were Philip Bump, "Why Was Donald Trump Campaigning in Johnstown, Pennsylvania?," Washington Post, October 22, 2016, www.washingtonpost.com/news/the-fix/wp/2016/10/22/why-was-donald-trump-campaigning-in-johnstown-pennsylvania/?utm_term=.90a4eb293e1f; John Cassidy, "Why Is Donald Trump in Michigan and Wisconsin?," New Yorker, October 31, 2016, www.newyorker.com/news/john-cassidy/why-is-donald-trump-in-michigan-and-wisconsin.

5 The information about the polling numbers in individual states came from FiveThirtyEight.com.

3장

1 Information about the Amazon Studios series The Man in the High Castle came from plot summaries on Wikipedia, IMDB.com, and Amazon.com. See also Philip K. Dick, The Man in the High Castle (New York: Putnam, 1962).

4장

1 The incident in which the man taunted a bison on a road at Yellowstone National Park occurred on the evening of July 31, 2018, and was widely reported. This particular picture of the bison appeared in USA Today. David Strege, "Yellowstone Tourist Foolishly Taunts Bison, Avoids Serious Injury," USAToday.com, August 2, 2018, ftw.

usatoday.com/2018/08/yellowstone-tourist-foolishly-taunts-bison-avoids-serious-injury. A video of the bison on the road appears on CNN.com, "Man Taunts Charging Bison," August 3, 2018, www.cnn.com/videos/us/2018/08/03/man-taunts-bison-yellowstone-national-park-hln-vpx.hln.

2 For the article on the Mauboussins' survey, see Andrew Mauboussin and Michael Mauboussin, "If You Say Something Is 'Likely,' How Likely Do People Think It Is?," Harvard Business Review, HBR.org, July 3, 2018, hbr.org/2018/07/if-you-say-something-is-likely-how-likely-do-people-think-it-is, as well as https://probabilitysurvey.com.

3 An account of Francis Galton's experiment in estimating the weight of an ox appeared in the introduction to James Suroweicki's The Wisdom of Crowds: Why the Many Are Smarter than the Few and How Collective Wisdom Shapes Business, Economies, Societies and Nations (New York: Random House, 2004). NPR's Planet Money Podcast conducted an online version of this experiment. Jacob Goldstein, "How Much Does This Cow Weigh?," NPR.org, July 17, 2015, www.npr.org/sections/money/2015/07/17/422881071/how-much-does-this-cow-weigh; Quoctrung Bui, "17,205 People Guessed the Weight of a Cow. This Is How They Did," NPR.org, August 7, 2015, www.npr.org/sections/money/2015/08/07/429720443/17-205-people-guessed-the-weight-of-a-cow-heres-how-they-did. The picture of Penelope and the graph appeared in the August 7 article.

5장

1 I'm indebted to Abraham Wyner for suggesting this idea over lunch one day, as I am also indebted to him for many of the ideas woven through this book.

2 An explanation of the standards involved appears in Damon Fleming and Gerald Whittenburg, "Accounting for Uncertainty," Journal of Accountancy, September 30, 2007, www.journalofaccountancy.com/ issues/2007/oct/accountingforuncertainty.html. The ranges for the different terms comes from a summary in "Tax Opinion Practice— Confidence Levels for Written Tax Advice," June 12, 2014, taxassociate. wordpress.com/2014/06/12/tax-opinion-practice/. I'm indebted to Ed Lewis for bringing this practice among tax attorneys to my attention.

6장

1 Chip Heath and Dan Heath, in Decisive: How to Make Better Choices in Life and Work (New York: Crown, 2013), describe the history of the pros and cons list in detail and analyze its flaws, including its inability to combat the challenge of bias in decision-making.

2 Better-than-average teachers: K. Patricia Cross, "Not Can, But Will College Teaching Be Improved?," New Directions for Higher Education 17 (1977): 1–15.

3 Better-than-average drivers: Ola Svenson, "Are We All Less Risky and More Skillful than Our Fellow Drivers?," Acta Psychologica 47, (1981): 143–48.

4 Better-than-average in social skills: College Board, Student Descriptive Questionnaire, 1976–1977, Princeton, NJ: Educational Testing Service.

5 Better-than-average in responsibility and judgment: Emily Stark and Daniel Sachau, "Lake Wobegon's Guns: Overestimating Our Gun-Related Competences," Journal of Social and Political Psychology 4, no. 1 (2016): 8–23. Stark and Sachau cited all these examples and sources, along with numerous additional findings of the better-than-average effect.

인생을 운에 맡기지 마라

6 Michael Mauboussin shared this illustration with me, which he uses in some presentations. It has appeared in Michael Mauboussin, Dan Callahan, and Darius Majd, "The Base Rate Book: Integrating the Past to Better Anticipate the Future," Credit Suisse Global Financial Strategies, September 26, 2016.

7 Daniel Kahan and colleagues have done substantial research on this aspect of motivated reasoning. See Daniel Kahan, David Hoffman, Donald Braman, Danieli Evans, and Jeffrey Rachlinski, "They Saw a Protest: Cognitive Illiberalism and the Speech-Conduct Distinction," Stanford Law Review 64 (2012): 851–906; and Daniel Kahan, Ellen Peters, Erica Dawson, and Paul Slovic, "Motivated Numeracy and Enlightened Self-Government," Behavioural Public Policy 1, no. 1 (May 2017)), 54–86.

In addition, some of the influential work on "myside bias" (or "blind spot bias") includes Richard West, Russell Meserve, and Keith Stanovich, "Cognitive Sophistication Does Not Attenuate the Bias Blind Spot," Journal of Personality and Social Psychology 103, no. 3 (September 2002), 506–19; Keith Stanovich and Richard West, "On the Failure of Cognitive Ability to Predict Myside and One-Sided Thinking Biases," Thinking & Reasoning 14, no. 2 (2008): 129–67; and Vladimira Cavojova, Jakub Srol, and Magalena Adamus, "My Point Is Valid, Yours Is Not: Myside Bias in Reasoning About Abortion," Journal of Cognitive Psychology 30, no. 7 (2018): 656–69. An instructive article on myside bias, which brought the work of Cavojova and colleagues (along with other recent research) to my attention is from Christian Jarrett, "'Myside Bias' Makes It Difficult for Us to See the Logic in Arguments We Disagree With," BPS Research Digest, October 9, 2018, digest.bps.org.uk/2018/10/09/my-side-bias-makes-it-difficult-for-us-to-see-the-logic-in-arguments-we-disagree-with/.

8 Divorce rates: Centers for Disease Control, National Center for Health Statistics, National Health Statistics Reports, Number 49, March 22, 2012, www.cdc.gov/nchs/data/nhsr/nhsr049.pdf.

9 Death from heart disease: Centers for Disease Control, Heart Disease Facts, www.cdc.gov/heartdisease/facts.htm.

10 Population in big cities: U.S. Census, census.gov/popclock.

11 High school grads immediately going to college: NCHEMS Information Center for Higher Education Policymaking and Analysis, 2016, www.higheredinfo.org/dbrowser/?year=2016&level=nation&mode=graph&state=0&submeasure=63.

12 Restaurant failures: Rory Crawford, "Restaurant Profitability and Failure Rates: What You Need to Know," FoodNewsFeed.com, April 2019, www.foodnewsfeed.com/fsr/expert-insights/restaurant-profitability-and-failure-rates-what-you-need-know.

13 Zachary Crockett, "Are Gym Memberships Worth the Money?," TheHustle.co, January 5, 2019, thehustle.co/gym-membership-cost.

14 Kyle Hoffman, "41 New Fitness & Gym Membership Statistics for 2020 (IInfographic)," NoobGains.com, August 28, 2019, htnoobgains.com/gym-membership-statistics/.

15 David Schkade and Daniel Kahneman, "Does Living in California Make People Happy? A Focusing Illusion in Judgments of Life Satisfaction," Psychological Science 9, no. 5 (September 1998): 340–46.

7장

1 Eat: The average American couple spends 132 hours a year deciding what to eat. SWNS, "American Couples Spend 5.5 Days a Year Deciding What to Eat," NewYorkPost.com, November 17, 2017, nypost.com/2017/11/17/american-couples-spend-5-5-days-a-year-deciding-

인생을 운에 맡기지 마라

what-to-eat/.

2 Watch on Netflix: Netflix users spend an average of eighteen minutes on a given day deciding what to watch. Russell Goldman and Corey Gilmore, "New Study Reveals We Spend 18 Minutes Every Day Deciding What to Stream on Netflix," Indiewire.com, July 21, 2016, www.indiewire.com/2016/07/netflix-decide-watch-studies-1201708634/.

3 Wear: A poll of 2,491 women found that they spend an average of sixteen minutes deciding what to wear on weekday mornings and fourteen minutes on weekend mornings. Tracey Lomrantz Lester, "How Much Time Do You Spend Deciding What to Wear? (You'll Never Believe What's Average!)," Glamour.com, July 13, 2009, www. glamour.com/story/how-much-time-do-you-spend-dec.

4 I came across this great critique by Tim Harford in the Financial Times, "Why Living Experimentally Beats Taking Big Bets," www.ft.com/content/c60866c6-3039-11e9-ba00-0251022932c8, that pointed out that Thinking in Bets hadn't emphasized well enough that not all bets are big. Many decisions are tiny, low-impact bets for information gathering. (They've been referred to in poker as probe bets.) As Harford explained, you need to do lots of experimentation in decisions to gather intel. In part thanks to that critique, the emphasis on this point appears here.

5 According to Wikipedia, "freeroll" became a gambling expression from the practice, in the early 1950s, of Las Vegas hotel-casinos offering guests a "free roll" of nickels upon check-in to play the slot machines.

6 I was discussing this concept over that same lunch with Abraham Wyner and he suggested this beautiful way to sum up how to think about two very close, high-impact options, a clear reminder of the power of Adi's observations, and lunch's place as one of the most important meals of the day.

7 Koen Smets explained this concept in "More Indifference: Why Strong Preferences and Opinions Are Not (Always) for Us," Medium.com, May 3, 2019, medium.com/@koenfucius/more-indifference-cdb2b1f9d9 53?sk=f9cb494adfb86451696b3742f140e901.

8 National Student Clearinghouse Research Center, "Transfer & Mobility—2015," July 6, 2015, nscresearchcenter.org/signaturereport9/; Valerie Strauss, "Why So Many College Students Decide to Transfer," Washington Post, January 29, 2017, www.washingtonp-college-students-decide-to-transfer/.

9 Jeff Bezos, "Letter to Shareholders," Amazon.com 2016 Annual Report," www.sec.gov/Archives/edgar/data/1018724/000119312516530910/ d168744dex991.htm; Richard Branson, "Two-Way Door Decisions," Virgin.com, February 26, 2018, www.virgin.com/richard-branson/two-way-door-decisions.

10 This apocryphal story of Ivan Boesky ordering every item on the menu at Tavern on the Green is included because it illustrates, albeit in an extreme fashion, the concept of choosing multiple options in parallel. Public versions of the tale refer to it as a "legend," something that "reportedly" happened. Myles Meserve, "Meet Ivan Boesky, the Infamous Wall Streeter Who Inspired Gordon Gekko," Business Insider, July 26, 2012, www.businessinsider.com/meet-ivan-boesky-the-infamous-wall-streeter-who-inspired-gordon-gecko-2012-7; Nicholas Spangler and Esther Davidowitz, "Seema Boesky's Rich Afterlife," Westchester Magazine, November 2010, www.westchestermagazine. com/Westchester-Magazine/November-2010/Seema-Boesky-rsquos-Rich-Afterlife/.

11 Leave It to Beaver, "The Haircut," October 25, 1957 (original U.S. air date), written by Bill Manhoff, IMDb.com, www.imdb.com/title/ tt0630303/.

인생을 운에 맡기지 마라

12 Some helpful articles describing the research and practical importance of satisficing versus maximizing include Kate Horowitz, "Why Making Decisions Stresses Some People Out," MentalFloss.com, February 27, 2018 (which described recent research by Jeffrey Hughes and Abigail Scholer, "When Wanting the Best Goes Right or Wrong: Distinguishing Between Adaptive and Maladaptive Maximization," Personality and Social Psychology Bulletin 4, no. 43 (February 8, 2017): 570–83), http://mentalfloss.com/article/92651/why-making-decisions-stresses-some-people-out; Olga Khazan, "The Power of 'Good Enough,'" TheAtlantic.com, March 10, 2015, www.theatlantic.com/health/archive/2015/03/the-power-of-good-enough/387388/; Mike Sturm, "Satisficing: A Way Out of the Miserable Mindset of Maximizing," Medium.com, March 28, 2018, medium.com/@MikeSturm/satisficing-how-to-avoid-the-pitfalls-of-the-maximizer-mindset-b092fe4497af; and Clare Thorpe, "A Guide to Overcoming FOBO, the Fear of Better Options," Medium.com, November 19, 2018, medium.com/s/story/a-guide-to-overcoming-fobo-the-fear-of-better-options-9a3f4655bfae.

13 The Terminator, directed by James Cameron (Los Angeles: Orion Pictures,1984), written by James Cameron and Gale Anne Hurd.

8장

1 Ashley, Moor, "This Is How Many People Actually Stick to Their New Year's Resolutions," December 4, 2018, www.msn.com/en-us/health/wellness/this-is-how-many-people-actually-stick-to-their-new-year-e2-80-99s-resolutions/ar-BBQv644.

2 Carl Richards, The Behavior Gap: Simple Ways to Stop Doing Dumb Things with Money (New York: Portfolio, 2012).

3 Peale's relationships with Eisenhower, Nixon, and Trump are widely

documented, including on Wikipedia, en.wikipedia.org/wiki/Norman_
Vincent_Peale. Peale officiated at Trump's first wedding, as well as
the wedding of David Eisenhower (President Eisenhower's only
grandson) and Julie Nixon (one of President Nixon's daughters).
Charlotte Curtis, "When It's Mr. and Mrs. Eisenhower, the First
Dance Will be 'Edelweiss,'" New York Times, December 14, 1968,
timesmachine.nytimes.com/timesmachine/1968/12/14/76917375.
html?pageNumber=58; Andrew Glass, "Julie Nixon Weds David
Eisenhower, Dec. 22, 1968," Politico.com, December 22, 2016, www.
politico.com/story/2016/12/julie-nixon-weds-david-eisenhower-dec-
22-1968-232824; Paul Schwartzman, "How Trump Got Religion—and
Why His Legendary Minister's Son Now Rejects Him," Washington
Post, January 21, 2016, www.washingtonpost.com/lifestyle/how-
trump-got-religion—and-why-his-legendary-ministers-son-now-rejects-
him/2016/01/21/37bae16e-bb02-11e5-829c-26ffb874a18d_story.html;
Curtis Sitomer, "Preacher's Preacher Most Enjoys Helping People One-
on-One," Christian Science Monitor, May 25, 1984, www.csmonitor.
com/1984/0525/052516.html.

4   See Gabriele Oettingen, Rethinking Positive Thinking: Inside the New
Science of Motivation (New York: Current, 2014); Gabriele Oettingen
and Peter Gollwitzer, "Strategies of Setting and Implementing Goals,"
in Social Psychological Foundations of Clinical Psychology, edited by J.
Maddox and J. Tangney (New York: Guilford Press, 2010).

5   Gary Klein's ideas are an influential starting point to my approach
on premortems. See Gary Klein, "Performing a Project Premortem,"
Harvard Business Review 85, no 9 (September 2007): 18–19; and
Gary Klein, Paul Sonkin, and Paul Johnson, "Rendering a Powerful
Tool Flaccid: The Misuse of Premortems on Wall Street," February 2019
draft, capitalallocatorspodcast.com/wp-content/uploads/Klein-Sonkin-

and-Johnson-2019-The-Misuse-of-Premortems-on-Wall-Street.pdf.

6 The research about the 30% increase in reasons for failure is from Deborah Mitchell, J. Edward Russo, and Nancy Pennington, "Back to the Future: Temporal Perspective in the Explanation of Events," Journal of Behavioral Decision Making 2, no. 1 (January 1989): 25–38.

7 See Chip Heath and Dan Heath, Decisive: How to Make Better Choices in Life and Work (New York: Crown, 2013).

8 This game was originally suggested to me by Dan Egan; he called it the "Damien" game. I adapted the game to include the constraint that people from the outside would not be able to spot that any individual decision was poor.

9 Darth Vader's management style [p. 215] The quotes from the movie came from George Lucas's Revised Fourth Draft Script of Star Wars, Episode IV, A New Hope, January 15, 1976, www.imsdb.com/scripts/Star-Wars-A-New-Hope.html.

10 Andrew Beaton and Ben Cohen, "Football Coaches Are Still Flunking on Fourth Down," Wall Street Journal, September 16, 2019, www.wsj.com/articles/football-coaches-are-still-flunking-their-tests-on-fourth-down-11568642372; Dan Bernstein, "Revolution or Convention—Analyzing NFL Coaches' Fourth-Down Decisions in 2018," Sporting News, January 17, 2019, www.sportingnews.com/us/nfl/news/revolution-or-convention-analyzing-nfl-coaches-fourth-down-decisions-in-2018/1kyyi026urad31qwvitnbz2rnc; Adam Kilgore, "On Fourth Down, NFL Coaches Aren't Getting Bolder. They're Getting Smarter," Washington Post, October 8, 2018, www.washingtonpost.com/sports/2018/10/09/fourth-down-nfl-coaches-arent-getting-bolder-theyre-getting-smarter/; NYT 4th Down Bot, "Fourth Down: When to Go for It and Why," New York Times, September 5, 2014, www.nytimes.com/2014/09/05/upshot/4th-down-when-to-go-for-it-

and-why.html; Ty Schalter, "NFL Coaches Are Finally Getting More Aggressive on Fourth Down," FiveThirtyEight.com, November 14, 2019, fivethirtyeight.com/features/nfl-coaches-are-finally-getting-more-aggressive-on-fourth-down/.

9장

1 Lindsey Fitzharris, The Butchering Art: Joseph Lister's Quest to Transform the Grisly World of Victorian Medicine (New York: Scientific American/Farrar, Straus and Giroux, 2017), 46. The quote about the trusty, crusty apron was from an account by Berkeley Moynihan, a pioneering surgeon who was one of the first to use rubber gloves—approximately forty years after Semmelweis's death. Additional details on the life and death of Dr. Ignaz Semmelweis came from Codell Carter and Barbara Carter, Childbed Fever: A Scientific Biography of Ignaz Semmelweis (Livingston, NJ: Transaction Publishers, 2005), 78; Duane Funk, Joseph Parrillo, and Anand Kumar, "Sepsis and Septic Shock: A History," Critical Care Clinics 25 (2009): 83–101.

2 Solomon Asch, "Opinions and Social Pressure," Scientific American 193, no. 5 (November 1955): 31–35.

3 John Stuart Mill's On Liberty, apart from being one of the most influential books ever written on individual rights and the relationship between authority and liberty, expresses powerful, enduring concepts about decision-making. See specifically chapter 2, "Of the Liberty of Thought and Discussion." Jonathan Haidt and Richard Reeves collaborated on a short, edited version of the best of chapter 2, illustrated by Dave Cicirelli, All Minus One: John Stuart Mill's Ideas on Free Speech Illustrated (New York: Heterodox Academy, 2018). (It's

인생을 운에 맡기지 마라

available as a free downloadable PDF at heterodoxacademy.org/mill/).

4 Garold Stasser and William Titus, "Pooling of Unshared Information in Group Decision Making: Biased Information Sampling During Discussion," Journal of Personality and Social Psychology 48, no. 6 (1985): 1467–78.

5 Dan Levy, Joshua Yardley, and Richard Zeckhauser, "Getting an Honest Answer: Clickers in the Classroom," Journal of the Scholarship of Teaching and Learning 17, no. 4 (October 2017): 104–25.

6 Philip Tetlock has studied and written extensively about the role of expertise in decision-making, including specifically the role of experts in group decisions. See Philip Tetlock and Dan Gardner, Superforecasting: The Art and Science of Prediction (New York: Crown, 2015), and Philip Tetlock, Expert Political Judgment: How Good Is It? How Much Can We Know? (Princeton, NJ: Princeton University Press, 2005).

7 Harvard Professor Richard Zeckhauser is a big fan of having members of decision groups write down their opinions and read them aloud, starting with the most junior person.

인생을 운에 맡기지 마라

1판 1쇄 인쇄 2022년 1월 19일
1판 1쇄 발행 2022년 1월 26일

지은이 애니 듀크
옮긴이 신유희
펴낸이 고병욱

책임편집 윤현주 기획편집 장지연 유나경 조은서
마케팅 이일권 김윤성 김도연 김재욱 이애주 오정민
디자인 공희 진미나 백은주 외서기획 이슬
제작 김기창 관리 주동은 조재언 총무 문준기 노재경 송민진

펴낸곳 청림출판(주)
등록 제1989-000026호

본사 06048 서울시 강남구 도산대로 38길 11 청림출판(주) (논현동 63)
제2사옥 10881 경기도 파주시 회동길 173 청림아트스페이스 (문발동 518-6)
전화 02-546-4341 팩스 02-546-8053
홈페이지 www.chungrim.com
이메일 cr1@chungrim.com
블로그 blog.naver.com/chungrimpub
페이스북 www.facebook.com/chungrimpub

ISBN 978-89-352-1371-9 03320